课程与教学论系列教材

新编历史 教学论

朱汉国　郑　林　主编

华东师范大学出版社

上海

图书在版编目(CIP)数据

新编历史教学论/朱汉国,郑林主编. —上海:华东师范大学出版社,2008

(课程与教学论系列教材)

ISBN 978 - 7 - 5617 - 6016 - 1

Ⅰ.新… Ⅱ.①朱…②郑… Ⅲ.历史课-教学研究-中小学 Ⅳ.G634.502

中国版本图书馆 CIP 数据核字(2008)第 060865 号

课程与教学论系列教材

新编历史教学论

主　　编　朱汉国　郑　林
策划组稿　高等教育分社
责任编辑　朱建宝　赵建军
审读编辑　李　雯
责任校对　王丽平
封面设计　卢晓红
版式设计　蒋　克

出版发行　华东师范大学出版社
社　　址　上海市中山北路 3663 号　邮编 200062
网　　址　www.ecnupress.com.cn
电　　话　021 - 60821666　行政传真 021 - 62572105
客服电话　021 - 62865537　门市(邮购)电话 021 - 62869887
地　　址　上海市中山北路 3663 号华东师范大学校内先锋路口
网　　店　http://hdsdcbs.tmall.com

印 刷 者　上海商务联西印刷有限公司
开　　本　787×1092　16 开
印　　张　15.5
字　　数　299 千字
版　　次　2008 年 6 月第一版
印　　次　2022 年 7 月第十一次
书　　号　ISBN 978 - 7 - 5617 - 6016 - 1/G·3485
定　　价　30.00 元

出 版 人　王　焰

(如发现本版图书有印订质量问题,请寄回本社客服中心调换或电话 021 - 62865537 联系)

前　言

　　《新编历史教学论》为适应基础教育历史课程改革的需要而编写,主要面向高等师范院校历史专业的本科学生,可作为"历史教学论"类课程的教材,也可作为中学历史教师及教研员培训和工作的参考用书。本教材在继承以往同类教材优点的基础上,结合当前基础教育历史课程改革的新理念,以及教学实践中总结的新经验,力图在理论和实践方面有所创新,既能体现出较高的学术水平,又能对本专业学生今后的教学工作发挥较强的指导作用。与同类教材相比,本教材具有以下特点:

　　1. 注重理论性和实践性的有机结合

　　历史教学论虽然是一门学科教学理论课程,但是具有很强的实践性。特别是在本科阶段,要求学生通过课程的学习,既能掌握本学科的基本理论,又能初步具备一定的教育教学实践能力。因此,本教材注重把本学科的基本概念和基础知识按其内在的逻辑体系完整地、合理地呈现出来,注重教材的理论性。同时,在内容的选择和编排上考虑到实际操作的需要,增加了案例和实践练习等环节,用案例和实践帮助学生理解理论、应用理论,努力做到理论性与实践性有机结合。

　　2. 注意吸收课程改革新成果

　　在保证教材能覆盖本学科基本概念和基础知识及技能的基础上,注意吸纳课程改革的新成果、实践案例等,尽量反映本学科的新理论、新方法和新趋势。教材加强了对历史课程新理念的阐释,并将新理念贯穿到历史教学的各个环节。

　　3. 实现了形式的创新性

　　本教材在内容的呈现形式上也有很大创新。根据教学的实际需要和学生的学习心理,设计了许多新颖的栏目,如"知识链接"、"阅读思考"、"各抒己见"、"实践练习"、"教法指引"等,通过这些栏目充分调动学生的积极性,引导他们积极思考、努力实践。

　　本教材的写作思路、大纲和体例由朱汉国、郑林设计。郑林撰写绪论、第二章,陈辉撰写第一章、第三章,高思超、何成刚撰写第四章,单怀俊、束鹏芳、陈志刚撰写第五章。全书由朱汉国、郑林统稿。本教材是集体合作的结晶,肯定有疏漏、不足之处,希望同行们批评指正。

编　者

2008 年 3 月于北京师范大学

目　　录

绪　　论

"历史教学论"是一门研究中学历史教学规律及其应用的学科,在高等师范院校历史学院(系)的教学计划中占有重要地位,是历史学院(系)教师教育的主干课程。对于中学历史教师来说,历史专业知识无疑是进行历史教学工作的基本条件;但是,只具有历史专业知识而不懂教学理论和教学方法,不一定能收到较好的教学效果。实践证明,具有同样历史专业知识水平的两位教师,由于处理教材和教学方法的差异,其教学质量和效果会有很大差别。因此,想要成为一名合格的中学历史教师,要使历史专业知识充分发挥作用,全面完成中学历史教学的任务,必须具备历史教学论方面的知识和技能。

一、历史教学论的课程目标

通过历史教学论课程的教学,要达到以下目标:

第一,了解当前中学历史课程改革及课堂教学的概况,掌握中学历史教学的基本理论知识和历史教学的基本技能。

第二,初步掌握进行教学研究的基本方法,能够进行教学反思,尝试写作历史教学论文,通过教学研究提高教学理论和教学实践水平。

第三,树立正确的价值观、人生观和职业道德,激发对教师职业的热爱。

总之,通过这门课程要使学生具备从事中学历史教学的基本素养、能力,能够在工作以后马上进入角色,承担历史教学任务,并有能力在工作中进一步学习和提高。

二、历史教学论的课程内容

历史教学论的课程内容涉及中学历史教学多方面的问题,主要包括以下几个部分:

第一,中学历史课程的目标。这是中学历史教学论研究的重要内容。中学的培养目标,是通过各种教育活动和各科教学活动来完成的。每一门学科都有自身的特点,在实现某一个或几个方面的教育目标上有自己的优势。历史学科有哪些特点,它在完成中学教育的总体目标时应该承担什么任务,这是历史教学论首先必须明确的问题。在不同的历史时期,国家的总体教育目标会有所差异,对历史课程要实现的目标会提出不同的要求,因此,历史课程目标会随着时代的发展而有所变化。

第二,中学历史课程的知识体系和内容。历史课程目标是通过对具体历史史实的教学过程来实现的。选择哪些历史事实、通过怎样的形式把历史事实组织起来,这是历史教学论研究的又一个重要问题。当前,中学历史课程的知识体系和内容是由《历史课程标准》规定,并通过历史教材呈现的。因此,我们需要研究怎样制定《历史课程标准》,怎样理解课程标准的理念,以及怎样编写和使用历史教材。教材问题,实际就是教学的内容问题,内容选择恰当与否,在很大程度上决定着教学质量的高低。

第三,中学历史教学的基本理论。中学历史教学基本理论主要包括历史教学的本质、历史教学过程、历史教学模式、历史教学原则、历史知识的结构与特点、历史教学的规律等等。这些是中学历史教学的理论基础。只有把这部分内容研究好,才能使历史教学建立在科学的基础上,确保历史教学的质量。

第四,中学历史教学的方式和方法。如果只有明确的教学目标、科学的教学理论、丰富的教学内容,而没有恰当的教学组织形式、方法和一定的教学手段,也不能顺利地完成中学历史教学任务。历史教学论要研究中学历史课堂教学的类型、结构和方法,课外活动的目的、要求、组织形式,以及直观教具,尤其是现代化教学手段的运用等问题,以达到教学过程最优化的要求。

第五,中学历史教学评价。中学历史教学的效果如何?教学中存在哪些问题?怎样改进教学?……这些都需要通过历史教学评价来解决。评价不仅包括教师对学生的评价,还包括教学管理部门以及学生对教师的评价。评价是改进教学、提高教学质量的重要手段。

第六,中学历史教师的职业发展。作为一名合格的中学历史教师应该具备哪些基本素养?如何通过继续教育提高自身的教育教学水平?怎样进行教学研究,成为一名研究型教师,成为教育家?这些都是教师职业发展研究的主要问题。

三、怎样学好历史教学论

历史教学论是一门综合性比较强的学科。要学好这门课程,必须先学好与本学科有密切联系的一些基础课,如中国通史、世界通史、历史学理论与方法、史学史、教育学、教育心理学和马克思主义哲学、计算机基础等。这是学习本课程的前提条件。

在具体的学习过程中应注意以下几点:

第一，课堂学习与课外阅读相结合。在学习历史教学论这门课程时，不仅要认真掌握课堂上教师所讲的基本知识，以及教材的基本内容，还应该经常翻阅历史教学专著和历史教学类期刊，注意国内外的历史教学动态，不断积累最新资料，培养从事中学历史教学研究的兴趣与能力。

第二，理论学习与实际操作相结合。历史教学论是一门理论与实践相结合的学科。有调查表明，中学历史教育教学技能的获得，主要是靠观摩和实践。观摩有经验的老教师的历史课，是新教师获得教育教学技能的主渠道。当然，在校大学生不可能像中学的新教师那样由老教师来指导。不过，历史教学论课程能够结合听名师讲课、看教学录像、评课，以及实习讲课等多个环节进行教学。即使是理论性很强的内容，也可以结合教学实例来讲。这也是将理论与实践结合的途径。在学习过程中，要积极参加各种教学实践环节，通过实际操作掌握各种历史教学技能。

总之，要真正掌握本课程的内容，除了听教师讲授、阅读教材、看各种教学杂志之外，还应该通过见习、社会调查等活动，深入了解中学历史教学的实际；通过试讲，参加中学历史教学实习，逐步掌握历史教学的各种方法。只有这样，才能从这门课程中获得比较大的收获。

第一章 历史课程论

第一节 历史课程的沿革

今日为流,昨日为源。近代以来,特别是清末民初以来,随着效仿西方的新学制的出台与逐渐完善,我国学校历史课程的设置与改革走过了一百余年的历程,历史课程在学校课程中的地位和作用日趋凸显。研究学校历史课程的沿革,可以为推动新一轮历史课程改革提供借鉴、启迪。

一、什么是历史课程

"什么是课程"? 这个问题是历史教师在进行新课程改革时首先要搞清的一个基本问题。换句话说,只有理解了什么是课程,才能理解什么是新课程改革,理解课程应该是理解新课程改革的基础。

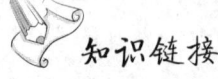 知识链接

"课程"涵义溯源

据考证,汉语中的"课程"一词,早在唐代就已经出现了。最先使用这一词汇的是唐代学者孔颖达。他在《五经正义》中为《诗经·小雅》注疏中有"以教护课程,君子监之,乃得依法制也"之句,但其含义宽泛。"课程"一词也不具有教育学上的涵义。① 宋代朱熹在《朱子全书·论学》中多次提及"课程",如"小立课程,大作工夫"等,其涵义指功课及有意义的学习活动,与现在对课程的理解基本相似。②

在西方,"课程"(curriculum)源自拉丁语的动词"currere",意为"奔走,跑

---

① 于友西:《历史学科教育学》,首都师范大学出版社2000年版,第101页。
② 朱煜:《历史课程与教学论》,东北师范大学出版社2005年版,第5页。

步";其名词意为"跑步的道路,奔走的过程或进程",隐喻"一段教育过程"。最早采用"curriculum"一词的英国教育家斯宾塞(H. Spencer),在其《论教育——什么知识最有价值》一书中所指的课程是教学科目之义。1918 年,美国学者博比特(F. Bobbit)的《课程》一书出版,标志着课程作为一个独立的研究领域的诞生。①

(一)课程的定义

自 20 世纪 80 年代以来,我国教育理论界对课程的定义有三种观点:课程是知识;课程是经验;课程是活动。其中,第二种观点,即课程是经验最能反映课程的本质。②

1. 课程是知识

这是一种产生比较早,影响相当深远的观点。从斯宾塞提出"什么知识最有价值"开始,这种观点就对西方的课程产生了很大影响。在国内,这种课程观至今依然有代表性和广泛性,主要表现在学科课程及相应的理论上。这种观点的基本思想是:学校开设的每门课程是从相应的科学中精心选择出来的,并按照学习者的认识水平加以编排。作为知识的课程通常表现为课程(教学)计划、课程标准(教学大纲)、教科书等所谓看得见、摸得到的东西。当课程被认为是知识并付诸实施时,一般的特点在于:(1)课程体系是以科学逻辑组织的;(2)课程是社会选择和社会意志的体现;(3)课程是既定的、先验的、静态的;(4)课程是外在学习者的,并且基本上是凌驾于学习者之上的——学习者服从课程,在课程面前是接受者的角色。从心理学角度而言,这样的课程主要是关注并依赖于学习者的认知品质和认知过程。

2. 课程是经验

这种观点是在对前一种观点分析和反思的基础上形成的。课程是知识,只强调课程的静态过程,忽视了学习者的情感和经验,忽视了学习者的积极参与和体验,忽视了潜在的课程因素对学习者的影响。课程是经验则强调,只有被学生真正经历、理解和接受了的东西,才能称得上是课程。当课程被认定为是经验时,一般的特点在于:(1)课程往往是从学习者的角度出发和设计的;(2)课程是与学习者的个人经验相联系、相结合的;(3)强调学习者作为学习主体的角色。从心理学角度而言,这样的课程跳出了认知的范畴,强调和依赖学习者个体的全面参与、主动性、积极性、选择性、感情、兴趣和态度等。课程不再外在于学习者、凌驾于学习者之上,而是学习者参与和组织课程。我们提出的课程定义是在课

---

① 参见江山野编译:《简明国际教育百科全书·课程》,教育科学出版社 1991 年版。
② 丛立新:《课程论问题》,教育科学出版社 2000 年版,第 97 页。

程发展中两种观点的综合,因为作为课程,脱离不开知识,没有知识,课程也就很难存在。因此,广义的课程定义应包括知识,使经验的内涵扩大。

3. 课程是活动

这是一种更新的观点,它认为课程作为知识、经验也有局限性。这种观点的基本思想是:课程是受教育者各种自主活动的总和。学习者通过与活动对象的相互作用实现自身各方面的发展。这种课程具有以下特点:(1)强调学习者是课程的主体,以及作为主体的能动性;(2)强调以学习者的兴趣、需要、能力、经验为中介实施课程;(3)强调活动的完整性,突出课程的综合性和整体性,反对过于详细的分科;(4)强调活动是人的心理发生、发展的基础,重视学习活动的水平、结构、方式,特别是学习者与课程各因素的关系。从心理学角度而言,这种课程也强调全面性,即除了认知过程之外,学习者其他的心理成分同样也是实施课程必须考虑的。

对课程的理解,不同的理论学派具有不同的观念。当前,我国学者对"课程"的理解主要集中在以下四个方面:①

(1)课程是教学内容及进程的总和;

(2)课程是教学的目标或计划;

(3)课程就是学习者的经验和体验;

(4)课程是指一门学科或一类活动。

当代课程内涵变化的主要趋势如下:②

(1)从过分强调学科内容到强调学习者的经验和体验;

(2)从强调目标计划到重视学习过程本身的价值;

(3)从单一强调教材这一单一因素到重视教师、学生、教材、环境诸因素的整合;

(4)从只强调显性课程到强调显性课程与隐性课程并重;

(5)从强调"实际课程"到强调"实际课程"与"空无课程"并重;

请你思考

从历史上看,教育界对课程内涵的看法是不断变化的,这种变化说明了什么?

(6)从只强调学校课程到学校课程与校外课程整合。

从总体上审视课程内涵的发展变化,我们不难看出,课程的重心由"应该给予学生什么"和"教师教了些什么",转向更关注"学生实际获得了什么"。课程的焦点由聚焦于学习的结果、关注结论的记取转为寻求结论的过程,如尝试、探究、合作等。课程的内容不仅包括在课堂上学习人类共同的经验(即各学科

---

① 严先元:《课程实施与教学改革》,四川大学出版社 2002 年版,第10—11页。

② 张华:《课程与教学论》,上海教育出版社 2000 年版,第68—71页。

课程的书本知识,包括学生在各科活动课程中得到的个性化的经验与体验),还包括学生在学校文化环境(如物质文化、精神文化、制度文化等)中潜移默化地学到的一切。现在,课程的资源已极大地丰富,除教材(课本)外,在一定的"环境"中,以"教材"为基本内容,由"教师"与"学生"通过相互作用而产生的文本与成果,都属于课程的构成要素。

(二)什么是历史课程

历史课程有狭义和广义之分。狭义的历史课程是指历史学科和历史活动的总和,包括历史教学计划、历史教材、历史教学活动等。广义的历史课程指的是学校教育中为学生提供和重建的人类历史知识和历史经验的总和。[①] 我们认为,历史课程是一门与师生密切相关、可解释和能解决问题的学科;这门学科以史实为依据来架构知识,且知识结构可以根据学习对象的不同而予以重组。具体说来,历史课程是以唯物史观和科学的教育理论为指导,以课程标准为依据,按课程计划精选历史课程内容,通过灵活多样的教学活动,使学生学会学习,获得作为现代公民应具备的基本历史知识和技能,养成现代公民应具备的人文素养。

历史课程是一个整体概念,其内涵十分丰富。历史课程的构建离不开历史学科,历史学科是历史课程的一个重要资源,两者既有联系,又并不完全等同。我们在这里探讨什么是历史课程,不是为探讨而探讨,为定义而定义,而是旨在希望历史教师从"课程"的角度去研究历史课程的教学与改革。通过研究历史课程的基本原理和方法,找回曾经失落的历史课程意识,在历史课程改革中做一名合格的历史课程实施者。

二、在中学设置历史课程的价值取向

一般来说,课程的设置是根据学科的特征,国家与政治、经济和社会发展的需要,以及针对这种需要而制定的学校培养目标来确定的。基础教育新课程改革的培养目标和史学的社会功能的发挥决定了历史课程在基础教育课程中的地位和作用,决定了中学开设的历史课程是所有中学生都要学习的必修课程。学好历史课程,有助于学好其他各门中学课程;学好历史课程有助于中学生养成现代公民应具备的人文素养,以应对 21 世纪的挑战。

(一)基础教育的培养目标与历史课程的设置

我国新一轮基础教育课程改革旨在全面贯彻党的教育方针,全面推进素质教育。为此,《基础教育课程改革纲要(试行)》提出了基础教育新课程的培养目

---

① 黄牧航:《历史教学与学业评价》,广东教育出版社 2005 年版,第 4 页。

标：新课程培养目标应体现时代要求，要使学生具有爱国主义、集体主义精神，热爱社会主义，继承和发扬中华民族的优秀传统和革命传统；具有社会主义民主法制意识，遵守国家法律和社会公德，逐步形成正确的世界观、人生观、价值观；具有社会责任感，努力为人民服务；具有初步的创新精神、实践能力、科学和人文素养以及环境意识；具有适应终身学习的基础知识、基本技能和方法；具有健壮的体魄和良好的心理素质，养成健康的审美情趣和生活方式，成为有理想、有道德、有文化、有纪律的一代新人。①

在基础教育新课程改革中，义务教育初中阶段（7～9 年级）和普通高中教育应全面落实《基础教育课程改革纲要（试行）》所提出的培养目标，并特别强调普通高中教育应使学生：初步形成正确的世界观、人生观、价值观；热爱社会主义祖国，热爱中国共产党，自觉维护国家尊严和利益，继承中华民族的优秀传统，弘扬民族精神，有为民族振兴和社会进步作贡献的志向与愿望；具有民主与法制意识，遵守国家法律和社会公德，维护社会正义，自觉行使公民的权利，履行公民的义务，对自己的行为负责，具有社会责任感；具有终身学习的愿望和能力，掌握适应时代发展需要的基础知识和基本技能，学会收集、判断和处理信息，具有初步的科学与人文素养、环境意识、创新精神与实践能力；具有强健的体魄、顽强的意志、积极健康的生活方式和审美情趣，初步具有独立生活的能力、职业意识、创业精神和人生规划能力；正确认识自己，尊重他人，学会交流与合作，具有团队精神，理解文化的多样性，初步具有面向世界的开放意识。②

为实现上述培养目标，基础教育整体设置九年一贯的义务教育课程，初中阶段（7～9 年级）设置分科与综合相结合的课程，主要包括思想品德、数学、外语、科学（或物理、化学、生物）、历史与社会（或历史、地理）、体育与健康、艺术（或音乐、美术）以及综合实践活动。③ 高中以分科课程为主，设置语文、数学、外语（英语、日语、俄语等）、思想政治、历史、地理、物理、化学、生物、艺术（或音乐、美术）、体育与健康、技术等课程。④ 这种课程设置的显著变化是，将一些原来的单科性课程整合为综合型课程。初中综合课程与分科课程并存；高中则以分科课程为主，同时增设综合实践活动课，包括研究性学习、社会服务与社会实践等。按照这个新课程改革方案，初中既可设置分科型历史课程，又可设置综合型历史与社会课程，高中以分科型历史课程为主，分设历史必修课程与选修课程，同时增设历史研究性学习课程。

---

① 钟启泉等：《基础教育课程改革纲要（试行）解读》，华东师范大学出版社 2001 年版，第 4 页。
② 教育部：《普通高中课程方案（实验）》，人民教育出版社 2003 年版，第 1—2 页。
③ 同①，第 5 页。
④ 同②，第 3 页。

根据基础教育培养目标设置的初、高中历史课程,以唯物史观和科学的教育理论为指导,通过精选历史课程内容,设计灵活多样的教学方式,激发学生学习历史的兴趣,转变学生被动接受、死记硬背的学习方式,拓展学生学习和探究历史问题的空间;培养学生正确的历史观,进而使学生学会辩证地观察、分析历史与现实问题,加深对祖国的热爱和对世界的了解,从历史中汲取智慧,养成现代公民应具备的健全人格和人文素养,以应对 21 世纪的挑战。

请你思考

为什么说历史课程在基础教育阶段,不是一门可有可无的课程,而是基础教育课程体系中一门不可替代的课程?

(二) 历史课程的设置与史学社会功能的发挥

为什么要在中学设置历史课程?每所中学的校长、教导主任和历史教师似乎都明白。但是,细细体察起来,情况并非完全如此,如果真的懂得历史课程的重要性,为什么在有些学校里,每当别的课程讲授和辅导时间不够的时候,就来挤历史课程呢?如果真的懂得史学社会功能的发挥需借助于历史课程,为什么不把教学的主要精力用在培养学生健全的人格,促进学生个性的健康发展,使学生养成现代公民应具备的人文素养上,而是让学生去死记硬背历史年代、人名地名、历史事件、原因结果、影响意义等,以应付各式各样的考试呢?所以,进一步明确史学的社会功能与历史课程的设置就不是无的放矢了。

1. 史学的社会功能

史学成为一门科学以来,就成为人们学习和研究的对象。我们学习和研究史学,不是为学习而学习,为研究而研究,而是要充分发挥史学的社会功能,使广大人民,尤其是学生了解历史,懂得历史,学会从历史上汲取智慧营养。史学的社会功能是多方面的、多层次的。一般来说,它具有以下功能:①

(1) 揭示规律的功能。通过史学展示历史发展的规律性,预示社会未来的发展方向,有利于人们树立变革的信心和勇气;培养人们的科学头脑,帮助人们形成正确的世界观,使人们更加具有远见,具有历史的眼光,为争取理想社会的到来而百折不回。这是史学最高层次的社会功能。这项功能还包括帮助领导者了解国情(包括特定时期国内国外的情形、矛盾等),为其提供制定战略、策略及政策措施的依据,以及提高理论水平。由此可知,不学习历史和不懂得历史是无法领会马克思主义的精神实质的,不领会马克思主义的精神实质,就不可能与我国实际结合,正确地掌握党的路线和方针政策。

---

① 参见杨凤霞:《关于历史教育的社会功能》,《光明日报》2006 年 7 月 2 日第 7 版。

（2）借鉴经验的功能。史学的基本任务之一是总结历史经验教训,而总结历史经验教训的目的,就是为了使后人避免重蹈覆辙,在前人经验的基础上有所警戒,并在社会实践中保持清醒的头脑,能够趋利避害,择善而从。人类社会总是有所借鉴才能前进的。借鉴作为史学的社会功能,其传统由来已久,所谓"殷鉴不远,在夏后之世"①,"我不可不监(鉴)于有夏,亦不可不监(鉴)于有殷"②就是这个意思。在当今世界上,史学的借鉴功能越来越受到广泛的重视。历史往往会出现惊人相似的一幕,昨天是今天的"蓝本",今天是昨天的继续和发展。深入探讨前人制定的各种政策、措施,研究探讨各种政策的实施情况及其成败得失,对决策机构制定政策均有启示和借鉴作用。因此,浩瀚而宝贵的历史知识既是人类总结昨天的记录,又是人类把握今天、创造明天的向导。

（3）服务的功能。史学要为历史、军事、工业等博物馆的陈列,文物资料的搜集保护,为历史戏剧、历史电影的拍摄服务,为城市建设、工商业活动服务,甚至为国家政策的制定、军事战略的策划等方面提供历史依据,起"智囊团"性质的服务作用。

（4）教育的功能。史学的教育功能在于:帮助学生形成民族认同感和自信力,具有世界意识,养成健全的人格,具备现代人的素养。

各抒己见

结合自己的经历,谈谈历史有什么价值。

总之,史学的社会功能是广泛的。我们在此反复强调,这并非要求人们都去做历史学家,而是要说明,史学研究所总结和揭示的历史规律和经验教训,能够帮助我们认识中国历史的过去和理解中国现实的国情。

2. 史学社会功能发挥的途径

在当代中国,发挥史学的社会功能,不外乎三种途径:

（1）着眼宏观,阐明历史发展的客观必然,用历史发展的规律性来武装人们。由于着重历史的整体分析,长于探寻历史的本质和规律,因而宏观研究常常运用抽象、概括、综合、比较、系统等具体研究方法。思维的方向和进程,主要呈现由具体到抽象,即从具体材料抽象出概括的结论。这种方法的思维特点是偏重逻辑分析,进行理论探讨,最后把各种复杂的历史现象、历史事件、历史过程,凝聚为不同的历史概念、范畴,形成关于某一历史事件或某一历史问题的逻辑体系或理论系统,或者表述为一个或几个历史法则、历史规律,以达到关于历史的宏观

① 《诗经·大雅·荡》。
② 《尚书·召诰》。

认识。

（2）致力微观，着重研究一人一事，为历史科学内容添砖加瓦。由于长于历史的个体分析，微观研究往往把注意力集中在考察一个偶然的历史史实、个别的历史人物、一条独立的历史材料上面，因而多运用分析、考证、辨伪、计量、层次、结构、心理等具体方法。其思维的方向和进程多表现为从抽象到具体，再从具体到抽象。按照这个方法，可以把一条史料、一个历史现象考证得很精细入微。因而，就一个具体的历史问题而言，它可以很丰富、有血有肉，可以为进一步揭示、寻求历史的本质和规律提供充分的史料根据。但它本身不一定表现历史的规律和本质。因此，必须把微观研究和宏观研究结合起来，前者为后者提供材料和局部历史过程的基础，后者为前者提供历史观和方法论的指导。二者互相补充，彼此为用。

（3）注重史料普及，传播科学历史知识，以丰富精神文化。史学社会功能的发挥，除进行微观和宏观研究，以丰富我们的历史学术宝库，造就和培养大批史学人才外，还有更为广阔的天地。这是因为，史学的宏观和微观研究，其读者对象只限于少数史学工作者或部分史学爱好者。史学本身，还没有普及到更广大的人民群众中去，而史学最主要的社会功能，如前所述，是提高全民族的文化素质，它要求史学家走出书斋，主动而积极地向广大人民群众普及和宣传人类知识构成的重要部分——历史知识，使史学成为人们"共享"的财富；它要求史学家选择史学研究的最新成果为史学普及内容。那么，由谁去传播、普及历史知识，由谁奠定历史知识和历史科学的群众基础呢？除通过历史文学和历史普及读物外，最重要的就是通过史学教育，即通过学校历史课程的设置，对学生进行历史教育，使他们更加具有远见卓识和历史眼光，从而提高整个民族的素质和公民的素养。

史学教育在日新月异的今天，尤为重要。时代前进了，我们的理论也更加符合实际了，学术界包括史学界提出了许多新理念、新理论，而长期以来在人们头脑中形成的传统观念和传统看法都还没有来得及更换。如果要让人们知道事实的真相，让下一代更好地认识真理，我们的史学工作者就不应把关于这方面的理论研究文章，仅仅局限在史学界少数专业工作者身上，而应着眼于考虑在历史课程内容（教材）里怎样写。我国是一个幅员广大、人口众多的国家，这一国情决定了我国广大群众不可能都接触到高层次的历史理论和史学著作，怎样及时地把史学界和理论界新成果，通过学校历史课程反映到历史课程内容里，是当前史学工作者面临的

各抒己见

中央电视台"百家讲坛"推出了一批历史题材的讲座，这些讲座生动有趣，在社会上反响热烈。但是很多历史专业人士却不以为然，认为其中的很多内容是主讲人的主观想象，不符合历史事实。请你谈谈自己对这一现象的看法。

极为重要的任务。

由此可见,学校历史课程是实现史学社会功能的重要途径。当前,我们正在为构建一个民主法治、公平正义、诚信友爱的和谐社会而努力,充分发挥史学的教育功能,能够为我们提供人类历代的人生思考和成败得失,能够为我们塑造高尚的人文精神和品格提供宝贵的历史文化资源。史学中所蕴含的智慧,是人类社会生生不息的源泉。

(三) 历史课程在基础教育新课程中的地位和作用

根据基础教育新课程的培养目标和史学的教育功能所设置的历史课程在新课程体系中究竟处于什么样的地位,应该发挥怎样的作用? 历史课程标准对此做出了明确规定。

1. 历史课程是基础教育阶段的基础课程

历史课程是基础教育阶段的基础课程,在《全日制义务教育历史课程标准(实验稿)》和《普通高中历史课程标准(实验)》中做出了明确规定,具有相应的法定性。

义务教育历史课程是一门基础课程,具有三个特点,即普及性、基础性、发展性。普及性是指义务教育历史课程是义务教育阶段(7～9 年级)学生必修的一门基础课程;基础性是指义务教育历史课程是提高国民素质的一门基础性课程;发展性是指义务教育历史课程既要考虑到全体学生,也要高度尊重学生的个性,充分发挥学生自身的能力和特长,为学生进一步接受高一级学校教育打下基础,为学生进入和适应未来社会打下基础。

高中历史课程的基础性主要表现在以下两方面:(1)普及性。即历史课程是高中教育阶段学生必修的一门基础课程,它面向全体接受高中教育的学生,要求接受高中教育的学生能够达到课程标准规定的学科教育目标。这一点具有法定的强制性。(2)非专业性。即高中历史课程是基础教育阶段面向全体学生的一门基础课程,其着眼点在于提高国民素质,因此,在历史课程目标的确定和课程内容的选择方面体现出非专业性,即在知识和技能方面不做专业性过高的要求。将高中阶段的历史教育与高等教育阶段的历史教育、公民教育与专业教育区别开来。高中历史课程设置的意义在于"用历史唯物主义的观点阐释人类发展进程和规律,进一步培养和提高学生的历史意识、文化素质和人文素养,促进学生全面发展"。

2. 历史课程是基础教育阶段的必修课程

历史课程是义务教育阶段(7～9 年级)的必修课程,这实际上肯定了历史课程在基础教育中的重要地位和作用,也强调了历史课程是其他课程不能替代的必修课程,具有法定的强制性。历史课程面向全体接受义务教育的学生,要求接受义务教育的学生能够达到历史课程标准规定的目标,即"通过历史课程的学习,学生获得基本历史知识和技能,初步了解人类社会历史发展的基本过程,逐步学会用历史唯物主义观点分析问题、解决问题;增强爱国主义情感,继承和发扬中华民族的优秀文化传统,树立民族自尊心和自信心;初步形成正确的国际意识,理解和尊重其他国家和民族所创造的文明成果;学习和继承人类的传统美德,从人类社会历史发展的曲折历程中理解人生的价值和意义,逐渐形成正确的世界观、人生观和价值观"。

将历史课程规定为高中阶段的必修课程是为了提高全体学生的素质。历史观是国民精神的核心和灵魂,是爱国主义的立足点和出发点,也是民族凝聚力的基础。"亡其国必先亡其史",兴其国也要兴其史,国家和民族的发展不可能没有历史教育的支撑,不可能没有民族素质的提高。同时,对历史的认识对当代社会的发展有直接而深刻的影响。因此,当今世界各国都非常重视历史教育,在高中阶段基本上将历史作为必修课程。

3. 历史课程是基础教育阶段的选修课程

《基础教育课程改革纲要(试行)》规定:"义务教育学校应努力创造条件开设选修课程。"就义务教育初中历史选修课程的设置而言,各地学校开设甚少,义务教育历史课程的选修性特色体现不明显。历史课程是基础教育阶段的选修课程的特性主要体现在高中教育阶段。

《普通高中历史课程标准(实验)》关于课程设置有如下阐述:"普通高中历史课程的设置,体现多样性,多视角、多层次、多类型、多形式地为学生学习历史提供更多的选择空间,有助于学生个性的健康发展。"这表明高中历史新课程不仅具有基础性,还具有选择性,为不同兴趣和不同发展方向的学生提供不同的选择。

《普通高中历史课程标准(实验)》规定:"普通高中历史选修课是供学生选择的学习内容,旨在进一步激发学生的学习兴趣,拓展学生的历史视野,促进学生个性化发展。历史选修课分为历史上重大改革回眸、近代社会的民主思想与实践、20世纪的战争与和平、中外历史人物评说、探索历史的奥秘、世界文化遗产荟萃等六个模块。在教材编写和教学过程中,可根据实际情况,增加相关学习内容。"这体现了高中历史新课程的发展性,即高中历史课程既要面对全体学生,也要尊重学生的个性和经验,充分培养和发挥学生的才智,为学生未来的发展创造条件,为学生今后的学习和进入社会打下基础。

4. 历史课程是人文教育的核心课程

强调历史课程的人文性是此次历史新课程改革的突出亮点。《全日制义务教育历史课程标准(实验稿)》指出,这次历史课程改革要使学生"从历史中汲取智慧,养成现代公民应具备的人文素养"。《普通高中历史课程标准(实验)》认为:"普通高中历史课程必须全面实现其教育功能,在提高现代公民的人文素养方面发挥重要作用。"在"课程性质"中规定高中历史课程是"进一步培养和提高学生的历史意识、文化素质和人文素养,促进学生全面发展的一门基础课程"。在"课程目标"中规定高中历史教育的目标之一是"加深对历史上以人为本、善待生命、关注人类命运的人文主义精神的理解"。在"课程标准"中,使用"人文素养"、"人文主义"、"人文精神"等词语大约有 16 处。

有关人文的概念是十分复杂的。对历史教育而言,简单地说,人文性就是对人及人类社会的关怀,强调个人与他人以及与社会的和谐。在历史课程中,具体表现为以下几方面:

(1) 对人类社会的正确认识,并在此基础上形成正确的社会观念和社会意识。培养受教育者对社会的正确认识,树立正确的社会观是历史教育最根本的价值之一。例如,《普通高中历史课程标准(实验)》要求:"学习从历史的角度去了解和思考人与人、人与社会、人与自然的关系,进而关注中华民族以及全人类的历史命运。"在历史必修(Ⅰ)对政治史学习的总体要求是:"通过学习,了解人类历史上重要政治制度、政治事件及其代表人物等基本史实,正确认识历史上的阶级、阶级关系和阶级斗争,认识人类社会发展的基本规律……学会从历史的角度来看待不同政治制度的产生、发展及其历史影响,理解政治变革是社会历史发展多种因素共同作用的结果,并能对其进行科学的评价与解释;理解从专制到民主、从人治到法治是人类社会一个漫长而艰难的历史过程,树立为社会主义政治文明建设而奋斗的人生理想。"历史必修(Ⅱ)的总体学习要求是:"通过学习,了解历史上中外经济发展和社会生活变迁的基本史实;学会搜集、整理和运用人类经济活动和社会生活方面的相关资料,理解历史上不同国家与地区的社会经济发展模式,并对其做出科学的评价与解释;进一步认识我国的基本国情和世界经济发展趋势,培养为我国社会主义现代化建设而奋斗的社会责任感。"历史必修(Ⅲ)的总体学习要求是:"探讨思想文化在人类历史发展中的重要作用及其影响;认识人类思想文化发展的多样性,理解和尊重世界各地区、各国家、各民族的文化传统,增强对祖国传统文化的认同感,树立自觉传承祖国和人类思想文化遗产的意识。"

从上述材料我们不难发现,历史课程特别重视引导学生正确地认识历史发展的过程,从而正确地认识社会,学习历史的目的不在于历史知识本身而在于对社会的认识和形成社会观念,历史课程在此方面具有其他学科不可替代的作用。在构建社会主义和谐社会的背景下,历史课程应当培养学生怎样的社会认识,是值得我们思考的问题。

(2) 对生命的尊重与关怀。关怀和尊重生命是人文教育的重要内容,历史课程在这个方面具有重要的作用。首先,历史主要是以人及人类社会及其活动为研究对象的学科,一切以人的存在为基础,必须以人为中心,这是尊重生命的出发点。其次,历史课程中有大量关爱和尊重生命的素材值得我们去挖掘,如孙思邈的名言"人命至重,有贵千金"、文艺复兴的人文主义思想等。在传统历史课程中,对"尊重生命"这一观念是比较忽视的,如在整个《高中历史教学大纲》中无一处提及这个概念,而在《普通高中历史课程标准(实验)》中则鲜明地提出了"尊重生命"的理念。

　　"以人为本"是社会主义和谐社会的核心价值观。《普通高中历史课程标准(实验)》明确提出历史课程要"以人为本、善待生命、关注人类命运"。从"以人为本、善待生命"出发,历史课程要树立两个基本理念。一是树立"生命第一"的理念,明确人的生命是世间最珍贵的东西,任何事物都不能凌驾于生命之上,任何社会进步都不能以牺牲生命为代价,生命的牺牲必须以换取更多生命的延续为前提才是有价值的;二是尊重生命的同时要尊重生命的权利,即人权,这是"以人为本"的重要表现。历史课程在这方面已经有所作为,如高中历史课程中涉及对法国《人权宣言》的认识和评价等。

　　(3)对不同意见和观念的尊重与包容。尊重和包容不同的意见和观念是人文性的重要表现。随着中国社会的发展,社会多元化的倾向日益明显,社会的复杂和多样是历史教育必须面对的问题。教育学生尊重和包容不同的观念和文化,是历史课程的一个显著的特点,具有其他学科不具备的优势。

　　首先,历史学科所涉及的内容往往具有不确定性。由于观察问题的立场、观点、方法和角度的不同,对同一历史认识客体所得出的看法和结论也可能不同,除了一些特定的客观性内容(如中华人民共和国成立的时间等)没有争议外,大部分的历史学习内容都存在程度不同的争议,尤其是对历史事件和人物的评价。随着思想的活跃和信息渠道的多元化,学生对学习内容有不同看法的情况在历史教育中经常会出现,这正是历史课程的魅力所在。在这个过程中,教师要向学生展示历史学科的包容性,教学生学会尊重不同的意见和观点。

　　其次,历史课程还包含其他不同国家和民族的历史和文化,学习内容具有多样性。学习全人类优秀的历史文化遗产并在学习过程中理解和尊重不同的观念和文化,是历史课程的重要任务。

　　对历史教育的多元化和多样性,《普通高中历史课程标准(实验)》有清楚的认识。在"课程性质"中就明确"普通高中历史课程从不同的角度揭示人类历史发展的基本过程",在"课程目标"中则规定"认识人类社会发展的统一性和多样性,理解和尊重世界各地区、各国、各民族的文化传统,汲取人类创造的优秀文明成果,进一步形成开放的世界意识"。为体现"不同的角度"和多样性、开放性,高中历史新课程从课程设置、课程内容和教学实施等方面都做了努力。

　　在课程设置上,高中历史新课程的基本理念是"普通高中历史课程的设置,体现多样性,多视角、多层次、多类型、多形式地为学生学习历史提供更多的选择空间,有助于学生个性的健康发展"①。其遵循的基本思路是"时代性、基础性、多样性和选择性",因此高中历史新课程设置了"古今贯通、中外关联"的专题模块形式的必修课程和选修课程。这种课程设置有利于表现人类活动的多样性,引导学生认识和理解这种多样性。

> **阅读思考**
>
> 　　阅读以下历史课程标准学习活动建议的片段,想一想这些方法在历史教学的哪些环节、哪些场合可以运用。
>
> 　　《历史(Ⅰ)》的学习活动建议:"(1)组织课堂讨论,谈谈古代中央集权制度对中国社会发展的影响。(2)以"辛亥革命是成功还是失败"为题,举办讨论会。(3)收集近代以来中华民族反抗外来侵略斗争的图片、资料,分成专题举办展览或编写纪实报道。(4)访问当地人大代表或政协委员,了解他们是怎样履行职责的。(5)搜集有关史实,说明加强我国民主与法制建设的必要性和艰巨性。(6)观看有关录像片,了解新中国的外交成就。(7)组织讨论会,分析希腊民主政治或罗马法的利弊得失。(8)就世界多极化趋势与和平发展的关系举行演讲会。"②此外还有演讲、历史小论文等。

三、我国历史课程设置的历史

　　作为一门向后代进行教育的学科——历史课程在中国起源很早。我国的历史教育起源于原始社会时期。从夏、商时期,我国便有了专门的教育场所"庠"、"序",史官就是历史教师。春秋时期,各诸侯国都设有史官,并出现了各国的编年史书,这便是最早的历史教材。孔子是我国著名的教育家,也是我国历史上最早的历史教材编订者。战国以后,我国历史进入封建社会,"五经"一直是学子必读的课程,习经也就是读史,即所谓"六经皆史"、"经史不分"。魏晋南北朝时期,南朝的宋文帝在京师设立玄、儒、文、史四个专科学校,历史从经学中独立出来,成为一门独立的课程。唐以后的科举考试中,历史课程占有相当的分量。五代开始,我国出现了新的教育机构——书院,《史记》《汉书》《后汉书》(即"三史")被列为书院学生的必学课程。辽、金、元时期,亦特别重视历史课程。明朝规定,国子监必设"史学"课程。清代书院也规定,学生需学"史学",记日记,由学长评

---

① 教育部:《普通高中历史课程标准(实验)》,人民教育出版社 2003 年版,第 2 页。
② 同上书,第 9 页。

阅指点。① 由此可见,我国历史教育有着悠久的历史。

然而,历史作为学校的一门正式课程,是从近代实行新的教育制度开始的。近代的洋务学堂,如京师同文馆、上海广方言馆、湖北自强学堂等几乎都要兼习历史课程。这些学堂的历史课程分为中国史、外国史两门。近代的维新学堂,如万木草堂、时务学堂、通艺学堂等也设置了历史课程。其中,增设了"世界史地"、"泰西近史"等课程,为确立近代中国新学制下的历史课程奠定了基础。② 1901年,清政府实行"新政",在教育改革方面,开始废科举,设立新学堂,制定新学制。1902年,清政府颁布《钦定中学堂章程》,规定中小学设"史学"一课。③ 1904年,清政府又颁布《奏定中学堂章程》,建立起我国第一个近代化的新学制,史称"癸卯学制",标志着我国近代学校教育的开始,并正式将"中外史学"改为"历史"。④自此,"历史"在我国各级各类学校成为一门正式的独立课程。

(一)清末中学堂历史课程的设置

1904年,清政府颁行《奏定中学堂章程》,规定历史课程包括三门,即中国史、亚洲各国史和欧洲美洲史。三门课程的课程内容为:中国史"讲古今忠良贤哲之事迹,以及学术技能之隆替,武备之弛张,政治之沿革,农工商业之进境,风俗之变迁等事"。亚洲各国史"先就日本、朝鲜、安南、暹罗、缅甸、印度、波斯、中亚西亚诸小国讲其事实沿革之大略,宜详于日本及朝鲜、安南、暹罗、缅甸,而略于余国;详于近代而略于远年;五十年以内之事尤宜加详,说近事十之一,并示以今日西方东侵东方诸国之危局"。欧洲美洲史"宜就欧美诸国讲其古今历史中之重要事宜(上古不必多讲);详于大国而略于小国,详于近代而略于远年,五十年以内之事尤宜加详;说近世者十之九,说古事者十之一"。历史课程的培养目标是"注意在发明实事之关系,辩文化之由来,使得省悟强弱兴亡之故,以振发国民之志气"⑤。

按照《奏定中学堂章程》,清政府制定了奏定中学堂(相当于初中程度)的历史课程:第一学年中国史,每周3课时;第二、第三学年中国史及亚洲各国史,每周2课时;第四、第五学年东西洋各国史,每周2课时。与此同时,清政府颁行的《奏定高等学堂章程》规定了高等学堂(相当于高中程度的大学预科)第一类学科的历史课程:第一学年中国史,第二学年亚洲各国史,第三学年西洋各国史,每学年每周均为3课时。

---

① 陈辉:《论近代初期我国普通中学历史课程设置》,《四川师范大学学报》1993年第1期。

② 同上。

③ 课程教材研究所:《20世纪中国中小学课程标准·教学大纲汇编(历史卷)》,人民教育出版社2001年版,第4页。

④ 同上书,第7页。

⑤ 陈辉:《论清末普通中学历史课程设置》,《四川师范学院学报》1991年第3期。

 知识链接

清末学堂历史课程设置举例

清末各地官立中学、公立中学和私立中学都参照《奏定中学堂章程》的框架设置历史课程。例如,1905年崇实中学堂(公立)、1907年京师顺天中学堂(官立)均设历史课程。浙江温州府官立中学堂(1908年)规定1—3年级开设"中史",4—5年级开设"外史"。上海私立浦东中学(1906年)规定1—2年级开设"本国历史",3—4年级开设"外国历史",5年级开设"通论",每周2课时。此外,浙江高等学堂预备科在2年级设"历史",每周3课时。陕西省城高等学堂每周一、五设"历史"。安徽省城高等学堂设"中外史学"。由此可见,《章程》颁布后,产生了巨大的影响。

综观清末中学堂的历史课程设置具有如下特点:

(1) 历史课程采用分科课程形式,设置中国史、亚洲各国史、东西洋各国史三门,突破了近代戊戌维新学堂笼统设置中国史、外国史的课程模式,这种详近略远,注重世界历史课程的设置,值得我们借鉴。

(2) 没有设置历史选修课程,尤其是对于准备升入高等专门学堂(大学)的高等学堂(普通高中)的学生也没有设置程度比较高的历史选修课,只规定在第一类学科中为预备升入经学科、政法科、文学科、商科的学生设置三年的历史课程,所学内容和普通中学堂(初中)相差无几。

(3) 拿《奏定中学堂章程》所规定的历史课程与日本明治三十二年(1899年)《中学校令施行规定》中所规定的普通中学历史课程做一对照,不难看出,无论是历史课程名称(如东洋各国史、西洋各国史),还是历史课程内容(教材)(如《支那通史》《东洋史要》)的编写原则和选材标准都模仿日本,这对于20世纪初中国学者自己编写中国历史教科书具有直接影响。

(4) 历史课程的培养目标既宣扬封建道德文化,鼓吹所谓效忠君上,即"举历代帝王之大事,陈述本朝列圣之善政德泽";又具有"振发国民之志气"的教育功能,并贯穿于历史课程内容(教材)之中。如1903年,商务印书馆出版的《中国历史教科书》"序"中鲜明地指出:"盖处今日物竞炽烈之世,欲求自存,不鉴于古则无以进于文明,不观于人则无由自知其不足,虽在髫龄不可不以此植其基地。其于本国独详,则使其自知有我以养其爱国保种之精神,而非欲仅明于盛衰存亡之故矣。"这种以史教国的爱国主义思想在当时的历史条件下具有进步意义。

(二) 民国时期中学校历史课程的设置

民国时期(1912—1949)是我国近代为适应新式教育的发展而产生变革的重要时期,这一时期的中学校历史课程在整个近代课程史上占有重要地位。突出

表现在这一时期我国的历史课程设置既有分科型历史，又有综合型社会科，历史课程呈"螺旋式"排列。

1. 南京临时政府中学校历史课程的设置

1912年1月，南京临时政府教育部将"学堂"改为"学校"，中学学制四年。有关中学校历史课程设置的情况是：第一学年本国史，第二学年本国史、东洋史，第三学年西洋史，第四学年补习世界近代史。同年12月，教育部又公布《中学校令施行规定》，男子中学校和女子中学校每学年均设历史课程。与暂行课程标准所规定的历史课程相比，一、二年级每周3课时减为2课时，三、四年级不变，仍为每周2课时。1913年3月，教育部正式公布《中学校历史课程标准》，规定第一学年开设本国史（上古、中古、近古），第二学年开设本国史（近世、现代），第三学年开设东亚各国史、西洋史，第四学年开设西洋史，每周均为2课时。可见，当时的历史课程比较简单，没有具体规定各阶段（如上古、中古、近古）教学时间的分配，也没有提出历史教材、教具的选择及教学方法的运用，只规定了课程和课时。所以，历史课程标准颁布后，各地中学校因时因地酌情增添课程及课时。例如，江苏省立第一中学校1917年6月改订历史课程，规定第一学年本国史只学上古、中古部分，而把近古部分推迟到第二学年和近世、现代部分一起讲授。[①]与清末中学堂的历史课程相比较，南京临时政府时期中学校的历史课程目标发生了一些重大变革：民初学校历史课程目标较好地体现了南京临时政府的新教育宗旨，即以培养民主共和精神为目的；体现在编写历史教材时，"对中华民国成立后几年的历史叙述尤详，举凡民国政体、军制、学术、教育、宗教、民族，皆有专述"。

2. 北洋军阀政府时期中学校历史课程的设置

北洋军阀政府统治时期，对中学校历史课程设置产生重大影响的是1922年的学制改革。1922年，北洋军阀政府颁布"壬戌学制"，确定了小学、初中、高中的"六三三"学制，规定小学高年级、初中、高中均开设历史课，内容包括中国史和世界史。初级中学历史课程属社会科，每周8课时，8学分，具有综合课程的性质。高级中学的普通科，以升学为主要目的，无论是注重文学和社会科学的第一组课程（约等于清末的文科课程），还是注重数学和自然为主的第二组课程（约等于清末的实科课程）都把"文化史"列为公共必修课，6学分，把本国史（6学分）、西洋近代史（4学分）列为文科选修课。高级中学"文化史"强调了中外文化的比重，一方面使学生对本国文化有正确认识，另一方面使学生对外国历史有大概的

---

① 陈辉：《民国时期学校历史教育变革研究》，载《四川师范大学五十年学术集粹》，四川人民出版社2002年版，第1099—1100页。

了解,因而受到学生欢迎。[①]

应当指出,初级中学的历史课程属社会科,高级中学的历史课程分为必修课和选修课,这种历史课程结构是借鉴美国中学历史课程的结果。大家知道,五四运动前后,留美学生返国者日多,特别是杜威、孟禄等人来华讲学,实用主义课程论传入我国。从此,我国学校的历史课程设置受到美国影响,并一直延续到中华人民共和国成立前。杜威认为,学校科目相互联系的真正中心,不是科学,不是文学,不是历史,不是地理,而是儿童本身的社会活动,这种以儿童为中心的课程设置思想对于以前的那种脱离实际,只强调教师的主导作用和教师传授的学科知识,不考虑学生的需要与可能的课程论是一种反叛,在当时具有进步意义。不过,它从一个极端走向另一个极端,同时也具有片面性和局限性,加上我国中学校学生的实际状况还难以适应这种跳跃式的变化。所以,1928 年以后,中学校历史的课程设置又进行了新的调整和修订。

3. 南京国民政府时期中学校历史课程的设置

20 世纪 30 年代,日本军国主义为不断侵吞我国领土,妄图变我国为它的殖民地。这一政治形势的发展,使南京国民政府多次修订中学历史课程的设置,大致过程是:1929 年以后实行学分制,初级中学历史占 12 学分,仅次于国文、外国语、算学和自然科;高级中学本国历史和外国历史各占 6 学分,仅次于国文、外国语、数学。高级中学中外历史侧重近代史。1932 年以后,高级中学历史课程的课时略有增加,高一和高二上学期从每周 2 课时增加为每周 3 课时,以便完成"以升学为宗旨"的高级中学培养目标。1936 年,南京国民政府减少其他各门功课的课时数,唯有初中历史、地理时间照旧,未做任何变动。高级中学本国历史原为前三学期每周各 3 课时,各减 1 课时,为 2 课时;外国历史课的课时不变。[②]

1940 年,以重庆为临时首都的国民政府再次修订中学历史课程的设置,规定初中各年级均设历史课程,每周 2 课时。初级中学第一、二学年及第三学年第一学期讲授本国史,第三学年第二学期讲授外国史。考虑到初中并非专以升学为目的,因此以英语为分组标准,把初中课程分为甲、乙两组,依学生志趣和能力,甲组第一学年选习"本国历史",每天 1 课时,主要讲述"对于抗战建国有关重要人物之传记,以启发学生对于抗战建国责任之自觉"。这时,历史课程已和国文、算学、公民、地理等课程一起,排列在上午 8—11 时,下午 2—3 时讲授,突出了历史课程的特殊地位。高级中学的历史课程设置是:第一、二学年讲授本国史,第三学年讲授外国史,每周 2 课时。1941 年 9 月,国民政府教育部又公布了

---

① 陈辉:《民国时期学校历史教育变革研究》,载《四川师范大学五十年学术集粹》,四川人民出版社 2002 年版,第 1103—1104 页。

② 同上书,第 1105 页。

不分初、高中的六年制中学历史课程设置情况:第三学年讲授本国史(上古史、中古史),每周 2 课时;第四学年讲授本国史[中古史(续)、近古史],每周 2 课时;第五学年讲授本国史(近代史、现代史),每周 3 课时;第六学年讲授外国史(上古至现代),每周 3 课时。

抗战胜利后,南京国民政府于 1947 年再次修订了中学历史课程的设置,于 1948 年 12 月正式公布实施。修订后的历史课程设置如下:高、初中历史均为每周 2 课时。其中,初级中学历史每周 2 课时,共三学年;将外国史设计混合于本国史讲习,不另行专习。[1] 高中只在二、三年级设置历史课程,每周 2 课时;以五分之三讲授本国史,五分之二讲授外国史。[2] 特别规定历史课程内容应以"有关青年实际生活与切身需要之历史的知识为起点,初中并用问题中心方法编选教材"。新的历史课程在教学时数、课程内容以及课文体例方面,均有所改善。

综上所述,民国时期中学校的历史课程随时代的发展有增有减。历史课程呈"螺旋式"排列,即历史教材的内容在各个教学阶段中重复出现,但其深度和广度则逐步加深和扩大。这样,学生在初中阶段可以接触到完整的中国史和外国史,高中阶段再来一次循环,但内容加深加宽。这种"螺旋式"排列的历史课程不仅符合学生认知能力的发展规律,有助于学生对历史知识的巩固,而且还符合当时的实际情况。民国时期的普通教育还极不普及,而且中小学教育又是分段设立的,经过初中毕业的考试选拔,再进入高中继续学习的学生为数不多,这种排列方式能使初中毕业的学生具有一定的较为完备的历史知识,从而较为能够适应当时的社会需要。历史课程设置呈"螺旋式"排列为 21 世纪初基础教育历史课程改革带来了新的思想和启迪。民国时期,中学校历史课程除以分科课程为主外,还仿效西方国家,注重历史与地理、公民等学科的整合。显然,这种整合型的"社会科"含有历史的教育内容,但不局限于历史。社会科通过历史,帮助学生更好地认识现实社会。教育就是促进学生的个体社会化,而"社会科"教学最后以失败而告终,但它顺应了科学本身发展的逻辑,即分化——整合——分化——整合这种螺旋上升的发展趋势,为 21 世纪初我国基础教育掀起的"课程综合化"改革提供了宝贵的经验。

各抒己见

请你谈谈清末和民国时期我国历史课程设置的演变规律。

(三) 建国以来我国中学历史课程的设置

新中国成立后至 20 世纪 90 年代末,我国中学历史课程设置共进行了七次改革,其大致情况如下:

---

[1] 课程教材研究所:《20 世纪中国中小学课程标准·教学大纲汇编(历史卷)》,人民教育出版社 2001 年版,第 97 页。
[2] 同上书,第 100 页。

1. 历史课程设置的第一次改革（1950 年）

建国之初，我国中学的历史课程设置在改革旧中国历史课程的基础上，以改革课程内容为突破点进行了一系列改革，初步奠定了新中国中学历史课程的框架。

1950 年，我国中学历史课程在课程设置上，借鉴旧中国中学历史课程的结构，先中后外，采取螺旋上升、逐步加深的办法，从初一至高三设置本国史和外国史两门课程，高二还增设中国新民主主义革命史课程，并将周学时由过去每周 2 课时改为 3 课时。在课程内容方面，吸收旧中国历史教材的长处，选用、改编解放区和旧中国比较通用的旧课本。从 1951 年秋季起，初中一年级选用老解放区使用的叶蠖生编的《中国历史课本》，高中一年级选用范文澜编的《中国通史简编》的节录本，高中二年级的中国现代史则以胡华编的《新民主主义革命史》为代用课本。这些暂用课本肃清了封建的、买办的、法西斯主义的思想，以马克思主义唯物史观阐明历史发展规律，以科学的历史知识对学生进行思想政治教育，特别是爱国主义思想教育；这些暂用课本基本上是按照年代的顺序来叙述历史事件、历史现象和历史人物的，有助于学生从社会发展规律中，认识资本主义必然灭亡、社会主义必然胜利。历史课程的这些变革为以后的历史课程改革打下了初步基础。[①]

2. 历史课程设置的第二次改革（1953 年）

1953 年，教育部成立历史教学问题委员会，研究历史教学和教材的编写方针和原则。在课程设置上，从 1953 年秋季起，把历史课程原有的"先中后外"变成了"先外后中"，从多讲本国史少讲外国史，变成了中外历史各占一半。这种历史课程的设置深深打上苏联式的印记，是苏联历史课程结构的变种。这种做法在当时来说有其历史原因。苏联建国比我们早三十多年，在用马克思主义观点研究世界历史所取得的成就上，当时无疑超过了我国的学者。加之，从 1953 年起，我国进入第一个五年计划建设时期，百端待理，缺乏经验。为了适应社会主义革命和社会主义建设的需要，就有必要全面学习苏联的经验。因此，仿效苏联设置我国中学的历史课程的做法是有积极作用的，它解决了普通中学历史课程所面临的诸多难题。

但是，我们也必须看到，苏联历史课程按十年一贯制安排，小学、初中、高中不分段，中学阶段，历史从古至今直线上升，这是必然的。而我国就中学来说，分初中、高中两个阶段，初中毕业的学生，不一定全部都升入高中，历史课程也按十年一贯制安排，势必造成不升学的初中毕业生学不到中国近现代史和世界现代史。所以，1956 年对中学的历史课程又进行了改革。大致情况是：初中一、二年

---

① 陈辉：《建国以来我国普通中学历史课程改革述评》，《四川师范学院学报》1992 年第 3 期。

级讲授中国历史,每学期51课时,两学年共计204课时;初中三年级讲授通史性质的世界历史(古代、中世、近代、现代),第一学期54课时,第二学期48课时,共计102课时。高中一年级讲授世界近代史(68课时)、世界现代史(34课时),共计102课时;高中二年级讲授中国古代史,每学期51课时,共计102课时;高中三年级第一学期讲授中国近代史(鸦片战争至五四运动前)、第二学期讲授中国现代史(五四运动至中华人民共和国成立),每学期51课时,共计102课时。①改革后的历史课程既保证了初中阶段历史知识的完整性与延续性,又兼顾了毕业生升学或就业的需要;高中历史课程在原有的基础上做必要的重复和加深,符合循序渐进的认识规律;同时,也避免了初一学生学习世界历史非常困难的局面。

3. 历史课程设置的第三次改革(1959年)

从1958年起,伴随中苏关系恶化,教育上开展了全面批判修正主义教育理论的运动,在课程理论上也同样由全盘"苏化"转移到全盘否定。随着对苏联的全盘否定,我国的课程理论和实践开始彻底中断了与外部世界的联系,走上了"关门闭户"的道路。为了贯彻"教育为无产阶级政治服务,教育与生产劳动相结合"的方针,1959年,历史课程做了如下改革:在课程设置上,压缩每个年级的课程,高中只设中国现代史和世界现代史两门课程,周学时由3课时改为2课时。在课程实施上,过分强调社会实践的重要与作用,用所谓"辩论课"、"现场课"、"访问课"等代替正规的课堂课程。在课程内容上,一方面强调"人人动手,自编自用",使各种冶炼史、植棉史、厂史、阶级斗争史等课本在各地试验;另一方面,在所谓"打破王朝体系"、"厚今薄古"的口号下,不恰当地削减历史教材。全部历史教材开始大量引用语录,或取以引路,或作为结论,中国现代史还开创专目介绍毛泽东著作的体例。

4. 历史课程设置的第四次改革(1963年)

到20世纪60年代初,在"调整"方针和"教学必须改革"的精神指导下,教育部于1963年对历史课程进行了一次改革。在课程设置上,初中二年级讲授中国古代史,共计99课时(含复习);初中三年级讲授中国近代现代史,共计92课时(含复习)。高中三年级讲授世界历史(古代史、近代史、现代史),共计100课时(含复习)。② 这次改革,初中开设中国历史课程,高中开设世界历史课程,并强调高中阶段在学好历史必修课的基础上,开设历史文献选修课,这是建国以来第一次设置历史选修课,影响很大。但因当时客观条件的限制,只有极少数学校在

---

① 课程教材研究所:《20世纪中国中小学课程标准·教学大纲汇编(历史卷)》,人民教育出版社2001年版,第135—235页。

② 同上书,第256—326页。

这方面进行了试验。到 1964 年春,社会上又掀起了教育必须"彻底改革"的浪潮,新编中学历史教材尚未问世,就受到这股浪潮的冲击而夭折。接着,缩短学制、精简课程、精简教材的呼声越来越响,在历史课程设置上,只在初中三年级开设一年历史课,每周 3 课时,共计 60 课时。在课程内容上,围绕学习时事政策,中国历史和世界历史合编成一册书。这样的历史课程改革和实验,显而易见是把一部有血有肉、丰富生动的人类活动史,变成了单纯的政治理论课程。① 由此可见,第四次历史课程是在"左"倾思想影响下"关门闭户式"的、盲目的改革和实验,付出了巨大代价。但从历史的观点来看,毕竟为以后的历史课程改革提供了正反两方面的深刻经验和教训。

5. 历史课程设置的第五次改革（1978 年）

1977 年,十年"文革"动乱结束,考虑到当时全国的中小学大多实行"五·三·二"学制(十年制),教育部决定将十年制作为我国中小学的基本学制,于1978 年制定了《全日制十年制中小学教学计划(试行草案)》,规定学制为小学五年,中学五年;中学五年初、高中三二分段,即初中三年,高中两年。由此开始了历史课程的第五次改革。这个教学计划(试行草案)规定,中学历史课程在初中二年级、初中三年级和高中一年级设置。初中二年级讲授中国古代史,每周 2 课时;初中三年级第一学期讲授中国近代史,第二学期讲授中国现代史,每周均为2 课时;高中一年级讲授世界历史,第一学期每周 2 课时,第二学期每周 3 课时。1978 年,教育部颁布了《全日制十年制学校中学历史教学大纲(试行草案)》,该大纲于 1980 年修订后印行第二版。人民教育出版社根据这一大纲,编写了初中、高中历史教材,共计 6 册。这套教材开始编写于 1977 年,从 1978 年秋季起供全国十年制学校陆续使用。1981 年这套历史教材改为"初级中学课本"和"高级中学课本"。②

1978 年的历史课程改革吸取了"文革"期间中学历史课程设置大倒退的经验和教训,着力于课程内容现代化的改革。这套历史课程实施后,扭转了"文化大革命"带来的中学历史教学的混乱局面,对拨乱反正、提高历史课程的教学质量起到了积极的作用,为推动我国历史课程的进一步改革打下了良好的基础。

6. 历史课程设置的第六次改革（1981 年）

我们应当看到,历史课程的第五次改革是在我国刚刚拨乱反正,"左"倾思想还没有彻底肃清的背景下进行的。由于各地的教育基础参差不齐,学生的程度不同,师资水平较差,加上我国还处在普及初中教育阶段,如果某个学生不到高中继续学习的话,他就无法接受世界历史的教育。这与中学的培养目标、"四个

---

① 陈辉:《建国以来我国普通中学历史课程改革述评》,《四川师范学院学报》1992 年第 3 期。

② 陈辉:《历史课程教材教法初探》,中国科学文化出版社 2004 年版,第 60 页。

现代化"的需要和"三个面向"的要求是不相符合的。而且,在高中阶段不设中国历史课,那么,一个高中毕业生的中国历史的知识水平,只相当于初中生的水平,这也是很不相称的。因此,20世纪80年代初,我国历史课程开始进行第六次改革。1981年,教育部颁发了《全日制六年制重点中学教学计划(试行草案)》和《全日制五年制中学教学计划(试行草案)修订意见》。

根据这两个教学计划,我国历史课程及课时数做了一次调整。初中一年级讲授中国古代史,每周3课时;初中二年级讲授中国近代史、中国现代史,每周2课时;高中一年级讲授世界历史,每周3课时。无论是"五·四"制学校还是"六·三"制学校初中历史课程的总课时数均为170课时,比1978年初中历史课程的总课时数(128课时)增加了42课时,说明历史课程比以前更为人们所重视。[①]

教育部颁行的教学计划还要求在高中二、三年级设选修课,以满足学生的爱好和需要,为发挥他们的特长打好基础。如何设置选修课,教育部有两种安排,供各地选择:一种是单科性选修,即对某些课程的选修;另一种是分科性选修,即侧重于文科课程或侧重于理科课程的选修。

在历史课程的实施中,由于分科性选修的历史教学大纲和教材均未配套提供,从理论上讲无法实行,但实际上许多学校受片面追求升学率的影响,为了应付高校招生而自行分科。而单科性选修的历史教学大纲和教材理论沿用了十年制教学大纲和教材,但相当多的学校并未认真执行,只有极少数学校试行。尽管如此,在高中设置历史选修课对我国历史课程的改革产生了深远影响,不仅适合于重点中学,并且对一般中学来说也具有指导意义。这是建国以来继1963年第四次历史课程改革倡导在中学设置"历史文献"选修课后第二次在普通高中设置历史选修课。[②]

由此可见,我国第六次历史课程改革注意保持原来十年制历史课程的优点,克服其缺点,强调激发学生的学习兴趣,进一步增强了对学生能力的培养,强调循序渐进的原则,注意渗透史学研究的方法。但这套历史课程仍没有解决初中生学不学世界历史的问题,在历史课程设置的统一性和多样性相结合的探讨方面也还刚刚起步。

7. 历史课程设置的第七次改革(1986年)

1986年,全国人大通过了《中华人民共和国义务教育法》,规定全国分期分批普及义务教育。同年10月,国家教委颁发了《义务教育全日制小学、初级中学

---

① 陈辉:《我国九年义务教育初中历史课程改革述评》,《中学历史地理教学》(中国人民大学报刊复印资料)1999年第4期。
② 陈辉:《从选修课的设置谈高中历史课程改革》,《历史教学》2000年第6期。

教学计划(试行草案)》,1992年在广泛征求意见的基础上进行了修改,并将"教学计划"更名为"课程计划"。这个课程计划第一次将小学和初级中学的课程统一设计,并且根据各学校学制的不同情况,将课程计划中的课程表分为"六·三"制和"五·四"制两种。在课程表中将全部课程分为两大类:学科类和活动类,课程表中还留有空间让地方安排课程。根据1986年的《教学计划》,与之相配套的《九年制义务教育全日制初级中学历史教学大纲(初审稿)》也于1988年11月颁行。该《大纲(初审稿)》明确规定,"六·三"制学校初中一、二年级设置中国历史课,每周2课时;初三年级设置世界历史课,每周2课时。"六·三"制学校初中历史总课时数为234课时,比以前增加30课时,历史课程的课时数占初中总课时数的6.4%。"五·四"制学校初中一、二年级设置中国历史课,其中,初一年级每周2课时,初二年级每周3课时;初四年级设置世界历史课,每周2课时。"五·四"制学校初中历史总课时数为238课时,比以前增加64课时,历史课程的课时数占初中总课时数的5.9%。[①] 初中增加的历史课程的课时,可用来开展历史活动课程或讲授乡土历史课程。经过几年的试用,1992年,全国中小学教材审查委员会正式通过了这个大纲,取名为《九年义务教育全日制初级中学历史教学大纲(试用)》。该《大纲(试用)》对义务教育初中历史课程做了调整,规定:"五·四"制学校和"六·三"制学校在初中一、二年级均设置中国历史课,其中初中一年级每周2课时,初中二年级每周3课时;初中三年级设置世界历史课,每周2课时。

1990年至1993年,国家教委先后颁布了《现行普通高中教学计划的调整意见》、《中小学加强中国近代、现代史及国情教育的总体纲要(初稿)》、《中小学历史学科思想政治教育纲要(试用)》、《关于在普通高中开设选修课的意见》。根据这些文件,普通高中历史课程设置进行了如下改革:一是将世界历史课改为世界近代、现代史必修课;二是增设中国近代、现代史必修课;三是增设分科性的中国古代史选修课。

1996年,国家教委依据《中国教育改革和发展纲要》的精神,颁行了与九年义务教育课程方案相衔接的《全日制普通高级中学课程计划(试验)》,与其配套的《全日制普通高级中学历史教学大纲(供试验用)》也于1996年6月颁布。从1997年秋季开始,根据新的课程计划设置的高中历史课程,在山西、江西和天津"两省一市"进行试验。

2000年1月,为贯彻落实《中共中央国务院关于深化教育改革全面推行素质教育的决定》,并加快普通高中的课程改革,在对试验中存在的问题进行分析

---

① 课程教材研究所:《20世纪中国中小学课程标准·教学大纲汇编(历史卷)》,人民教育出版社2001年版,第512页。

与研究的基础上,教育部颁发了《全日制普通高中课程计划(试验修订稿)》,与其配套的《全日制普通高级中学历史教学大纲(试验修订版)》重新设置了高中历史课程,并将试验地区扩大到江苏、辽宁、安徽、黑龙江、青海、山东、河南等 10 个省、市。这次修订高中历史课程,最大的变化是只设置历史必修课程和选修课程两类。

由此可见,我国历史课程设置的第七次改革始于 20 世纪 80 年代后期,这次历史课程改革是在贯彻"三个面向"和更好地实现"普九"、提高全民素质的背景下进行的。经过这次课改,调整了历史课程结构,初中设置了综合课程(社会)、历史活动课程,高中设置了历史选修课程,初步实现了历史课程的多元化;增加了历史课程在中学课程中的比例,初中增设了世界历史和乡土历史课程,高中增设了中国近现代史课程。在课程内容编写方面,初步实现了"一纲多本",历史教科书审查由"国定制"向"审定制"转变。

请你思考

新中国成立以来,我国历史课程在不断地进行改革。请你想一想,为什么历史课程要不断地进行改革?

四、21 世纪初的我国历史课程改革

(一)历史课程设置到了非改不可的地步

建国五十多年来,我国基础教育历史课程经历了七次改革,取得了令人瞩目的成绩,突出表现在历史课程目标上,已开始关注学生素质的全面提高;在历史课程结构上,已由单一的历史必修课发展成历史必修课、历史选修课并行的历史课程设置;在历史课程内容上,已开始注意根据学生学习历史的特点,加强了文化史、科技史、社会史等内容;在历史课程实施上,已开始关注历史课程评价对历史教学的意义。尽管如此,我国的历史课程设置仍存在着许多不适应社会发展要求、不利于学生全面发展的问题。这些问题主要集中在以下几个方面:

(1)历史课程以学科为中心。强调历史学科体系的完整性,移植大学通史知识体系,注重历史知识的"大"而"全"。

(2)历史课程类型单一,课程结构固定。历史课程都为全体学生必修的基础课程,都为通史体系,内容统一。

(3)历史课程排列从"循环"到"直线"。20 世纪 50 年代历史课程遵循"全循环制",即初中学习中国史、世界史,高中再学中国史和世界史。20 世纪 60 年代以后逐渐变为初中学中国史,高中学世界史,呈直线排列。20 世纪 90 年代历史课程改革,高中(高三除外)改学中国近现代史和世界近现代史,呈部分循环的排列。

（4）历史课程的课时数逐渐减少。20世纪50年代高中历史每周总课时数为9课时,20世纪60年代后改为3课时,20世纪90年代恢复到4课时(高三除外)。

（5）历史课程编排呈"间断"和"跳跃"式,没有处理好初中历史学习与高中历史学习的知识衔接,没有构建出符合不同学习阶段特色的历史知识体系,或者是学习内容和学习要求的重复,或者是不同学习阶段的重点学习内容不突出。

由此可见,我国基础教育历史课程设置的现状同时代发展的要求和肩负的历史重任之间还存在着巨大的反差。世纪之交,我国基础教育历史课程已经到了非改不可的地步。

（二）我国历史新课程改革的历程

世纪之交我国新一轮(第八次)历史课程改革关系到中华民族的伟大复兴,关系到每一个学生的终身发展。包括历史课程在内的我国基础教育课程改革始于1999年,迄今(2007年底)为止已有9个年头,可分为两个阶段:

第一阶段:课程改革论证准备阶段。1999年,全国第三次教育工作会议在北京召开,国务院批准了教育部《面向21世纪教育振兴行动计划》,提出了改革现行基础教育课程体系,研制和构建面向新世纪的基础教育课程教材体系的任务,标志着新一轮基础教育课程改革的正式启动。2001年6月,国务院召开了全国基础教育工作会议,做出了《关于基础教育改革与发展的决定》。2001年7月,国务院批准教育部《基础教育课程改革纲要(试行)》,进一步明确了构建新课程体系的指导思想、课改目标、课程结构、课程标准、课程评价、课程管理、课程的组织与实施等,从而加快了新一轮基础教育课程改革的步伐。在这一阶段,一方面,根据"先立后破"、"先试验后推广"的原则,教育部于2000年、2002年颁布了重新修订的初、高中历史教学大纲,接着又重新审定了初、高中历史教科书。修订后的历史教学大纲、历史教科书较好地体现了素质教育的要求。另一方面,教育部组织历史学家、历史教育专家制订了历史课程标准,编写了"一标多本"的新课标实验历史教科书。2001年,教育部颁布了《全日制义务教育历史课程标准(实验稿)》;2003年,又颁布了《普通高中历史课程标准(实验)》,分别确立了初、高中新的历史课程体系;构建了新的内容标准,提出了新的课程评价体系,反映了新的课程理念。在课程标准统一要求下编写的8套义务教育(7～9年级)历史教科书和4套普通高中历史教科书,①在继承以往历史教科书的基础上,从内容到呈现方式上都有不同程度的创新,体现了"以学生发展为本"的新课程理念。

第二阶段:课程改革实施阶段。遵循"先实验,后推广"的思路,2001年9

---

① 义务教育新课标历史实验教科书分别是:人教版、北师大版、华东师大版、川教版、岳麓版、中图版、中华版、河北版;普通高中新课标历史实验教科书分别是:人教版、人民版、岳麓版、大象版。

月,义务教育历史新课程率先在全国 38 个国家级课改实验区进行了实验。按教育部要求,2002 年秋季,全国历史课改实验规模达到同年级学生的 10%—15%;2003 年秋季,起始年级使用历史新课程的学生数达到同年级学生的 35% 左右;2004 年秋季达到同年级学生数的 65%—70%。从 2005 年秋季起,我国义务教育初中阶段各起始年级的学生都使用了历史新教材。

在课改实施阶段,与义务教育历史新课程改革不同,高中历史新课程改革是以省(市、区)为单位整体推进的。2004 年 9 月,高中历史新课程率先在广东、山东、海南、宁夏 4 省(区)开始实验。2005 年 9 月,江苏省进入高中历史新课程改革。2006 年 9 月,福建、浙江、辽宁、安徽、天津 5 省(市)实施高中历史新课程。2007 年 9 月,北京、湖南、黑龙江、吉林、陕西实施高中历史新课程。至 2007 年底,全国共有 15 个省(市、区)整体进入高中历史新课程改革。根据教育部的要求,2010 年前,高中历史新课程将在全国全面推开;2013 年起,全国所有省(市、区)都参加新课程高考。

(三) 我国历史新课程改革所取得的阶段性成果

迄今(2007 年底)为止,新一轮历史新课程改革进行了 8 年,初步取得了可喜的成绩,主要表现在以下几个方面:

1. 进一步确立了历史课程在基础教育课程中的地位

如前所述,根据基础教育新课程培养目标和史学的社会功能所设置的历史课程既是基础教育阶段的基础课程、必修课程、选修课程,又是人文教育的核心课程。根据课程计划,义务教育初中(7～9 年级)阶段,既可设置分科型历史课程,又可设置综合型历史与社会课程。普通高中阶段,设置三门历史必修课程,学分达 6 分,与物理、化学的学分相同。此外,学文科的高中学生还要从六门历史选修课中选学三门。课时和学分的多少至少从一个方面反映了学科的地位。历史新课程为培养现代公民应具备的人文素养提供了基本保证。

2. 唤醒了历史教师曾经失落的课程意识,历史课堂逐步成为学生的"学堂"

新一轮历史课程改革使广大历史教师经历了建国以来最深刻的一次教育观念的变革。历史新课程改革唤醒了历史教师曾经失落的课程意识,有关历史新课程改革的理念开始被广大历史教师所接受,并尝试运用于历史新课程实践中去,以"开展自己的教研,发表自己的意见,解决自己的问题,改进自己的教学"[1]。一方面,在课堂教学中,历史教师的课堂角色开始发生变化,他们开始转变自己的教学方式,从单纯注重知识的传授转化为比较关注对学生的学习方式、学习兴趣和学习能力的培养。通过讨论、交流、合作、小组学习等方式,历史课堂

---

[1]　杨思冰等:《高中课改:潮起珠江》,《中学历史教学参考》2005 年第 12 期。

较多地出现师生互动、平等参与的生动局面。正是由于历史老师迸发出前所未有的课改创造力,使我们的历史课堂正发生着可喜的变化,逐渐由教师的"讲堂"变成学生的"学堂"。另一方面,历史教师结合自己的课改实验,注重专业引领,积极开展校本研修,出版了一大批历史课改研究的新成果。

3. 历史新课程学术研究频繁,推动着课程改革向纵深发展

在新一轮历史课程改革中,全国历史教学专业委员会发挥了课改引领作用,所举行的学术年会,或承办的国际学术会议,都是以历史新课程改革为主题的。2004 年,华东师范大学还承办了第二届中德历史教科书国际学术研讨会。《历史教学》、《历史教学问题》、《中学历史教学参考》、《中学历史教学》等专业杂志,及时、客观地对历史新课标教材进行了评价。尤其是《历史教学》自 2002 年第10 期起开展了长达一年的"关于中学历史课程改革及教材编写的讨论",影响着历史教科书的编写,推动着历史新课程改革向纵深发展。

(四) 历史新课程改革亟待解决的问题

在看到新一轮历史课程改革取得可喜成绩的同时,不能不看到,随着历史新课程改革的大面积推广,也日益显露出一些不容忽视的问题,这些问题是:没有处理好高中与初中历史课程的合理衔接;历史教师的知识、能力储备出现危机;部分历史教师不适应新课程,有挫折感;新课程内容多、课时少,教师难以完成教学任务;历史新课程先行,评价方式滞后。有些学者尖锐地指出,新一轮历史课程改革有待进一步完善历史课程标准和历史教材;在历史课程实施中,理想的教材选用原则难以实现,起作用的仍是长官意志;培训不完全到位,真正把握课标、教材精神的教师的比例还不大;历史新课程实施中课堂教学出现一些偏差,或穿新鞋走老路,或形式上的合作学习、探究学习;实验研究相对薄弱,对实验的经验总结、推广不够;广大农村历史师资队伍的现状与课改对教师专业化程度的要求形成矛盾,不能适应课改的要求;高中课改的初衷正在被异化,一些学校的历史课改被纳入应试轨道;新课程提出的学生的发展,许多方面难以通过考试方式进行考查和用量化方式进行描述;在现行考试制度下,历史学科的教学评价改革步履艰难;历史课程改革的专业队伍也还没有完全形成合力,一些地区历史教研员的地位被忽视,作用未充分发挥。[①]

这些情况说明,历史新课程追求的理想目标同现实还存在一定的差距。如何直面困难,对历史新课程改革中存在的问题

各抒己见

根据你了解的新一轮历史课程改革的情况,谈一谈本次课程改革的成绩与不足。

————————————

[①] 龚奇柱:《对中学历史课程改革的回顾与思考》,《历史教学》2006 年第 1 期。

进行理性审视,以改革的精神推进历史课程改革,努力缩小历史新课程的理想目标同现实的差距,是历史教师应该思考的问题。

第二节　现代历史课程的理念

在《全日制义务教育历史课程标准(实验稿)》和《普通高中历史课程标准(实验)》中,体现出现代历史课程所具有的共同的基本理念,归纳起来有以下几点:面向全体学生;全面发挥历史教育的功能;课程内容贴近学生生活、贴近社会;转变教学方式,倡导学生主动学习;建立综合评价体系。以上五个基本理念是指导我们进行现代历史课程教学改革的重要依据。

一、面向全体学生

"面向全体学生"的理念是指历史课程要面向全体在校学生,使他们都能达到课程标准所规定的目标。这就是说,历史教师应该平等地对待所有的学生,无论他们的年龄、性别、文化背景、家庭出身如何,不管他们生在农村还是生在城市,也不管他们对历史课程是否有兴趣,历史教师都应赋予他们同等的学习历史的机会和爱心,使所有的学生充分发挥自身的能力和特长,都能达到课程标准所规定的学习目标,为其主动适应未来社会和进入高一级学校奠定基础。

如前所述,历史课程是基础教育面向全体学生的一门基础课程,旨在"培养学生健全的人格,促进个性的健康发展"[1]。历史课程要体现"面向全体学生",就必须让学生成为历史学习的主体,以问题探究为核心,培养学生的创新思维和实践能力,促进学生人文素养的形成与发展,关注学生的学习需求和学习体验。具体说来:

"面向全体学生"的历史课程意味着历史教师要尊重和信任每一个学生,相信每一个学生都有成功、发展的潜能,要给每一个学生提供同等的学习历史的机会,使所有的学生通过历史课程的学习,都能在原有的水平上得到提高,获得发展。力争做到所有的学生经过历史课程的学习,都有机会并通过多种学习途径达到《全日制义务教育历史课程标准(实验稿)》和《普通高中历史课程标准(实验)》所规定的认识水平和知识水平,都能在原有的水平上得到提高,获得发展。

"面向全体学生"的历史课程意味着必须建立起符合学生学习特点和需要的、从学生的生活经验出发的课程体系,以促进学生个性的发展。新一轮普通高中历史课程由必修课程和选修课程构成。其中,历史选修课程是供学生选择学

---

[1]　教育部:《普通高中历史课程标准(实验)》,人民教育出版社 2003 年版,第 1 页。

习的内容,分为历史上重大改革回眸、近代社会的民主思想与实践、20世纪的战争与和平、中外历史人物评说、探索历史的奥秘、世界文化遗产荟萃六个模块。学生可根据自己的兴趣,任选若干个模块。普通高中设置历史选修课程,旨在为学生学习历史提供更多的选择空间,进一步激发学生的学习兴趣,拓展学生的历史视野,促进学生个性化发展。

"面向全体学生"的历史课程意味着课程的内容应该呈现多样性,应该满足不同层次学生的学习需求。《全日制义务教育历史课程标准(实验稿)》和《普通高中历史课程标准(实验)》不仅在课程理念上强调"面向全体学生",而且在内容标准的表述上也有很大的弹性和选择的空间,这就为满足不同学生的需求、在教学内容选择上实现多样化提供了条件。学生来自各不相同的家庭、社区、阶层、民族,他们所具有的文化背景和经验有很大的差异。即使是有着相同家庭和社会背景的学生,也会因个性差异、兴趣、爱好、行为、习惯、动机和需求的不同,而表现出学习风格上的差别。因此,只有多样化的课程内容才能很好地适应和满足多样化的学生需要。

"面向全体学生"的历史课程意味着历史教师在教学过程中要因材施教,以便适应不同智力水平、性格、兴趣、思维方式学生的需要。历史教师在教学中要"面向每个学生",是要面向每个学生的各个方面。依照不同对象的具体情况,充分考虑,采取不同的方法,探究和掌握学生心理的个别差异,从学生的实际出发,区别对待,通过分层要求、分层指导、分层练习、分层评价、分层矫正等手段,使不同类型的学生都学有所得、各得其所,使每个学生都能获得适合的帮助与指导,实现原有基础上的发展。

"面向全体学生"的历史课程意味着历史教师在历史课程资源的分配上对待每一个学生应该是公平的。在有限的课程资源不可能保证所有的人都接受高质量历史教育的情况下,应该如何分配和使用这有限的历史课程资源呢?例如,在一些经济还不发达的地区,学校可能给学生提供的历史课程资源不能满足每一个学生的需要,这些课程资源包括历史课本、历史音像资料、历史课件等等。历史教师是保证一部分学习优越的学生接受高质量的历史教育,还是在历史课程的学习中面向全体学生呢?历史课程强调"面向全体学生",意味着在历史课程资源的分配方面也必须体现"人人均等"的原则,不能人为地拉大地位优越的学生与地位不很优越的学生在获得历史学习资源方面存在的差别。

"面向全体学生"的历史课程意味着历史教师对待每一个学生的评价必须公正。评价是历史课程教学过程中不可缺少的环节,是历史教师了解教学过程,调控教学行为的重要手段。在评价过程中,历史教师应保证所有的学生都有足够的机会来展示他们在历史课程上的全部学习成果。历史教师进行评价的目的,是为了让学生更好地了解到他们在现阶段多大程度上达到了课程标准所规定的要求,从而更好地改善自己的学习方法和状况,而不是通过评价将学生分成等级。按某一次或几次考试的成绩将学生排序,这就会伤害大多数学生学习历史的积极性。历史教师在评价的过程中应该注意:评价时不能对学生带有任何偏见,不能受先入之见的影响;评价工作应该在不同的情景下进行,必须让具有不同兴趣和精力的学生参与;评价的方式和内容应该多样化,以便让不同程度的学生都有机会展示自己历史学习的成果。

各抒己见

回忆一下自己中学时代历史课的情况,想一想那个时候自己受到过老师的关注吗?如果老师不关注自己,心里有什么感受?

二、全面发挥历史教育的功能

历史教育的功能可概括为社会功能和育人功能两大类。过去,在"应试教育"价值观的指导下,历史教育注重社会功能,忽视了育人功能,突出表现在学校历史教育以知识为中心,学生为了分数而学习历史,历史教师为了升学而教历史。

在新课程背景下,历史教育的根本功能是育人,是促进学生身心和谐发展。历史教育的育人功能的内涵十分丰富,主要体现在以下两个方面。

(一)历史教育的人文教育功能

通过历史知识的学习对学生进行人文素质的培养和人文精神的熏陶,这是历史教育所承担的最基本的育人功能。如前所述,《全日制义务教育历史课程标准(实验稿)》的前言部分,明确提出:"养成现代公民应具备的人文素养。"《普通高中历史课程标准(实验)》在课程性质中明确指出:"通过高中历史课程的学习,培养学生健全的人格,促进个性的健康发展。"接着,在课程的基本理念和设计思路中强调,历史课程"有助于学生个性的健康发展","通过历史必修课培养健康的情感……进一步提高人文素养","掌握历史知识不是历史课程学习的唯一和最终目标,而是全面提高人文素养的基础和载体"。这番恳切的言辞,使人文精神作为历史课程改革的本质追求跃然纸上。因此,必须将人文精神渗透到历史新课程教学的实践中去,贯穿于整个历史教学过程的始终。

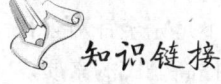 **知识链接**

人 文 精 神

人文精神是指关注人、尊重人格和人性,以人为中心来看待世界事物的一种思想态度。历史学科属于人文学科的一个分支,是专门研究人类社会现象及其发展规律的学科。人文精神是人不可缺少的基本素质。它提供一个人发展的精神动力,人文精神推动人们努力为社会的进步和人类的幸福服务,较少为自己谋取私利和危害社会。关注学生生命的意义,关注学生终生可持续发展,倡导发扬人的自由解放,倡导人的价值和尊严,是今天人文精神的主旋律。

当今历史教育人文精神的培育重在学生健全人格的养成,促进学生个性的健康发展。这是因为,历史教育不仅仅表现在传授历史基础知识,更重要的还在于给人以人格的熏陶。历史基础知识固然很重要,但绝对不能将此理解为历史教育的全部,必须将历史基础知识"内化"为学生对历史基础知识的感受、体验及感悟,并外显于行为上。所以,历史教育在吸纳历史知识和能力训练的同时,重在对学生人格的塑造和培养,使学生从历史的角度去了解和思考人与人、人与社会、人与自然的关系,学会以人为本、善待生命,进而关注中华民族及全人类的历史命运,弘扬以爱国主义为核心的民族精神,形成开放的世界意识,逐步形成正确的人生观、世界观以及价值观。总之,对学生人格的塑造的理念决定了历史教育将学生培养成什么样的人,进而决定了历史课程目标中的"情感、态度与价值观",决定了历史课程内容选择的性质,决定了对学生历史学习评价的根本标准。贯彻这一理念,最重要的是历史教师要对每一位学生具有真实内在的爱护。对每位学生的真爱是全面实现历史教育功能的前提。

(二) 历史教育的公民教育功能

为社会培养合格的公民是各国基础教育的首要目标。世界上很多国家把历史教育当成是公民教育的重要渠道。在 21 世纪初进行的我国历史课程改革中,历史教育日益全面承担起公民教育的重要功能。但由于历史的和现实的原因,长期以来,我国历史教育承担的公民教育功能不够全面,广大历史老师对历史教育与公民教育之间关系的关注也不够充分。随着我国经济和社会的发展,对公民的素质也提出了越来越高的要求。在此背景下,探索在历史教育中开展公民教育具有现实意义。

公民教育是旨在使人们成为健全公民的教育。最广义的公民教育是指个人成为一个健全公民的所有教育。次广义的公民教育为旨在形成符合社会所需的品性教育,主要包括公民意识教育、思想教育、政治教育、道德教育、法制教育、性格教育等。狭义的公民教育仅指公民意识(包括公民权利和义务)教育。[1] 就历史教育中的公民教育而言,与其他学科公民教育的侧重点有所不同,它不是完全针对公民知识的教育和公民技能的训练,而是注重公民意识的培养,从而提高公民的素质。

总之,历史教育应从社会功能和育人功能两个方面担当起全面发挥历史教育功能的重任。正是从这一理念出发,历史课程标准依据学科特点,高度重视历史教育功能的全面发挥。

---

[1] 袁运开:《简明中小学教育词典》,华东师范大学出版社 2000 年,第 131 页。

三、课程内容贴近学生生活、贴近社会

"课程内容贴近学生生活"这一理念,是指历史课程内容要面向学生的生活世界。历史课程内容要注意关注学生的现实生活,即关注与学生生活相关的活生生的生活经验,使之成为学生生命历程的重要组成部分,要扩大学生的知识接触面,让学生在与社会环境的互动中获得完善和发展。历史课程内容不仅要关注学生的现实生活世界,而且还要关注学生可能的生活世界,不仅仅是在大脑中复制大千世界的万象景观,而且要关注学生更高的需求,即精神生活的需要,提高生活质量、生命质量,体味人生的价值和生活的意义。为使历史课程内容贴近学生生活,义务教育历史新课程增加了二战后的历史和中华人民共和国的历史等学生比较熟悉、也比较感兴趣的内容,如我国近现代教育发展、第三次科技革命、改革开放以来人们衣食住行的变化等;在高中历史必修(Ⅱ)中增加了"中国近现代社会生活的变迁"等专题,让学生通过身边历史的变化来感悟社会进步,感悟历史发展,极富亲和力,既提高了学生历史学习的兴趣,同时,又有意识地拉近了历史与现实之间的距离。

"课程内容贴近社会"这一理念,是指历史课程内容要面向社会实践,也就是要贴近社会生活。学生生活在社会之中,让学生了解社会的发展状况,对学生的现在和将来都是极其重要的。以往的历史课程内容除了涉及王朝更替、农民战争外,后来增加了科技史、文化史的内容,但社会生活史的内容几乎是空白。而社会生活是最丰富的历史,历史课程的课堂教学内容应当与社会生活实践紧密联系,从衣食住行、社会交往、人生礼仪等方面来反映人类社会生活、社会风俗、文化遗产的演变与进步,让学生仿佛能听见、看见千百年来人类生活渐进前行的脚步声。现实社会生活是最鲜活的历史,历史课程内容还应当联系当代人衣食住行等方面发生的新变化,让学生从日常社会生活中经常会遇到的、饶有生活情趣的现象中,去感受文明历史的发展进程,感受认识历史的不同视角,以小见大,学会从身边的历史中去触摸历史,去感悟社会生活中的历史,不断领悟人生的意义,了解人不断活着,而且知道人应该怎样活着。要注意拓展课程时空,使历史学习不仅仅只是一节课的内容,而是将过去、现在、未来的有关知识浓缩在一起,供学生采摘,让学生穿越时空的隧道,去汲取人类的全部精神财富。

教法指引　　　　探究性学习如何从选题上贴近社会

历史课程的探究性学习的选题要从三个方面来考虑:一是源自日常社会生活的课题,如日常社会生活中某一风俗或节日的产生与演变,日常社会生活中衣食住行的某一方面,长辈的经历等;二是源自社会热点的课题,如科学技术成就、地区冲突、自然灾害、城市发展等;三是源自课程学习的课题,包括源自历史课程内容的选题,源自历史课程与其他课程相关内容的选题。

四、转变教学方式,倡导学生主动学习

这一理念首先要求历史教师根据新课程的要求转变教学方式。新课程理念下的教学关系应是教与学的交往互动。交往互动意味着人人参与,意味着平等对话、合作建构,在互动协作中分享知识建构的意义和乐趣。

首先,历史教师要引导学生确立"我想学"历史的"主动学习"的态度。历史教师要积极诱发学生内在的学习兴趣、动机,特别是对历史学习的直接兴趣,变"要我学"为"我要学",让学生直接参与历史学习的过程,体验历史、解读历史,并参与历史学习评价的全过程。

教法示例

讲完日本无条件投降的有关史实后,教师可从当今国际舞台上日本右翼势力猖獗,给亚太地区的和平与发展蒙上阴影这一大家感兴趣的话题切入,结合现实,引发出以下的问题:日本为什么仍保留了天皇制? 这一制度的保留对日本政局的发展产生了什么影响? 当前日本右翼势力猖獗的表现和原因是什么? 有哪些因素可以阻止日本向战争道路发展? 如何正确看待中日之间的关系? 问题提出后,如一石激起千层浪,学生以浓厚的兴趣,结合历史课程所学习的内容,自由组合,在教师的指导下,大量查阅相关文献资料,广泛进行社会调查,遇到问题请教有关专家、学者,通过不断地深入探究,加深了对这些问题的认识和理解。

为展示学生的学习成果,充分调动其主动参与的意识,历史教师还可组织专题讨论课。让学生围绕拓展性问题,将自己的研究成果公布于众,从而将历史学习的空间由课内延伸到课外,由课本内容拓展到书外知识,由被动接受发展到主动探究,由记忆结论转变到探究因果关系,由重视学习结果到注重学习过程,由个体学习到群体合作,由历史的认知到历史的体验。这样,历史学习对学生来说就不是一种负担,而是一种愉快的体验了。

其次,历史教师要培养学生具有"我能学"历史的"主动学习"意识。历史学习中的每个学生,除特殊的原因外,都存在着一定的显性与潜在的主动学习能力,都有表现自己主动学习能力的欲望。这就要求历史教师应充分尊重学生的人格与主动性,积极鼓励并创造各种机会让学生主动进行学习,在学习历史中发展主动学习意识、形成学习能力。

教法示例

在讲述 1683 年清军进入台湾,次年清政府设立台湾府的内容时,教师补

充了郑克爽降清的史实,然后要求学生对此历史事件发表自己的看法。同学们议论纷纷,有学生认为,郑成功是抗清将领,是收复台湾的民族英雄,而他的子孙却背叛他的事业,投降终归是件不光彩的事。有学生则认为,1683 年,已不是清军入关之际,这时大陆已经统一,清政权稳固,国力强盛,统一已是社会发展的大势所趋。郑克爽如果继续占有台湾,自立为王,无疑是一种分裂行径,于国家、民族、人民都没有好处。所以,郑克爽降清,可以避免流血内战,有利于国家的统一和巩固,从长远利益看,是件好事。两种不同的观点,形成对峙。历史教师没有在这个问题上过早下定论,而是鼓励学生畅言己见,使学生历史学习的主动性得到张扬。

最后,历史教师应培养学生在活动与探究中掌握"我会学"历史的"主动学习"的方法。当前历史新课程大力提倡的活动课程和探究性学习,突出了历史学习的过程性,强调学生在过程中主动探究历史和体验历史,这有利于学生转变重结果轻过程的学习方式,鼓励学生在"活动"中学习,在"研究"中学习。

教法示例

教师讲到屈原以身殉国时,组织学生讨论他的这种爱国精神,目的是引导学生不断提升爱国主义的情操。出乎教师意料的是,讨论中,学生形成不同的观点,多数学生赞同屈原的死是爱国的,认为屈原为了唤起民众、拯救楚国,以死抗争,死得其所。而部分学生却提出不同的看法:"留得青山在,不怕没柴烧,如果人人都像屈原那样,谁来继续斗争?"也有的学生认为:"屈原不算是一个真正的爱国者,因为当楚国灭亡时,他作为一个楚国人,应该勇敢地站起来积极组织反抗斗争才是,而屈原却自杀了,他这是为了逃避现实,是懦弱的表现。"持不同观点的学生各抒己见,谁也无法说服对方。面对此种情况,历史教师并没有急于给学生一个"标准"和"唯一"的答案,而是让学生在学习过程中,继续主动查阅资料,用具体事例来支撑和完善自己的观点。

正是借助这样的自主性、探究性、合作性学习,学生"坚持学"历史的主动性有了很大提高,不仅在师生互动中学到了知识,并且具备了大胆质疑的创新精神,而且还培养了学生在生活中协调人际关系、与人合作的协作精神和团队精神。连续如此去实施历史新课程教学,教与学将日趋完美、和谐、统一,教学最终会得到升华,从而愈来愈接近育人的目的——学生的人格魅力、综合素质得到提高。

五、建立综合评价体系

学业成就曾经是考查学生发展的重要指标。在我国,传统的历史教育评价存在着与当今世界教育评价不相符合的众多问题,突出表现在:对学生学习成绩的评价方式和内容相当狭隘。学生的学习成绩主要限于"诊断性"考试成绩,而缺乏"发展性"学习评价。同时,评价的形式单一呆板,以纸质的标准化试题为主,缺乏多元化和多形式的过程性评价手段。因此,新课程背景下的历史课程改革必须借鉴国外历史教学评价的经验,转变评价观念,树立"全面、多元、发展"的评价理念,即建立起有利于促进学生全面发展、激励教师积极进取、以评价学生素质为目标的、多元化的综合评价体系,全面实现历史教学评价的功能。具体说来,多元化的综合评价体系重点包括以下几个方面:

(一)评价功能多元化

历史教学评价是指运用科学的方法,对学生的学习过程、活动、历史思维、历史意识以及身心发展状况及时做出评价,发现和发展学生多方面的潜能。同时,通过引导教师对自己的教学过程、教学行为、教学效果的分析与反思,进行定性和定量的价值判断,建立有利于教师专业成长的教师评价体系。评价是历史教学环节的重要组成部分,应有利于历史新课程的实施。在教学过程中要充分发挥教学评价的导向功能、诊断功能、激励功能和促进功能,促进学生学习能力和创新意识的提高。

(二)评价对象和参与者多元化

评价不仅仅局限于学生和教师,历史新课程倡导建立教师、学生、家长和管理者共同参与的体现多渠道信息反馈的教师评价制度。在这一评价制度中,以教师自主评价为主,结合同行评议、学生评价、领导与家长等相关人员参与评价的方式进行。在这一评价制度中,评价的主要对象仍是学生。评价以学生为中心,要注意学生的个性差异,让学生了解评价方法与过程,并引导学生参与评价过程,尝试自我评价,充分发挥学生的主体作用。

(三)评价目标多元化

评价不再局限于考察学生的历史知识、历史技能,还包括考察学生情感态度与价值观的变化、历史学习的过程与方法,避免将历史知识的掌握程度作为唯一的评价内容。

(四)评价类型多元化

评价包括广义评价(宏观评价)和狭义评价(微观评价)、相对评价(常模参照标准评价)和绝对评价(目标参照标准评价)、自我评价和他人评价、单项评价和综合评价、定性评价和定量评价以及预测性评价、诊断性评价、形成性评价和总结性评价。根据教学阶段性的特点,评价还可分为课堂教学评价、单元教学评价、学期教学评价、学年教学评价等。不同教学阶段的评价,应有相应的评价目的、评价范围和评价方法,例如,课堂教学评价主要针对一节课的学习目标,而学期教学评价则是系统考察学生一学期教学目标的达成情况。①

　　需要特别强调的是,历史课堂教学是历史学习的主渠道。因此,要建立完善的历史课堂教学评价机制,既要关注教师的教,又要关注学生的学,以实现促进学生发展和教师专业成长的双重目标。

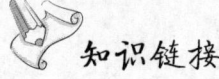 **知识链接**

历史课堂教学评价的基本要素

　　历史课堂教学评价涉及的基本要素有:(1)教学目标。根据历史课程的三维目标,确定每堂课具体的教学和学习目标。学习目标的制定应符合学生发展的需要,不能远离学生的生活经验和知识结构。(2)教学过程。应符合学生知识与能力、情感态度与价值观的生成过程,符合学生的发展需要,关注学生群体的参与度及创新意识,关注全体学生在多大程度上实现了有效学习。(3)教学活动氛围。氛围充盈在师生交往与活动之中,积极的教学环境应和谐、活跃、民主、平等,让每一个参与者都感到安全、亲切、有归属感。(4)学生参与程度。关注学生参与教学活动的人数,学生行为参与、思维参与、情感参与的机会和条件;学生学习内驱力的激发(肯定、赞赏、表扬、竞争、表现欲、自信心、成功感、批评等);学生自主学习的意识、能力、方法的运用发掘;学生历史学习技能、能力实践、体验过程的程度。(5)教师教学的创造性。这是教师在教学指导活动中表现出来的个性特征、创新精神和探究意识,体现了教师的教学风格。(6)教学效能。教学效能的测查有以下三项指标:一是设置问题解决的程度,教学目标是否实现;二是解决问题的代价如何,即投入和产出比是否恰当;三是看能否让不同层次的学生都能学有所得,能否引发所有学生继续学习的愿望,能否促进其发展。

(五)评价方法多元化

　　对学生历史学习业绩的评判应该灵活采用各种评价方法,避免以笔试作为主要的甚至是唯一的评价方法。评价方法应具有科学性、灵活性、有效性和实践性。要综合采用观察、记录、调查、访问、讨论、作业、测验、考试、评议、档案(成长记录袋)以及历史习作、历史制作等多种方法进行评价。需要特别强调的是,笔试(纸笔测验)只是考试的一种形式,考试还包括口试、开卷与闭卷等多种形式。笔试内容应加强与社会实际、学生生活经验的联系。要改变笔试是考试的唯一手段的做法,应根据考试的目的、性质、对象等,选择灵活多样的考试方法,考查学生的历史思维能力、创新能力以及综合运用历史知识解决问题的能力。要改

---

① 教育部:《全日制义务教育历史课程标准(实验稿)》,北京师范大学出版社 2001 年版,第 43 页。

变"一次考试定终身"的做法,考试过分注重分数、简单地以考试结果对学生进行分类,新课程改革要求教师尝试给予学生多次的考试机会,并对考试结果做出分析、说明,形成"激励性"的改进意见或建议,并及时将考试信息反馈给学生,以便改进学生的学习,促进学生的发展,减轻学生的压力。

 **知识链接**

历史课堂教学评价的主要方法

历史课堂教学评价的主要方法:(1)课堂观察法。进行听课活动,包括对学生学习和教师教学的观察。对学生学习的观察有五个维度:参与状态、交往状态、思维状态、情绪状态和生成状态;对教师的课堂教学行为的观察也有五个维度:组织能力、注意中心、教学机智、教学态度、教学境界。(2)访谈法。对学生、教师的调查访谈是一种有明确评价目的、有计划的活动。(3)测验法。根据课程目标和教学实际,拟出一定的题目,在一定的范围内对课堂教学效果进行检测,了解不同层次学生学习所得及教师教学的效果。(4)问卷调查法。依据课堂教学的基本要素设计问卷,了解各教学要素的实施情况及达到程度。针对学生的问卷调查要尽量简明,具有可操作性。①

尤其值得注意的是,历史教师的评价应当以"激励性评价"为主,对学生不成熟的观点不能随意加以批评和断然否定,而是应该给予引导和点拨,帮助学生自己去分辨是非,甄别正误。因为,给学生的创新思维提供一片肥沃的土壤,远比告诉他们几个现成的结论重要得多。为此,评价改革要从促进学生发展的新视点上去关注学生个性化的反应,关注学生实际发展的需求,以尊重学生的个性特点,尊重学生的兴趣和爱好;不是过分重视结果,而是突出其过程的参与和发展。通过评价可以帮助学生认识自我,建立起自信,提升能力。因此,历史教师在评价中应通过灵活多样的评价方法,以学生人格养成为中心,立足于学生的多样化个性,放飞学生的才情和灵思,让学生由"求知"到"求法",由"学好"到"好学",由"能学"到"会学"。这才是对学生的终身发展真正负责,真正发挥教书育人的作用。

第三节　历史课程的目标

历史课程目标是对历史这门课程学习的总体要求,以及要达到的预期目的

---

① 参阅《安徽省普通高中新课程历史教学指导意见》。

和效果,它反映了国家和社会对义务教育阶段(7~9年级)和普通高中教育阶段历史这门课程的教育宗旨和要求。历史课程目标可分为课程总体目标和课程具体目标两个层次。

一、义务教育历史课程目标

义务教育历史课程的目标包括课程总体目标、课程具体目标,后者涉及每个学习板块应达成的具体目标和学习板块下每一学习内容的具体目标。

(一)义务教育历史课程总体目标

义务教育阶段历史课程总体目标的定位是:"通过历史课程的学习,学生获得历史基本知识和技能,初步了解人类社会历史发展的基本过程,逐步学会用历史唯物主义观点分析问题、解决问题;增强爱国主义情感,继承和发扬中华民族的优秀文化传统,树立民族自尊心和自信心;初步形成正确的国际意识,理解和尊重其他国家和民族所创造的文明成果;学习和继承人类的传统美德,从人类社会历史发展的曲折历程中理解人生的价值和意义,逐渐形成正确的世界观、人生观和价值观。"[1]义务教育历史课程这一总体目标使历史教师明确了义务教育历史课程的性质,知道义务教育历史课程并不是定位于历史的专业教育,而是一种公民教育和人格教育,注重培养学生良好的品德和健全的人格。英国思想家培根说过:"学史使人明智。"这与义务教育历史课程的性质正是异曲同工。"学习历史的目的就是使学生学会做人。"义务教育历史课程不是要把学生个个培养成学识渊博的历史学家,也不是要将学生刻为千人一面的两脚书橱,而是要为现代社会培养具有健全人格、国格,富有个性和创造性,懂得学习、生存和发展,富有情感,能自立自强并为社会做出贡献的活生生的人。因此,义务教育历史课程目标要与时代发展同步,以人为本,以学生人格的健全发展为终极目的,应帮助学生树立正确的世界观、人生观和价值观。

(二)义务教育历史课程具体目标

义务教育历史课程具体目标可分解为"知识与能力"、"过程与方法"、"情感态度与价值观"三个层面,是学生通过历史课程的学习应达到的总体目标,通常简称为"三维目标"。"三维目标"明确而具体,更具可操作性。

1. 义务教育历史课程的"知识与能力"目标

"知识与能力"目标是义务教育历史课程目标中的基本要求,能够让学生的学科基本素质得到全面提高,具备进一步发展的潜能。根据义务教育7~9年级学生的心理特点和认知水平,以及义务教育阶段的培养目标,义务教育历史课程

---

[1] 教育部:《全日制义务教育历史课程标准(实验稿)》,北京师范大学出版社2001年版,第1页。

目标要求学生首先要掌握基本的历史知识。所谓基本的历史知识,主要包括在历史上起过重大作用、具有重要影响的历史人物、历史事件和历史现象,以及重要的历史概念和历史发展的基本线索。"对这些基本历史知识的了解,将使学生初步了解人类发展的基本过程,为进一步理解人类历史发展的规律奠定必要的知识基础。"①

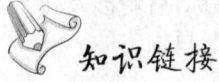 知识链接

知 识 目 标

在"知识"目标中,学生学习的历史内容分为识记、理解、运用三个层次目标,它们使知识目标明确而具体,更具可操作性。

第一层次为"识记"层次,这是学习义务教育历史课程最基本的要求,要求学生能正确写出或说出这类历史内容的基本史实。对这类历史内容目标的陈述,常使用列举、知道、了解、说出、讲述、简述、复述等行为动词。

第二层次为"理解"层次,它要求学生在达到第一层次要求的基础上,能对所学的历史内容进行归纳和整理,形成对历史问题的初步认识。对这类历史内容目标的陈述,常使用概述、理解、说明、阐明、归纳等行为动词。

第三层次为"运用"层次,它要求学生能运用已有的知识和技能,初步分析历史问题的因果关系、利弊得失、作用影响,并能做出自己的解释和判断。对这类历史内容目标的陈述,常使用分析、评价、比较、探讨、讨论等行为动词。

上述三个层次目标,使学生不仅明了自己所学的历史内容,而且明了对这些内容应学到何种程度。

"知识"目标要求,在学生掌握基本历史知识的过程中,教师要有意识地培养学生的基本技能,如确立正确的历史时空概念,掌握正确计算历史年代、识别和使用历史图表的能力,通过多种途径获取并处理历史信息的能力,陈述历史问题的表达能力,以及历史的想象、迁移、归纳、分析等基本能力。

在"技能"目标中,学生的基本技能的培养包括两个层次目标:一是独立操作水平,包括独立完成操作、进行调整与改进、尝试与已有技能建立联系等。常使用完成、表现、制定、解决、拟定、绘制、尝试、试验等行为动词加以陈述。二是迁移水平,包括在新的情境下运用已有技能、理解同一技能在不同情境中的适用性等。常使用联系、转换、灵活运用、举一反三、触类旁通等行为动词加以陈述。

---

① 教育部基础教育司组织编写,朱汉国、王斯德主编:《全日制义务教育历史课程标准(实验稿)解读》,北京师范大学出版社 2002 年版,第 24 页。

2. 义务教育历史课程的"过程与方法"目标

"过程与方法"的历史课程目标,要求历史教师不仅关注学生的学习结果,更关注学生的学习过程,以培养学生的科学素养、科学方法和实践能力,促进学生的全面发展。

在"过程与方法"目标上,义务教育历史课程目标实际指出了学习历史的过程应包含四个阶段:一是通过各种教学活动,让学生感知历史;二是通过教学让学生不断积累最基本的历史知识;三是通过基本的技能训练和思维方法的训练与培养,使学生能对客观的历史过程形成主观的理解和认识,培养其观察历史现象的科学态度和做出较为正确解释的能力;四是学生精神境界的升华。在学生体验、学习、理解和认识人类历史发展的过程中,形成对民族、国家和人类历史发展的认同感,确立正确的情感态度与价值观。

历史课程把"过程与方法"作为课程目标提出来,并与"知识与能力"、"情感态度与价值观"并列为"三维目标",主要是基于"以学生发展为本"的理念,强调对学生的尊重,强调对学生发展的影响;同时也是针对传统历史课程只重结果、不问过程的"拨乱反正",以此强调学生的学习过程与学习方式的重要性。故在"过程与方法"目标上,义务教育历史课程还特别强调从根本上改变学生的学习方式,提出了探究式等以学生为主体的学习方法,使学生学会用历史的眼光来分析历史与现实问题。

3. 义务教育历史课程的"情感态度与价值观"目标

历史课程目标强调了学生在学习历史知识的过程中,要学会学习、学会做人。尤其以"情感态度与价值观"目标取代传统的"思想教育"目标,更务实,适当淡化了历史课程的政治功能,注重了人文素养和科学精神的培养,要求对多元文明成果的理解与尊重,突出体现了历史课程的教育功能和社会功能。

在"情感态度与价值观"目标方面,义务教育历史课程目标针对历史教育的社会功能,提出了形成学生"对中国历史与文化的认同感,树立对国家、民族的历史责任感和使命感;形成健全的人格和健康的审美情趣,确立积极进取的人生态度,为树立正确的世界观、人生观和价值观打下良好的基础;形成崇尚科学精神的意识,确立求实、求真和创新的科学态度;不断强化民主与法制意识;了解人类社会历史发展的多样性,逐步形成面向世界、面向未来的国际意识"五个方面的目标。[①] 在该目标中突破了以往单纯政治教育的层面,注重人文素养和科学精神的培养,特别体现出历史学科的教育功能,强调把历史教育的社会教育功能与人的发展教育功能结合起来。

---

① 教育部:《全日制义务教育历史课程标准(实验稿)》,北京师范大学出版社 2001 年版,第 1 页。

 知识链接

情感态度与价值观目标

"情感态度与价值观"目标描述了学生学习历史课程后在情感态度与价值观方面应达到的水准。包括三个层次的目标：

一是经历（感受）水平。是指学生对历史课程内容感兴趣，有积极向上的学习热情，能独立从事或合作参与相关活动，建立感性认识。常用经历、感受、参加、参与、尝试、寻找、讨论、交流、合作、分享、参观、访问、考察、接触、体验等行为动词加以陈述。

二是反应（认同）水平。是指学生在经历（感受）的基础上表达自己的感受、态度和价值判断，做出相应的反应。常使用遵守、拒绝、认可、认同、承认、接受、同意、反对、愿意、欣赏、称赞、喜欢、讨厌、感兴趣、关心、关注、重视、采用、采纳、支持、尊重、爱护、珍惜、蔑视、怀疑、摒弃、抵制、克服、拥护、帮助等行为动词加以陈述。

三是领悟（内化）水平。是指学生具有相对稳定的态度，表现出持续的行为，形成的具有个性化的某种价值观或责任感。常用形成、养成、具有、热爱、树立、建立、坚持、保持、确立、追求等行为动词加以陈述。

二、普通高中历史课程目标

在课程目标方面，普通高中历史课程目标与义务教育历史课程目标有着一致的地方，都充分发挥和挖掘历史课程在人文素养、民族意识、改革意识、开放意识及国际意识等方面教育功能的培养。但从发展的角度看，较之义务教育阶段，普通高中学生本身发生了两个明显变化：一是通过义务教育阶段（7~9年级）的历史学习和训练，学生有了一定的历史知识储备和分析问题、解决问题的能力，奠定了进一步理解历史问题的基础；二是随着年龄的增长和心理发展，学生理解抽象问题和对历史问题进行探究的能力有所提高，感兴趣的领域也比义务教育阶段更为广阔，要求独立思考的意识和表现独立人格的欲望也更加强烈。

在这种情况下，为适应高中学生心理特点与认知水平变化的需要，普通高中历史课程目标的要求较之义务教育阶段又有所提高和发展，表现在：课程目标不仅关注全体学生的共同发展，为每个学生创设未来发展的平台和机会，而且重视让不同兴趣爱好、不同能力倾向、不同特长的学生能更好地规划自己的职业选择和长远发展目标，从而设计自己的人生选择。

普通高中历史课程的目标包括课程总体目标、课程具体目标，后者涉及模块目标、具体学习的专题目标。

(一)普通高中历史课程总体目标

普通高中历史课程,是在义务教育历史课程学习的基础上,选择不同的角度,通过专题式学习,使学生深入了解人类历史上的重大事件、历史人物和历史现象中所蕴涵的丰富历史文化遗产;进一步揭示人类历史发展的基本过程,培养和提高学生的历史意识、文化素质和人文素养,促进学生的全面发展。从这个意义上说,普通高中历史课程仍然是一门对公民进行素质教育的基础型课程,但同时它又同义务教育历史课程有所区别,这个区别就是要为学生进入高一级院校学习和走向社会提供一个必要的平台。

因此,普通高中历史课程的总体目标定位是:"使学生了解人类社会发展的基本脉络,总结历史经验教训,继承优秀的文化遗产,弘扬民族精神,养成健全的人格,促进个性的健康发展;学会用科学的历史观分析问题、解决问题;学习从历史的角度去了解和思考人与人、人与社会、人与自然的关系,进而关注中华民族以及全人类的历史命运,为学生进入更高层次的学习和走向社会奠定必要的人文社会科学基础。"[1]

(二)普通高中历史课程具体目标

普通高中历史课程的具体目标是:"扩大掌握历史知识的范围,深入地了解历史发展的基本线索;对历史唯物主义基本理论与方法有所了解,初步认识人类社会发展的基本规律,学会运用科学的理论和方法认识历史和现实问题,逐步形成科学的世界观和历史观;树立不断完善自我、为祖国社会主义现代化建设作贡献和关注民族与人类命运的人生理想。"[2]

普通高中历史课程具体目标与义务教育历史课程具体目标一样,仍可分为知识与能力、过程与方法、情感态度与价值观"三维目标",但在知识分类、能力内涵、情感态度与价值观的要求等方面,较之义务教育历史课程的具体目标有层次上的区别。

1. 普通高中历史课程的"知识与能力"目标

普通高中历史课程的"知识目标"是:"在义务教育的基础上,进一步认识历史发展进程中的重大历史问题,包括重要的历史人物、历史事件、历史现象和历史发展的基本脉络。"[3]普通高中历史课程这一具体知识目标的构建与义务教育历史课程相比,有以下三个明显特点:

第一,知识的呈现采取分类集中的办法。比如将政治领域、经济与社会领域、文化思想与科技领域的基本史实分别相对地集中在一个模块里学习,这样可

---

① 朱汉国、王斯德:《普通高中历史课程标准(实验)解读》,江苏教育出版社 2003 年版,第 27 页。
② 教育部:《普通高中历史课程标准(实验)》,人民教育出版社 2003 年版,第 4 页。
③ 同上。

以使学生对这一领域的历史有更为深刻的理解与认识。

第二，知识古今中外贯通。过去无论初中或高中，中国史和世界史都是相互独立的教学单元，历史课程无法做到中外历史知识的贯通，学生难以从总体上把握历史发展的线索。新的普通高中历史课程采用专题式的编排方式，弥补了两门通史课程学习方式的不足，可以在某一历史领域的学习上做到古今中外贯通。

第三，知识点的层次有所提升。普通高中历史课程的知识点中往往包含着若干更小的知识点。如，"从汉到元政治制度的演变"、"古代中国农业的主要耕作方式和土地制度"、"古代中国商业发展的概貌"、"新民主主义革命的主要史实"、"人民代表大会制度"、"一国两制"、"雅典民主政治"、"责任内阁制"、"联邦制"、"资产阶级代议制"、"斯大林模式"、"资本主义世界经济体系的形成"、"孙中山的三民主义"等。[①]

普通高中历史课程具体知识目标的构建是通过设置历史必修课程与选修课程来完成的。其中，历史必修课程包括古今贯通、中外关联的 25 个学习专题，分别反映人类政治、经济、思想文化、科学技术等领域的重要历史内容。普通高中历史课程以历史专题的方式，把历史中最具代表性的问题加以整合，使这些专题更能突出地体现历史发展过程中的规律性和线索性，既可以避免同初中历史学习内容的简单重复，又可以变换认识历史问题的角度，适当地提高学习的难度和抽象性，并赋予这种理论的抽象性以更为具体、更为丰富的历史内容，使理论同史实更好地结合。

普通高中历史课程专题学习中的"知识内容"目标主要由具体的历史史实和抽象的历史认识两部分构成，它包括三方面的主要内容，即：(1)具体的历史史实，包含时间、地点、人物和事件等基本元素。掌握这些基本元素，是学生在学习过程中要完成的基本任务。(2)基本的历史概念，主要分为两种，即分类性历史概念和抽象性历史概念。历史概念是通过抽象的概括而形成的对历史人物、历史事件、历史现象等的本质属性的反映。(3)基本的历史线索和规律，包含历史事件的因果关系、历史发展阶段的内在联系，以及对人类社会发展趋势的预测。

在"知识目标"中，高中学生学习的历史内容目标分为识记、理解、运用三个层次。高中历史课程更侧重于培养学生的历史思维能力和解决问题的能力，故高中历史课程内容目标中不仅要求"识记"具体的历史，而且要能从宏观上"认识"、"说明"历史，更具思辨性地"理解"、"比较"、"归纳"历史，并努力做到论从史出、史论结合地"分析"、"阐述"、"评价"、"探讨"历史。

普通高中历史课程的"能力培养"目标是："在掌握基本历史知识的过程中，进一步提高阅读和通过多种途径获取历史信息的能力；通过对历史事实的分析、

---

① 朱煜：《走进高中新课改——历史教师必读》，南京师范大学出版社 2006 年版，第 20 页。

综合、比较、归纳、概括等认知活动,培养历史思维和解决问题的能力。"①与义务教育历史课程的能力目标相比较,普通高中历史课程的能力目标强调历史技能的培养、历史思维和解决问题的能力培养两方面的内容。

历史技能可分为显性技能(亦称动作技能、操作技能)和隐性技能(即心智技能),前者包括绘制历史地图、表格等技能,后者涉及阅读历史材料(包括阅读文字或解读图表材料、获取有效历史信息等)、整理历史知识(包括归纳、比较或分析历史问题等)、编制历史图表(包括时间带、大事年表、示意图等)、表述历史(包括能够扼要地表述历史梗概、有情感地表述历史情节、有论据地表述对历史问题的看法等)等技能。历史技能目标的水平层次可分为初步掌握、熟练掌握、正确运用三个层次。需要特别强调的是,获取有效的历史信息对学生学习历史至关重要。学生具备了获取历史信息的技能,就能广泛地涉猎历史,对历史进行有效学习。

历史思维能力的培养,能使学生成功地解决历史问题。发展学生的历史思维能力,除了加强历史思维过程的训练(分析与综合、比较与分类、抽象概括与具体化)外,关键在于培养学生优良思维品质的形成。具体说来,普通高中历史思维和解决问题的能力培养主要有以下目标:(1)能从一种或多种角度客观地评价历史人物、历史事件或历史现象;(2)能整理零散的历史材料并按一定的逻辑关系组成一个完整的历史过程;(3)能辩证地分析历史问题产生的原因、发展的过程以及各种历史问题之间的关系;(4)能科学地比较不同历史人物、历史事件或历史现象并发现其异同;(5)能运用基本的史学概念、范畴和方法,对某些历史结论做出相应的评价或说明。②

在高中历史学习过程中,知识和能力目标虽然相对独立,但更表现为互相渗透、互相融合、相互促进的不可分割的统一体。一定的知识总是和一定的能力相结合的,知识的获取及呈现都伴随着相应的能力。同样,能力的获取及呈现也都伴随着相应的知识。一定的能力是学生获取知识的必要条件,一定的知识是能力形成和提高的基础。与知识相比,能力更具有一般性特点,发展良好的能力,比掌握一定范围内的知识有更广泛的迁移作用。因此,普通高中历史课程和义务教育历史课程应对知识传授和能力培养给予足够的重视。任何忽视知识传授和能力培养的做法,都会对历史教学产生消极的影响。任何"弱化"历史知识传授和历史分析方法的行为,都无助于学生正确的人生观、世界观和价值观的形成。

2. 普通高中历史课程的"过程与方法"目标

普通高中历史课程的"过程与方法"目标是:"进一步认识历史学习的一般过

---

① 教育部:《普通高中历史课程标准(实验)》,人民教育出版社 2003 年版,第 4 页。
② 朱煜:《走进高中新课改——历史教师必读》,南京师范大学出版社 2006 年版,第 21 页。

程。学习历史是一个从感知历史到不断积累历史知识,进而不断加深对历史和现实的理解过程;同时也是主动参与、学会学习的过程。""掌握历史学习的基本方法。学习历史唯物主义的基本观点和方法,努力做到论从史出、史论结合;注重探究学习,善于从不同的角度发现问题,积极探索解决问题的方法;养成独立思考的学习习惯,能对所学内容进行较为全面的比较、概括和阐释;学会同他人,尤其是具有不同见解的人合作学习和交流。"①在"过程与方法"目标方面,义务教育历史课程主要要求学生在探究与合作学习和积累历史知识的同时感知历史,对历史的发展形成初步的认识;普通高中历史课程则重点强调学生学习方式的转变和学习能力的提高,特别是"学会同他人,尤其是具有不同见解的人合作学习和交流"。历史知识和学习方法的使用过程就是学习过程,学习过程必定贯穿知识和方法的运用。

高中历史的"学习过程"主要包括以下一些具体目标:(1)使学生对人类历史发展中的几个主要领域有一个较为深入的了解,从而使其初步掌握某个历史领域的发展过程、基本特点和基本规律;(2)在初中历史学习的基础上,逐渐积累一些较高层次的历史知识,对人类的历史活动有一个较为准确的了解和把握;(3)通过进一步的技能训练和思维方式的训练与培养,能够使学生逐渐形成观察、分析历史问题的能力;(4)在体验、学习历史的过程中,形成对民族、国家和人类历史发展的认同感,确立正确的情感、态度与价值观。②

"过程与方法"目标实现的过程,应是学生体验学习并学会学习的过程,应是学生思想和行为发生改变的过程。学生能够经常性地参与学习过程,就容易学会有效的学习方法。

知识链接

历史学习的主要方法

历史学习的主要方法:(1)材料学习法,即阅读必要的历史材料(包括文字的和图片的),从中获取有效历史信息,学会论从史出,史论结合。(2)思辨学习法,即注重探究学习,善于从不同的角度发现问题,积极探索解决问题的方法。在运用思辨学习法时,一方面要善于同他人交流观点和看法,听取他人的不同观点,以补充自己的论据和拓展观察视野;另一方面能对所学习的内容进行分析、比较、概括和阐释。(3)实践学习法,即通过社会调查、参观访问、情境模仿和解释现实问题等途径来学习历史的方法。③

---

① 教育部:《普通高中历史课程标准(实验)》,人民教育出版社 2003 年版,第 4 页。
② 朱汉国、王斯德:《普通高中历史课程标准(实验)解读》,江苏教育出版社 2003 年版,第 41 页。
③ 同上书,第 43—45 页。

在普通高中历史课程的"过程与方法"目标实施中,学生是主体,学生的参与程度是历史学习是否成功的重要因素。而教师要在履行组织、指导、示范和传授知识的同时,高度重视和尊重学生的主体地位,启发、指导和培养学生进行自主学习,为学生学习历史提供形式多样的"过程与方法",鼓励学生勇于从不同角度提出问题,探求多种途径解决问题,从根本上改变学生被动接受知识的传统学习方式。

3. 普通高中历史课程的"情感态度与价值观"目标

普通高中历史课程的"情感态度与价值观"目标是:"通过历史学习,进一步了解中国国情,热爱和继承中华民族的优秀文化传统,弘扬和培育民族精神,激发对祖国历史与文化的自豪感,逐步形成对国家、民族的历史使命感和社会责任感,培养爱国主义情感,树立为祖国现代化建设、人类和平与进步事业作贡献的人生理想。""加深对历史上以人为本、善待生命、关注人类命运的人文主义精神的理解。培养健康的审美情趣,努力追求真善美的人生境界。确立积极进取的人生态度,塑造健全的人格,培养坚强的意志和团结合作的精神,增强经受挫折、适应生存环境的能力。进一步树立崇尚科学精神,坚定求真、求实和创新的科学态度。""认识人类社会发展的统一性和多样性,理解和尊重世界各地区、各国、各民族的文化传统,汲取人类创造的优秀文明成果,进一步形成开放的世界意识。"①

普通高中历史课程和义务教育历史课程的"情感态度与价值观"目标都把培育学生的民族精神和爱国主义情感放在了首位。在义务教育阶段,历史课程主要让学生形成健全的人格、科学的态度和一定的国际意识。在普通高中教育阶段,历史课程则特别强调学生对人文主义精神的理解,并首次提出要关注对学生"历史意识"的养成目标。②

如前所述,传统历史教育对学生的人文主义精神的培养和学生个性发展重视不够,体现在重视传授和灌输,忽视了历史学习的体验、感悟的特点,压抑学生的个性,包办学生的学习。在这种模式的历史教学下,学生只学到了一大堆知识,而缺乏美德、责任感、情感等的培养,而这正是与人文主义精神所倡导的高尚情操、理想人格、尊重人的情感背道而驰的。因此,高中历史新课程改革将人文主义精神的培养作为"情感态度与价值观"目标之一提出来,要求历史教师去实施,即通过历史课程的学习,培养学生树立以人为本、善待生命的人文意识;健康的审美情趣;积极进取的人生态度;相互合作的团队精神和交往能力;求真求实的科学态度;国际视野、全球文明和开放的世界意识等。

---

① 教育部:《普通高中历史课程标准(实验)》,人民教育出版社 2003 年版,第 5 页。
② 同上书,第 1 页、第 30 页。

使学生养成和树立科学的历史意识,是高中历史课程"情感态度与价值观"目标的亮点。历史意识就是人类在文明发展过程中产生出来的对自身历史的记忆和描述,并在求真求实的基础上总结经验、吸取智慧,进而把它用于现实生活的一种观念和要求。[1] 历史意识固然包含着思维主体对历史的记忆,但更重要的是对历史的理性思考。如历史教师对历史因果的分析、对历史人物的介绍与评价,以及向学生传递一些历史学的核心概念,如历史的真伪、史料的价值、研习历史的探究精神等,都有助于学生历史意识的养成。[2]

各抒己见

请你谈谈历史课程目标中"知识与能力"、"过程与方法"、"情感态度与价值观"三者之间的关系。

三、历史课程"三维目标"是一个连续过程和有机整体

历史课程的"三维目标"是一个不可分割、相互交融、相互渗透的连续过程和有机整体。课程标准强调历史课程"三维目标"的整体性,指出三者是一个有机整体,要求历史教师在"三维目标"实施过程中不应分割和偏废,不落入套路,不流于形式。

历史课程"三维目标"中,"知识与能力"目标强调的是历史学科的基本知识与基本技能,是历史课程学习的基本要求。因此,掌握历史知识不是历史课程学习的唯一和终极目标,而是全面提高人文素养的基础和载体。在掌握历史知识的过程中,既有能力的训练,也有对史学方法的了解和运用,更有情感态度与价值观的体验与培养。

历史课程"三维目标"中,"过程与方法"目标强调的是历史认知的过程和方法,要求学生参与历史学习的过程,形成正确的学习方法,以利于培养科学素养、科学方法以及实践能力,是历史课程目标的一个闪光点。历史教育的关键并不仅仅在于让学生记住多少历史知识,更重要的是,要通过各种有效的方法和途径,使学生学会认识历史的方法,养成正确的历史思维习惯,形成理性的思维方式,从而为学生的健康发展提供坚实的基础。

历史课程"三维目标"中,"情感态度与价值观"目标是历史课程目标的核心与灵魂,也是历史课程实施过程中最有创新潜力的领域。历史教育的根本目的不仅仅在于让学生掌握基础的历史知识,更应当重视通过历史课程的学习,开发学生持续发展的潜力,促进其人格的不断完善。因此,在要求学生掌握历史基础

---

[1] 朱汉国、王斯德:《普通高中历史课程标准(实验)解读》,江苏教育出版社2003年版,第13页。
[2] 朱煜:《走进高中新课改——历史教师必读》,南京师范大学出版社2006年版,第27—28页。

知识的同时,还要特别注重培养学生解决问题的能力,重视对知识认知方法和观念的培养,为最终形成历史意识和历史观打下基础。

第四节　历史课程的结构

课程结构可分为纵向结构和横向结构两种。课程纵向结构是指从宏观的课程理念到微观的课程形式的结构层次,可划分为课程计划(教学计划)、课程标准(教学大纲)、教科书三个层次。就课程横向结构而言,课程结构是指课程体系中具体科目、科目内容、课程类型等要素之间所形成的关系形态。以历史课程结构为例,科目之间的关系形态是指同一课程体系中不同科目间形成的比例关系,如历史与语文、数学、外语、地理等具体科目间的比例关系,既包括科目开设的不同顺序也包括科目的不同课时比例。科目内容之间的关系形态是指同一科目中不同内容之间形成的比例关系,如历史科目中中国历史与世界历史的比例关系。课程类型之间的关系形态是指不同课程类型之间所形成的比例关系,如历史必修课程与选修课程、分科型历史课程与综合型的《历史与社会》课程、历史课程与活动课程的比例关系等。

由于基础教育历史课程的学习分为两个阶段,即义务教育阶段和普通高中教育阶段,因此,此处将历史课程结构分为两个部分,即义务教育历史课程结构和普通高中历史课程结构。

一、义务教育历史课程结构

在教育部制定的《基础教育课程改革纲要(试行)》中,要求义务教育阶段的课程应体现普及性、基础性和发展性。因此,作为义务教育阶段的历史课程也要面向每一个学生;历史课程的内容和要求应该是基础性的;历史课程应具有发展性,着眼学生的终身学习。在《纲要》的指导下,义务教育阶段的历史课程最终选择了通史式的课程结构。

(一)通史式的历史课程结构

新课程改革背景下的义务教育分科型历史课程,怎样展现课程内容? 有多种课程结构的设计方案可供选择,例如,可以继续保持原来的分设中国历史、世界历史的通史式课程结构,也可以搞中外历史合编的通史式课程结构,还可以搞成断代史、专题史课程结构,更可以从方便义务教育阶段学生学习历史的角度设计成学习板块式、学习主题式、学习模块式来展示人类社会发展的历程。针对传统历史课程结构的弊端,义务教育历史课程最终选择了分设中国历史(七、八年级)、世界历史(九年级)的通史式课程结构。

在义务教育历史新课程中,七、八年级开设中国历史课程,九年级开设世界历史课程,同时按照历史发展的时序性来编写中国历史和世界历史课程内容。通史式课程结构的设置,兼顾了历史发展的时序性和学习内容的内在联系,反映了历史学科的特点,有利于义务教育阶段的学生对历史知识的总体把握,为高中的专题式学习打下坚实的知识基础。

(二)“板块 + 学习主题”的历史课程内容呈现模式

在义务教育历史课程结构的内容呈现模式上,《全日制义务教育历史课程标准(实验稿)》中规定:“内容标准分为中国古代史、中国近代史、中国现代史、世界古代史、世界近代史、世界现代史 6 个学习板块,每个学习板块又分为若干学习主题。”①6 个学习板块概括了义务教育阶段学生需要学习的内容,由于每个学习板块又包括若干个学习主题,6 个学习板块共计 44 个学习主题,现分别予以叙述:

中国古代史板块,共 9 个学习主题,它们是:(1)中华文明的起源;(2)国家的产生和社会变革;(3)统一国家的建立;(4)政权分立与民族融合;(5)繁荣与开放的社会;(6)经济重心的南移和民族关系的发展;(7)统一多民族国家的巩固和社会的危机;(8)科学技术;(9)思想文化。

中国近代史板块,共 7 个学习主题,它们是:(1)列强的侵略与中国人民的抗争;(2)近代化的起步;(3)新民主主义革命的兴起;(4)中华民族的抗日战争;(5)人民解放战争的胜利;(6)经济和社会生活;(7)科学技术与思想文化。

中国现代史板块,共 7 个学习主题,它们是:(1)中华人民共和国的成立和巩固;(2)社会主义道路的探索;(3)建设有中国特色社会主义;(4)民族团结与祖国统一;(5)国防建设与外交成就;(6)科技、教育与文化;(7)社会生活。

世界古代史板块,共 5 个学习主题,它们是:(1)史前时期的人类;(3)上古人类文明;(3)中古亚欧文明;(4)文明的冲撞与融合;(5)科学技术与思想文化。

世界近代史板块,共 8 个学习主题,它们是:(1)欧美主要国家的社会巨变;(2)第一次工业革命;(3)殖民扩张与殖民地人民的抗争;(4)资产阶级统治的巩固与扩大;(5)国际工人运动与马克思主义的诞生;(6)第二次工业革命;(7)第一次世界大战;(8)科学与思想文化。

世界现代史板块,共 8 个学习主题,它们是:(1)苏联社会主义道路的探索;(2)凡尔赛—华盛顿体系下的西方世界;(3)第二次世界大战;(4)主要资本主义

---

① 教育部:《全日制义务教育历史课程标准(实验稿)》,北京师范大学出版社 2004 年版,第 3 页。

国家的发展变化;(5)社会主义国家的改革与演变;(6)亚非拉国家的独立和振兴;(7)战后世界格局的演变;(8)科学技术和文化。①

在新的历史课程内容结构模式上,6 个学习板块共包含了 44 个学习主题,在这一课程结构体系下,历史主线清晰,学习主题明确,"难、繁、偏、旧"现象基本消除。无疑,学习主题是本次义务教育历史课程结构改革的一大亮点。学习主题模式的呈现所体现的基本原则和特点如下:

1. 根据历史学科的特点,关注历史的时序性和学习内容的内在联系

义务教育历史课程中的学习主题,一方面,要反映人类历史的基本特点和主要内容。人类历史延续了几千年,其内容包括政治、经济、文化、军事、外交、民族关系等社会生活的各个方面,因此,义务教育历史课程不可能囊括所有的历史内容,只能反映构成中外历史的基本线索的重要历史事件、历史人物和历史现象,学习主题反映了历史知识的选择性。另一方面,要反映所学历史内容之间的内在联系,历史中的重要事件、人物和现象,都不是孤立存在的,而是存在一定的内在联系。在《全日制义务教育历史课程标准(实验稿)》中的"内容标准"里,根据历史发展的先后顺序,将这些历史事件、人物和现象组织为各个学习主题。通过学习主题的呈现,既兼顾了历史发展的时序性和阶段性的特点,又反映了历史发展的趋势,使学生在把握历史发展趋势的同时,又能够有重点地学习历史。

例如,中国近代史中包含 7 个学习主题,基本上与中国近代发展的阶段性一致,同时又具有不同的特点:按照历史发展阶段呈现的各个学习主题,兼顾了中国近代历史的各个侧面,以中国近代某一历史时期占主导地位的历史内容来反映这个阶段的主要特点。如"列强的侵略与中国人民的抗争"这一学习主题反映的是清政府时期中国人民为反抗列强侵略,争取民族独立,进行着英勇的斗争,开始了救亡图存的探索。在这一历史时期发生了许多重要的历史事件、出现了许多重要人物和现象,课程标准只是选取足以表现这个阶段历史的几个条约来反映这一时期的历史特点。课程标准精选了"林则徐虎门销烟"、"中英《南京条约》"、"太平军抗击洋枪队"、"第二次鸦片战争"等主要内容,从具体的知识点来突出说明这个学习主题。

2. 体现了义务教育历史课程的基础性

所谓的基础性,是指义务教育历史课程不过是提高国民素质的一门基础型课程。因此,在学习主题内容的选择上,不能与高中历史课程内容结构相混淆,更不能沿袭大学历史课程的内容。因此,新的学习主题在内容的选择上,要避免专业化、成人化倾向,不刻意追求历史学科体系的完整性;课程内容应体现时代精神,贴近社会生活,贴近学生生活;课程内容应是国家公民必须具备的基本历史知识,即人类社会发展中最具影响力的重大事件、历史人物、历史现象以及重

---

① 教育部:《全日制义务教育历史课程标准(实验稿)》,北京师范大学出版社 2004 年版,第 6—32 页。

要的历史概念和历史发展的基本线索。①

3. 符合义务教育阶段学生的心理和认知水平

义务教育阶段的学生求知欲强,形象思维比较发达,逻辑思维能力较弱,他们对具体的、形象的或与他们生活环境比较接近的内容感兴趣,而对理论性、概念性较强的内容不容易接受。因此,义务教育历史学习主题要适应学生学习历史的心理特征和认知水平,具体来说,就需要做到:

首先,历史学习主题内容要体现义务教育历史课程的特点,要从以学生为本的思想出发,将过去成人化的一些表述变成与学生亲切对话式的表述,让学生感到学习历史实际上是自己与历史在进行交流对话,便于学生自主学习、合作学习和探究学习。

其次,历史学习主题内容的呈现形式要为学生喜闻乐见,要注意通过具体的史实、浅显的史料、真实的图片、想象的图画、活泼的插图及活动、探究等,来增强历史的真实性、直观性、生动性,从而引发学生的学习兴趣。

再次,历史学习的主题内容要注意区分义务教育历史与高中历史教学内容的层次。义务教育阶段的历史主题学习中的内容,形象的史实占主要地位,避免了专业化、成人化的倾向;文字力求简洁、浅显、生动活泼,尽量减少抽象的概念和论述文字;语气上尽量使用启发式,避免说教式。

最后,学习主题的内容应注意从多方面减轻学生的负担:尽量注重历史发展的过程,而不是干巴巴的一些要点;尽量减少过多的头绪和艰深的历史理论;尽量减少空洞的议论和结论式的语言,用生动的史实叙述历史,论从史出;尽量减少需要学生记忆的地名、人名、年代和数字;尽量减少课后练习,尽量为学生提供可任意选择的自悟与质疑、活动与探究的广阔空间。②

(三)分科课程与综合课程并存的历史课程结构

教育部在《基础教育课程改革纲要(试行)》中为新课程改革提出了思路,即"改变课程结构过于强调学科本位、科目过多和缺乏整合的现状,整体设置九年一贯的课程门类和课时比例,设置综合课程,以适应不同地区和学生发展的需求,体现课程结构的均衡性、综合性和选择性"③。因此,义务教育阶段的历史课程分为分科型的《历史》和综合型的《历史与社会》两门课程,不同地区、学校可以根据学校的实际情况进行选择。

新一轮基础教育课程改革方案中,《历史与社会》是一门取代分科的历史、地理课程的综合文科课程,开设《历史与社会》则不设分科的历史和地理,反之亦

---

① 教育部基础教育司组织编写,朱汉国、王斯德主编:《全日制义务教育历史课程标准(实验稿)解读》,北京师范大学出版社 2002 年版,第 10 页。

② 张一平:《初中历史新课程教学法》,首都师范大学出版社 2004 年版,第 33—34 页。

③ 同①,第 7 页。

然。开设综合的《历史与社会》课程,其优点在于:(1)改变了长期以来历史分科课程"一统天下"、以历史学科知识为基本课程来源的局面;(2)减少学科门类,有助于减轻学生负担;(3)有助于学生形成多维视野和多元化的观念;(4)有助于学校教育联系现实生活,增强学生运用综合知识分析、解决问题的能力。但是,综合的《历史与社会》课程的不足之处也是显而易见的,例如,以综合文科课程取代分科的历史课程,会直接动摇历史教学在基础教育中的课程基础,同时还割裂了历史知识的内在联系,无法为高中系统的历史学习打下基础,等等。

从分科课程与综合课程实施的现状来看,从各地对课程的选择来看,选择分科的历史、地理课程的多,选择综合文科课程的较少;有的地方或学校开始选择的是综合课程,要么实施一段时间就放弃了,要么实际上仍是分科教学,形成了所谓分科教师"协同教学"的局面。综合文科课程的实施陷入了一种十分尴尬的境地。造成这种状况的原因在于:长期以来,我国主要以分科形式设置课程,对于开设综合型的课程,相关的研究和实践比较缺乏,影响了学校、社会、历史教师对综合课程的认同。加之,历史与社会课程标准对课程目标界定的模糊、操作性不强的问题;教师知识结构、教学能力不适应综合课程教学的需要的问题;传统的教学习惯的影响;课程资源的开发与利用问题;同时也没有解决相应的评价制度等等,影响了《历史与社会》课程的实施。

综合型的《历史与社会》课程与分科型的《历史》课程,只不过是历史课程结构的形态问题,它们都可以承载历史教育的任务,没有孰优孰劣之分。选择综合型《历史与社会》课程还是分科型的《历史》课程,在现行的条件下,受到了诸如历史教师的知识结构、能力水平和其他物质条件的限制,而教育观念、课程理念的转变是首要的问题。当历史教师的观念仍然囿于传统的分科教学时,势必影响对课程改革所带来的新观念的认同、接受及施行。当历史教师的观念与新课程所倡导的理念一致的时候,也就不会把对新课程的认识仅仅停留在是分科还是综合的课程结构形态上。随着社会的发展和进步,历史学科的地位在课程整合的大趋势中应逐步加强。因此,我们可以在保持历史教育好传统的前提下,大力推行历史课程结构的综合化,力求分科型《历史》与综合型《历史与社会》两门课程并存。

各抒己见

作为教师,你愿意选择上《历史》还是《历史与社会》,谈谈你的理由。

二、普通高中历史课程结构

(一)"学习领域+科目+模块"式的课程结构

新的普通高中课程结构由学习领域、科目、模块三个层次构成。在这三个层次中,上层为学习领域,学习领域下设学科科目,科目下设模块,学习领域、科目、模块构成了新的高中课程的基本结构(表1-1)。

表1-1　普通高中课程结构表①

学习领域	科　目	必修学分 (共计116学分) 学分	选修学分Ⅰ	选修学分Ⅱ
语言与文学	语文	10	根据社会对人才多样化的需求,适应学生不同潜能和发展的需要,在共同必修的基础上,各科课程标准分类别、分层次设置若干选修模块,供学生选择	学校根据当地社会、经济、科技、文化发展的需要和学生的兴趣开设若干选修模块,供学生选择
	外语	10		
数学	数学	10		
人文与社会	思想政治	8		
	历史	6		
	地理	6		
科学	物理	6		
	化学	6		
	生物	6		
技术	技术(含信息技术和通用技术)	8		
艺术	艺术(或音乐、美术)	6		
体育与健康	体育与健康	11		
综合实践活动	研究性学习活动	15		
	社区服务	2		
	社会实践	6		
高中毕业要求	144(学分),2952(学时)	116		

从表1-1可以看出:

作为普通高中课程结构第一层面的学习领域,是由课程价值相同或相近的若干科目构成的,普通高中三个年级设置8个学习领域。学习领域的设置旨在更好地体现课程综合化的趋势,有益于学生综合素质和健全人格的养成。

作为普通高中课程结构第二层面(中观层面)的科目,是学校课程体系中的基本单位,是学校课程开发和学生学习的主要平台。普通高中三个年级共设置了12—13个科目,其中,技术和艺术是新增设的科目;艺术与美术、音乐并行设

---

① 广东省教育厅教研室:《普通高中新课程选课指导》,高等教育出版社2005年版,第2页。

置,供学校选择。

　　作为普通高中课程结构第三层面(微观层面)的模块,是构成科目的基本单位,是科目开发的主要平台和学生学习内容的主要载体。将科目分解为模块,是普通高中课程结构改革的重大举措。每一个模块都有明确的教育目标,并围绕特定的主题内容,对学生的经验和社会生活等内容进行整合,构成相对完整的学习单元;每一个模块都有对教师的教学行为和学生的学习方式的要求;模块之间既相互独立,又反映了学科的内在逻辑联系;所有的模块都被赋予相应的学分;所有的模块都有必修与选修之分,其中选修模块在数量上超过了必修模块,使课程呈现出多样化的特征。

　　由此可见,以往普通高中课程改革在结构上只关注科目结构的调整,这是不够的。普通高中课结构的改革必须整体地、协调地考虑上述三个层面。

　　从表1-1我们还可以得出如下结论:

　　从学习领域来看,历史课程属于“人文与社会”学习领域。将历史、地理和思想政治科目置于“人文与社会”学习领域,反映了这三个科目具有共同的学科特点和课程目标,有利于整体规划课程内容,提高学生的综合素养,既防止学生过早偏科,又避免所学的科目过多,避免了考什么就学什么的问题,体现了对高中学生全面发展的要求。

　　从科目来看,历史是单独的一个科目,该科目由若干模块构成(详见表1-2)。

表1-2　普通高中历史课程模块结构表

学习领域	学习科目	学 习 模 块
人文与社会	思想政治	—
	历史	必修:历史(Ⅰ)　政治史(着重反映人类社会政治领域发展进程中的重要内容) 　　　　历史(Ⅱ)　经济史(着重反映人类社会经济和社会生活领域发展进程中的重要内容) 　　　　历史(Ⅲ)　思想文化史(着重反映人类社会思想文化和科学技术领域发展进程中的重要内容) 选修Ⅰ:(一)历史上重大改革回眸 　　　　(二)近代社会的民主思想与实践 　　　　(三)20世纪的战争与和平 　　　　(四)中外历史人物评说 　　　　(五)探索历史的奥秘 　　　　(六)世界文化遗产荟萃 选修Ⅱ:根据当地社会发展和学生需要,由学校开发
	地理	—

　　从表1-2中可以看出,普通高中历史课程除选修Ⅱ共设置9个模块,其中,

必修模块3个,选修模块6个。各模块之间既相互独立,又反映历史学科内容的内在逻辑联系。每一模块都有明确的教育目标,同时根据教育目标确定相关的学习内容。

(二)"模块+专题"式的历史课程结构

根据基础教育课程改革的要求,普通高中历史课程结构采用"模块+专题"式的课程结构,是整个普通高中"学习领域+科目+模块"式的课程结构的有机组成部分,旨在构建多样化和适应学生全面而有个性发展的课程体系。

1. 普通高中历史课程设置9个学习模块

从表1-2中可看出,普通高中历史课程除选修Ⅱ设置了9个学习模块。在这9个学习模块中,包括3个必修模块和6个选修模块。3个必修模块分别是历史(Ⅰ)、历史(Ⅱ)和历史(Ⅲ)。6个选修模块分别是:历史上重大改革回眸;近代社会的民主思想与实践;20世纪的战争与和平;中外历史人物评说;探索历史的奥秘;世界文化遗产荟萃。

普通高中历史必修模块是全体高中学生必须学习的基本内容,必修模块之间没有严格的递进关系,学校可以灵活选择教学顺序,比如先教历史(Ⅰ),再教历史(Ⅱ)、历史(Ⅲ),或者相反。历史选修模块之间也没有严格的递进关系,学校或学生可以根据需要自主选择模块。

普通高中历史课程9个学习模块的设置,实现了课程的多样化。以模块组织课程内容的方式,为师生主动参与课程开发开放了空间,也为学校开发自己的校本课程,实现有特色的发展创造了条件。从教学的组织来看,模块便于学校合理灵活地安排历史课程,相对减少学生学习的科目,使学习内容和学习时间相对集中,从而促进学生集中有效的学习。

2. 普通高中历史课程学习模块包含66个学习专题

普通高中历史课程9个模块中包含了66个学习专题,其中,历史必修模块有25个学习专题,选修模块有41个学习专题,现分别予以论述:

必修课程历史(Ⅰ)模块,共9个学习专题,它们是:(1)古代中国的政治制度;(2)列强侵略与中国人民的反抗斗争;(3)近代中国的民主革命;(4)现代中国的政治建设与祖国统一;(5)现代中国的对外关系;(6)古代希腊罗马的政治制度;(7)欧美资产阶级代议制的确立与发展;(8)从科学社会主义理论到社会主义制度的建立;(9)当今世界政治格局的多极化趋势。在这9个学习专题中,前5个专题所包含的内容基本上与中国历史发展的阶段性相一致,即中国古代史、中国近代史、中国现代史三种不同社会发展阶段的基本线索和特征。这5个学习专题从不同的历史侧面,共同构成了中国历史发展的全貌。而后4个学习专题则主要反映的是世界历史的内容,时间断限从古代希腊至20世纪末。9 个学习专题共同构成了普通高中历史必修课程中政治生活发展的学习内容。

必修课程历史（Ⅱ）模块，共 8 个学习专题，它们是：(1)古代中国经济的基本结构与特点；(2)近代中国经济结构的变动与资本主义的曲折发展；(3)中国特色社会主义建设的道路；(4)中国近现代社会生活的变迁；(5)新航路的开辟、殖民扩张与资本主义世界的形成与发展；(6)罗斯福新政与资本主义运行机制的调节；(7)苏联社会主义建设的经验与教训；(8)当今世界经济的全球化趋势。在这 8 个学习专题中，中外历史各占 4 个，着重反映了人类社会经济和社会生活领域发展进程中的重要史实。

必修课程历史（Ⅲ）模块，共 8 个学习专题，它们是：(1)中国传统文化主流思想的演变；(2)古代中国的科学技术与文化；(3)近代中国的思想解放潮流；(4)20世纪以来中国重大思想理论成果；(5)现代中国的科学技术与文化；(6)西方人文精神的起源及其发展；(7)近代以来世界科学技术的历史足迹；(8)19 世纪以来的世界文学艺术。在这 8 个学习专题中，前 5 个学习专题所涵盖的是中国思想文化与科学技术发展进程中最关键的内容；后 3 个学习专题所涵盖的是世界史意义上的思想文化与科学技术发展进程中最关键的内容。

历史选修（一）"历史上重大改革回眸"，共 9 个学习专题，它们是：(1)梭伦改革；(2)商鞅变法；(3)北魏孝文帝改革；(4)王安石变法；(5)欧洲的宗教改革；(6)穆罕默德·阿里改革；(7)1861 年俄国农奴制改革；(8)明治维新；(9)戊戌变法。人类历史是一个复杂的社会演进过程，学习和掌握这 9 个历史上重大改革的史实，有利于学生认识人类社会的发展规律。

历史选修（二）"近代社会的民主思想与实践"，共 7 个学习专题，它们是：(1)专制理论与民主思想；(2)英国国会与国王的殊死搏斗；(3)向封建专制统治宣战的檄文；(4)构建资产阶级代议制的政治框架；(5)法国民主力量与专制势力的斗争；(6)近代中国的民主思想与反对专制的斗争；(7)人民群众要求民主的斗争。这些学习专题涉及专制和民主产生的历史背景、近代社会民主思想与实践的历史过程及发展趋势等，学习这些专题有助于学生树立民主法制意识，这是现代公民必备的基本素质。

历史选修（三）"20 世纪的战争与和平"，共 6 个学习专题，它们是：(1)第一次世界大战；(2)凡尔赛—华盛顿体系下的和平；(3)第二次世界大战；(4)雅尔塔体制下的冷战与和平；(5)烽火连绵的局部战争；(6)和平与发展——当今世界的时代主题。这些学习专题着重使学生知晓：20 世纪先后爆发两次世界大战，战后出现全球性冷战，在新的历史条件下，"战争与和平"问题关系到世界所有国家和民族的生存与发展，关系到人类命运和文明的兴衰。

历史选修（四）"中外历史人物评说"，共 6 个学习专题，它们是：(1)古代中国的政治家；(2)东西方的先哲；(3)欧美资产阶级革命时代的杰出人物；(4)"亚洲觉醒"的先驱；(5)无产阶级革命家；(6)杰出的科学家。这些学习专题旨在使学生了解重要的历史人物，掌握评价历史人物的一些基本方法，探究他们与时代的相互关系，并科学地予以评价。

历史选修(五)"探索历史的奥秘"，共7个学习专题，它们是：(1)历史与历史的重现；(2)人类起源之谜；(3)三星堆遗址——古蜀文明之谜；(4)玛雅文明的消失；(5)二里头文化的探索；(6)米诺斯宫殿遗址与克里特文明；(7)大津巴布韦遗址与非洲文明探秘。这些学习专题旨在培养学生探究历史问题的兴趣，通过探究历史之谜，帮助学生认识人类历史是一个不断接近真理的过程。

历史选修(六)"世界文化遗产荟萃"，共6个学习专题，它们是：(1)世界文化遗产的由来；(2)古代埃及文明的历史遗产；(3)古代希腊、罗马的历史遗迹；(4)欧洲文艺复兴时期的文化遗产；(5)中国的历史文化遗产代表；(6)具有警示意义的世界遗产。学习这些专题，有助于学生深刻认识全世界及全人类的宝贵精神财富，从而树立基于文化和自然两方面的环境保护意识。

在我国历史课程发展史上，"模块＋专题"式的历史课程结构具有首创性。长期以来，如何构建普通高中历史课程结构一直是历次历史课程改革的重点与难点。从新中国成立五十多年的历史课程结构改革情况来看，经历了从编年体螺旋上升式结构→中外合编式结构→模块＋专题式结构的演变。[1] 20世纪50年代至60年代，历史课程结构采用编年体螺旋上升式结构，初中古今中外一个循环，高中中国史一个循环，世界史改为世界近现代史。20世纪80年代至90年代，上海地区高中历史采用中外合编式结构，关注新航路开辟以来的中国与世界。21世纪初，从高中学生的发展需要出发，构建了"模块＋专题"式课程结构，则完全避免了与义务教育历史课程在结构上的重复，成为普通高中历史课程改革的一大亮点。一方面，"模块＋专题"式课程结构为历史教师与学生的经验介入课程提供了课程环境，为师生主动参与课程开发及课程实施提供了前提条件，致使学术性、探究性内容与生活性内容融会贯通、互为提升；另一方面，"模块＋专题"式课程结构为历史学科以及其他人文社会科学的最新研究成果，以及重大热点问题及时融入课程创设了空间，也为历史课程内容的不断更新奠定了基础。[2]

"模块＋专题"式的历史课程结构符合高中学生历史学习的特点，有利于学生综合分析问题能力的提高。在新的高中历史课程结构中，每一模块都由若干

① 姬秉新、李稚勇、赵亚夫：《理解与实践高中历史新课程——与高中历史教师的对话》，高等教育出版社2005年版，第9页。
② 同上书，第15页。

学习专题组成。专题的确定,渗透了两个基本理念:

第一,同一模块内的专题,在目标上,应具有相近的教育价值。如必修课程的历史(Ⅰ)中的9个专题,都是历史上重要的政治制度、政治事件。确定这些专题,有助于学生历史地看待不同政治制度的产生、发展及其影响,并能对其进行科学的评价与解释;同时能正确地认识历史上的阶级、阶级关系和阶级斗争,理解从专制到民主、从人治到法治是人类社会一个漫长而艰难的历史过程,从而树立为社会主义政治文明建设而奋斗的人生理想。必修课程历史(Ⅱ)中的8个专题,属于经济和社会生活领域中的内容。确定这些专题,有助于学生了解人类历史上经济发展和社会变迁的基本史实,有助于学生理解历史上不同国家与地区的社会经济发展模式,进一步认识我国的基本国情和世界经济发展趋势,培养学生为社会主义现代化建设而奋斗的社会责任感。必修课程历史(Ⅲ)的8个专题,则属于思想文化和科学技术领域的内容。确定这些专题,有助于学生探讨思想文化和科学技术在人类历史发展中的作用,认识人类思想文化发展的多样性,学会理解和尊重世界各地区、各国家、各民族的文化传统,增强对祖国传统文化的认同感。选修课程各模块的专题,也都有其相近的教育目标。

第二,从以上66个学习专题来看,基本上能够体现历史的多样性特点,有助于学生较全面地了解人类历史各个领域丰富多彩的内容。如必修模块历史(Ⅰ)中的专题,属政治史范畴,既有关于政治运动的,也有关于政治制度的。至于制度层面,既有民主制度的,也有专制制度的;既有资本主义制度的,也有社会主义制度的。通过这些专题的学习,学生可以看到历史原来是错综复杂和多姿多彩的,从而在学习中不断提高自己的综合分析能力。

各抒己见

有人认为"模块+专题"式的历史课程结构不如原来的通史结构,请谈谈你的看法。

(三)普通高中历史课程结构的特点

1. 课程结构的综合性

普通高中历史课程结构对历史知识体系进行了重新整合,突破了传统历史课程内容按照章节体通史的编排体系,采用中外历史合编的"模块+专题"式结构。这种课程结构强调历史学科内知识的整合,这种整合主要是通过模块的综合化来实现的,突出表现在9个历史模块不是按照历史的时间线索来划分,而是按综合的思路设计了66个学习主题,其中,3个历史必修模块设计了25个学习专题,6个历史选修模块设计了41个学习专题。这些学习专题多为"古今贯通,中外关联",具有较高的综合性。如必修课程历史(Ⅰ)有9个专题,这些专题都是中外历史上重要的政治制度和政治事件,通过这9个专题的学习,有助于学生历史地看待中外历史上不同政治制度的产生、发展及其影响,并能够进行恰当的评价与阐释;同时能够科学地认识历史上的阶级、阶级关系和阶级斗争,理解从专制到民主、从人治到法治的历史发展过程。

2. 课程结构的选择性

普通高中历史课程结构的选择性主要表现为以下两个方面:

(1) 在国家设置历史课程的课时上预留了可供选择的弹性空间

普通高中课程方案规定,高中每学年共52周,其中教学时间为40周;每学年分两个学期,每个学期分两个学段,每个学段大约10周左右。这样,学生学习每门课程的时间相对集中在一个学段,即10周左右完成一个模块教学。课程标准规定,普通高中三门历史必修课程的基本课时为108学时。

在国家课程方案的指导下,各省市课改实验区完全可以根据学校的实际情况,灵活安排历史课程的课时和所学的模块。这就是说,不管是历史必修课程还是历史选修课程,在课时量的使用上,在教学顺序的安排上,都是可以灵活变通的,具有可选择性。

(2) 加大历史选修课程设置的比例,以增强课程结构的选择性

普通高中历史课程由必修课程和选修课程构成,共分9个学习模块,计324学时、18学分。其中,历史必修课程分为3个学习模块,每个模块为36学时、2学分,共108学时、6学分;历史选修课程分为6个模块,每个模块为36学时、2学分,共计216学时、12学分。这样,在整个普通高中教育阶段,历史选修课程在历史课程结构中的比例增大,与历史必修课程相比,其课时数和学分占2/3。"学生可根据自己的兴趣,任选若干个模块"[1],这就意味着学生对历史课程拥有两种选择权,一是拥有在获得历史课程的最低学分后选择最高学分的权利;二是拥有选学不同模块的权利,并获得同样的学分。这样的课程结构提高了学生选课的灵活性,赋予了学生更大的课程自主选择权,使每一位学生的禀赋得到充分发挥,从而促进学生的个性化发展。

总之,普通高中历史课程推行学分制、弹性选课制,学生有了更大的选课自主权。从此,学生可以在自己感兴趣的课程上多花时间,获取学分,改变以往不考虑学生兴趣一定要学习某门课程的尴尬局面,有利于发展学生的个性与特长,有利于提高历史教学质量。

---

① 教育部:《普通高中历史课程标准(实验)》,人民教育出版社2003版,第3页。

第二章　历史教学论

第一节　历史教学基本理论

一、历史教学的本质

在不同的时期,教育界对历史教学的本质有着不同的理解。

传统的看法认为,历史教学是传授历史知识的过程,或者是传授历史知识与培养能力的过程。在这样的教育理念指导下,教学过程往往是以教师讲授为主;教学活动的基本形式大多是:教师在讲台上讲,学生在下面听课、记笔记。历史教学成为传递和接受历史知识的过程。教师传递历史知识,学生接受历史知识,媒介就是历史教科书。在近代学校教育开始以来,这种对教学的理解一直居于主导地位。20世纪中期以后,随着教育的发展,人们对于教学本质的理解逐渐发生了变化。教学已经不仅仅局限于传授知识,而是增添了能力培养与思想教育的内容。

现代教育观认为,历史教学是建构历史知识的过程。师生以史料为媒介,通过"对话"、"交流"和"沟通",形成对历史的认识和理解。学生在交往活动中完成对历史知识的建构和能力的培养,同时情感态度与价值观也发生变化。在这样的教育理念指导下,历史教学不再是由教师向学生展示前人认识的成果,而是在平等的师生关系中,让不同见解和主张相互碰撞;教师、学生以教科书和其他课程资源为媒介共同探索历史的奥秘;通过对话和交流,形成自己对历史的认识。

不论是传统的看法还是现代的看法,历史教学的本质都是一种特殊的认识活动,都是学生在教师的组织、指导下有目的的学习活动。不同之处在于,前者是让学生认识人类已有的历史研究成果,后者是让学生自己探索,得出对历史的认识。

二、历史教学过程

中学历史教学过程,主要指的是学生通过历史课,掌握基本历史知识,发展

智力和能力,受到情感态度与价值观熏陶的具体过程。这是一个复杂的认识过程,具体地体现在以下的进程中:

(一)引起学生对历史学习的积极性

从心理学的角度看,任何人的认识活动都是从具有认识的积极心理开始的。这是认识活动的开端,同时也是整个认识过程的前提和基础。历史教学也不例外。有经验的历史教师在教学中,总是十分注意调动学生的学习积极性,努力使学生在教学中始终处于积极的思维中。引起学生学习历史的积极性,有多种方式,最主要的有以下几种:

1. 让学生明确学习历史的目的

在开始教学时,安排一定课时或时间的导言课,交待本学期或本节课将要学习的主要内容和学习意义,使学生具体、实在地体会到,学习这部分历史对于他的成长有好处。这样,学生自然地就会产生学习历史的积极性。可以把学生将要学习的历史知识与现实联系起来,使学生亲切地感受到历史与现实的密切关系,为了更好地认识现实,而渴望了解历史。例如,讲古代希腊时,先讲古代希腊文化对今天世界的影响(如北京人民大会堂吸收了廊柱式建筑的形式、奥林匹克运动会和马拉松赛跑的起源等等),然后再讲古希腊的历史;讲古代罗马时,也可以先讲现在罗马城的城徽(一只母狼哺乳两个小孩),然后引出关于古代罗马起源的神话传说。这样,学生总是由近及远地去认识历史,从现实出发去追溯其历史渊源,学习兴趣浓厚,即使是与学生生活比较遥远、陌生的世界古代史,听起来也会觉得有趣味,从而激发起学生学习的极大积极性。

2. 教师教学要生动活泼

这包括两个方面:一方面是教师生动形象地对历史进行讲述,对历史进行深入的分析;另一方面是鼓励学生自主收集、阅读历史材料,积极思考,回答问题,进行必要的讨论和练习,等等。只有这样,学生的学习积极性才能够得到正确的发挥。作为中学历史课,学生在课堂上最主要的积极性,是思维的积极性,即要始终动脑,处于积极的思维状态。教师讲述时,学生要积极思维,学生活动时,也要围绕历史问题进行探索和讨论。只有这样,学生才能够做到掌握历史基本知识,提高分析、观察历史问题的能力,并从中受到情感态度与价值观方面的熏陶。如果忽视对学生思维积极性的调动,课堂上只是多让学生自己讨论、表演,表面上看来似乎是学生的活动多了,但是,实际上他们并未真正处于历史学习的积极状态中,一节课的教学效果也不一定很好。

(二)感知具体历史的阶段

在调动起学生学习历史的积极性以后,教学即进入了正式的认识历史的过程,也就是学生感知具体历史的阶段。这个阶段,主要是向学生呈现历史上的人物、事件、制度与现象等的具体史实。在呈现史实的时候,要具体,而不要流于笼统;要科学,而不要失于伪谬;要生动,能再现历史形象,而不要仅是干巴巴的枯燥结论。完成这一阶段学习的手段是多种多样的。课上有教师口头的讲述、描述,直观教具和多媒体的使用,学生自己阅读教科书和教师提供的资料;课下则有学生的自主探索,如收集资料、参观、访问等等。

感知具体历史的阶段,学生不仅仅是掌握历史基本知识,更重要的是发展能力,受到情感态度与价值观的熏陶。感知历史的阶段可以发展学生对历史的观察力,养成具体、全面地看问题的方法和习惯,它还为学生运用历史唯物主义观点分析问题,提高、发展分析问题的能力,提供了丰富的资料与素材。学生在感知丰富、具体的史实过程中,其思想感情也将受到潜移默化的感染和熏陶。

在中学历史教学中忽视、削弱感知具体历史阶段的情况是存在的。有的教师讲课只是重复课本上的一些概括化的结论,进行思想教育不是"寓"之于具体的史实讲授,而是空喊口号;有的教师强调要学生多在课堂上"活动",自己很少补充丰富、具体的史实,却让学生单纯地阅读教科书,然后去记忆、讨论,甚至发挥,等等,这都是自觉不自觉地抹煞了感知具体历史知识阶段的内容和意义,结果是难以全面完成历史教学任务的。

(三)理解历史的阶段

这个教学阶段,教师调动学生的抽象思维活动,依靠分析、综合、对比、比较等方法从纷繁的历史史实中,抽绎出本质的东西,形成历史概念,揭示历史发展的客观规律。只有经过这个阶段,学生才能获得完全、科学的历史知识,情感态度与价值观才能得以升华。

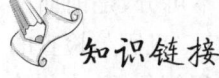 *知识链接*

历史概念与历史知识

历史概念是从具体史实中抽象出来的对历史事件、历史现象和历史人物的最本质的认识。

历史事件、历史现象	历史概念
生活在距今一万多年前的北京周口店地区的原始人类。体质特征、生活状况等史实	北京人
唐太宗统治时期的政治经济措施及社会繁荣局面的史实	贞观之治

历史知识是由一系列相互关联的历史概念组成的概念体系。每一个历史概

念都只有在概念体系中才能获得它的意义。例如奴隶这一概念,只给学生描述奴隶的形象、生活状况、劳动状况等并不能让学生真正理解什么是奴隶。只有当学生理解了奴隶制度这一概念后,才能真正理解奴隶的概念。而要理解奴隶制度,又需要与封建制度做对比,需要理解马克思主义关于五种社会形态的理论。

学生运用历史唯物主义基本观点观察、分析历史问题的过程,既是形成历史概念、揭示历史本质与规律的过程,同时也是历史课最重要的智力发展与培养过程。历史课的情感态度与价值观教育、感染固然重要,但是更为重要的还是对历史的理性思考、对历史规律的认识。只有如此,才能真正地形成学生的信念和世界观,思想上的收获也才能有牢固的基础。

理解历史的前提是对历史史实非常熟悉。有的教师自己不深入钻研历史专业知识,不认真备课,对于教学内容一知半解,只是在课堂上叫学生自己阅读教科书或者相互讨论,以为这样做就能让学生理解历史,就能发展学生的能力,这是不可能的。

(四) 运用历史知识的阶段

学生在学习期间对所学知识的运用,并不是马上去解决社会实践提出的问题,而是表现为继续学习能力的培养,也就是运用已经掌握的历史知识思考问题,去掌握新的历史知识。历史知识的特点决定了它往往不是一朝一夕"立竿见影"地表现出其应用效力,而是更多地体现在学习者的潜移默化的观察与分析问题的能力与方法上。这种能力和方法会不知不觉地运用到学习和生活中。

(五) 巩固与检查历史知识的阶段

请你思考
中学历史教学是一种认识历史的过程,历史学家的史学研究也是一种认识历史的过程,这两种认识历史的过程有什么差异?

巩固与检查学生历史知识的过程与前面讲到的感知具体历史知识阶段、理解规律性历史知识阶段密不可分,是前面两个阶段的重复与提高,是前面两个阶段的继续。巩固与检查的形式有多种,可以是一节课最后的归纳总结、提问复习、小测验等,也可以是专门的复习巩固课与考试课。这个阶段是完整的中学历史教学过程不可缺少的阶段,是提高历史教学质量的一个重要保障。

三、历史教学模式

历史教学模式是在一定历史教学理论或教学思想指导下,通过教学实践抽象、概括而形成的相对稳定的教学活动的基本结构或范型。它既不同于纯粹的教学理论,也不同于具体的教学方法,它是实施教学的一种方法论体系,或者说是一种教学

策略。由于研究者的出发点和关注点不同,历史教学模式的分类也多种多样,但从根本特征上大致可以概括为三种:

(一)传递—接受教学模式

理论依据:历史教学是在教师的组织和指导下学生掌握历史知识的一种认识活动。

教学目标:使学生掌握基本的历史知识,培养学生的认识能力。

教学程序:组织教学→复习旧课→讲授新课→总结→布置作业→检查评价。

教学策略:以历史教科书为主要教学材料,通过教师生动形象的讲述引起学生的兴趣,使学生掌握历史知识。

 案例 2-1

《西汉的兴盛》一课的教学

第一步,复习旧课:

检查学生出席情况后,引导学生回忆:秦始皇统一六国后,曾经显赫一时,但是竟然没过二代就灭亡了。

教师提问:秦朝迅速灭亡的原因是什么?

学生回答后,教师进一步总结:秦的残暴统治(赋税沉重、徭役繁苛、刑法严酷)是根本原因。

第二步,导入新课、讲授新课:

教师在总结秦朝灭亡教训的基础上接着叙述:秦的暴政搞得民不聊生,陈胜、吴广揭竿而起,强大一时的秦朝终于被农民起义推翻。秦亡以后,哪一个王朝兴盛起来了呢? 这是我们今天要讲的内容:

(板书课题)

第14课 西汉的兴盛

一、汉初休养生息政策

1. 西汉社会的贫困

2. 汉初统治者吸取秦国灭亡教训

3. 汉高祖恢复经济的措施

4. 文景之治

二、七国之乱

(略)

三、汉武帝的大一统

(略)

第三步,巩固新课:

教师可以针对板书和学生们一起总结:《西汉的兴盛》一课主要学习了两个重点问题:第一,西汉初年为何要推行休养生息政策?第二,西汉强盛局面形成的过程。

引导学生复述这两个重点内容。教师归纳。

第四步,布置作业:

1. 你从汉初实行休养生息政策中得到哪些启示?

2. 西汉时期的大一统局面是怎样形成的?

对这种教学模式的评价:

优点:保障学生迅速、牢固地掌握历史知识和技能。

不足:以教师讲述为主,学生活动的机会较少。

弥补措施:讲述为主,配合使用其他教学方式,例如,通过设问引发学生思考、讨论。提供与课文内容相关的史料,请学生分析,等等。

需克服的障碍:旧教材知识密度大,一节课时间不够用。

(二) 活动—探究教学模式

理论依据:对历史的认识也就是对历史的解释过程。因此,历史教学活动主要是研究历史问题,对历史做出解释的过程。

教学目标:掌握认识历史的方法,使学生形成自己对历史的认识,提高对历史及社会问题进行分析的能力。

教学程序:确定问题或课题→设计活动方案→安排学生课前准备→组织学生课堂活动→总结与评价。

教学策略:合理设计活动方案,以学生自主探讨为主,教师从旁引导。

案例2-2

昌盛的秦汉文化(二)——我们身边的宗教

活动目的:

(1) 引导学生关注身边的事,了解世界三大宗教和我国道教。

(2) 通过各种方法,使学生学会认识历史的方法,培养学生收集资料、整理资料的能力,并能提出自己的见解和形成新的认识。

(3) 培养学生的参与意识,提高与人合作、交流的能力和锻炼口头表达能力。

活动准备:

(1) 查找与佛教、基督教、伊斯兰教和道教相关的资料,主要是它们的创始人、产生的背景、地区、主要的教义。

(2) 查找我国古代文化与宗教有关的文字材料、实物图片。

(3) 参观博物馆和当地的宗教场所,形成对宗教的感性认识。

(4) 整理去过的佛教、道教圣地的资料。

活动步骤:

(1) 教师简单介绍本节课的主题。

(2) 学生自由发言,扼要讲清收集的资料。

(3) 根据所收集的资料,学生自由地分成佛教、基督教、伊斯兰教和道教四大组,各小组学生集体商讨、综合归纳形成统一的意见,最后由中心发言人主讲。

(4) 与其他小组进行比较,总结出宗教的共性。

(5) 由学生主动担任导游,介绍当地的宗教活动场所,特别是佛教、道教活动场所。

(6) 教师归纳总结。

对这种教学模式的评价:

优点:以学生的探索活动为主、有利于激发学生学习历史的积极性,利用得好可以发展学生的历史思维能力。

缺点:不能使学生形成系统的历史知识结构。

(三) 两种教学模式的综合

轻视学生发展或轻视系统历史知识学习的思想都是不可取的。在实际教学中,许多教师致力于将学生发展和历史知识的学习这两个方面统一起来,在常规教学中融入问题设计和材料分析,注意教师讲述、学生活动合理搭配。这样,既发挥了教师在历史教学中的主导作用,又体现了学生的主体地位,历史知识学习和学生的发展兼顾,取得了良好的效果。

案例 2-3

《西方人文主义思想的起源》一课的教学①

师:公元前6世纪末期,雅典已经是著名的奴隶制共和国;经历两次希波战争,雅典除得到巨大财富外还得到了一位伟大的政治家——伯利克里。伯利克里执政期间对雅典实行了改革,扩大了平民政治的权力,并发展了艺术、建筑、诗歌,从而使雅典在真正意义上成为了希腊政治、文化的中心。

历经改革的雅典,呈现出来的是一种全体公民掌握国家最高权力的政治气氛,"人人为政,不受财产、门第限制"的公民意识也成为了雅典人心目中至关重要的生活内容。

那么请同学们设身处地地想一下,如果你是公元前5世纪的一位成年男性

---

① 根据北京师范大学历史学院04级本科生颜慧同学的教案改编。

雅典公民,在日常生活中什么会是你思考的重心。

(议论)

师:(老师提示)同学们请想想看,当时的雅典公民生活虽不富裕但能够自足,所以说不会有迫切的生存压力,这时候的公民拥有很大的政治权力,能够直接参与到城邦的政治决策中,那么他会关心什么?

少数学生:政治权利的运用。

师:对了,政治在当时雅典公民的生活中占据了极大的位置,于是就产生了如何更好地参与政治的需求,而智者学派就是顺应此而产生的。所以说,雅典的民主共和政治的发达是智者学派产生的背景。

师:智者学派于公元前5世纪中叶开始出现。这一学派主要由城邦中的职业教师组成,他们有偿地向公民教授关于辩论、演说、修辞的技巧和参政知识,以善辩取胜。智者学派的主要思想是辩证思想、个人主义倾向、怀疑一切的态度,这些思想遭到一些人的反对,再加上学派成员教授知识时收取费用的做法令反对者无法接受(当时,学者教授知识一般不收取费用),因此智者学派被视为巧言善辩、假冒智慧的人,这一学派又被称为诡辩学派。智者学派的代表人物是普罗泰戈拉、安提丰。下面我们主要通过这两位代表人物来更深入地了解智者学派的思想。

多媒体显示:

人是万物的尺度。

Man is the measure of all things.

——普罗泰戈拉

人是万物的尺度,

是存在的事物存在的尺度,

也是不存在的事物不存在的尺度。

师:首先我们来学习普罗泰戈拉的思想。他的思想可以用一句话来概括,那就是"人是万物的尺度"。这句话是出自他自己的一段关于人在世界上的地位的言论,那就是"人是万物的尺度,是存在的事物存在的尺度,也是不存在的事物不存在的尺度"。在这里,所谓尺度指的就是衡量事物的是非标准,那么普罗泰戈拉所说的"人"又是指什么? 同学们讨论一下告诉老师自己的想法。

(讨论)

生1:普通的人。

生2:所有的人。

师:这些同学的回答都是指客观的人,也可以说是生物学意义上的人。古希腊先贤的思想同学们理解起来可能有点困难。现在我们先来假设这句话中的"人"指的是客观意义上的人,那么老师来举个例子:同学们都知道色盲患者只能分辨出相当少的颜色,一般来说他们能看到的色彩是黑、白、灰等较为暗淡的颜色,而十分鲜艳的红色、黄色是无法辨别的。如果让一位色盲患者和一位正常人来形容这个世界,那么结果是怎么样的? 正常人当然会说这个世界有白色的云、蔚蓝的天和大海、碧绿的树木和森林,红的、黄的、紫的花朵;而色盲患者则说这个世界的色彩十分单调,一切都是灰白暗淡的。我们作为评判官会把谁放在正确的位置上?

生:正常人。

师:对,我们一般会认为正常人的答案是正确的,如果用普罗泰戈拉的话来解释,色盲患者的回答也应该是正确的。因为他所描述的世界正是他所看到的,正常人所说的色彩斑斓、绚丽多彩他不能够接触到的,是不真实的。而我们支持正常人的回答往往是因为我们也是正常人,而且世界上正常人占据了多数,所以我们从心理上更倾向于自己的"同类",但是这样在无形中就否定了少数人的真实。那么普罗泰戈拉的思想就会被简单理解为人是依据个体需求来判断事物,这样一来所谓的尺度也就失去了客观性。放到上面例子来说,就是因为个体需求不一致,尺度也就不同,所以就世界色彩构成这个问题可能会引发无休止的争论,而这样的结果是不符合人文主义的,因为每一个尺度总是否定其他一部分人的认识,侵犯了他人。所以在这里不能把"人"简单视为人,而应该看作"人性"来理解。"人性"并不是简单地指客观的个体的人性,而是从整个人类出发,符合人类的需求的,关乎人类存在意义的标准。

师:我们来总结一下,普罗泰戈拉首次将人的尊严放到了至高无上的地位,他认为在政治上,城邦、国家的治理的好坏标准在于其是否有利于或符合人性。在他的思想中,"人"取代"神"作为判断是非善恶的标准,反映了奴隶制民主政治的理论要求,是古希腊人文主义的本质。从此,希腊人的思想开始从神秘、浩渺的宇宙转向了人类社会的思考,从物质世界转向了人本身对世界意义的思索。

师:下面我们来看另一位智者学派学者的思想。

(略)

【总结】

师:虽然意见不同,但智者学派的思想的确体现了西方人文主义思想的雏形,点燃了人文主义的火种。两千年后这颗火种被文艺复兴之手点燃,驱散了笼罩欧洲近千年的黑暗。

> **请你思考**
>
> 请你比较一下上面这个教案与前两个教案有什么不同。

四、历史教学原则

教学原则是根据教学目的和教学规律而制定的对教学工作的基本要求,贯穿于教学的各项活动之中。教学原则对于历史教学内容和教学方法的选择、教学组织形式的设计和实施等都具有指导作用。

（一）制定历史教学原则的依据

制定历史教学原则主要有三个依据：

1. 历史教学目的

可以说，一切与历史教学相关的活动都是围绕历史教学目的展开的，教学原则的制定也不例外，它根据教学目的而提出并为教学目的服务。如表所示：

历史教学目的	历史教学原则
■ 传授历史知识 　■ 掌握基本的历史知识以及重要的历史概念和历史发展的基本线索 ■ 发展学生的能力 　■ 初步形成在独立思考的基础上得出结论的能力	■ 系统性原则 　■ 严格按照历史学科的知识系统和逻辑顺序讲授历史 ■ 教师主导作用与学生主体地位相结合原则 　■ 教师引导学生主动参与教学活动，鼓励学生积极探索

2. 教学实践经验

教师在长期的教学实践过程中，摸索出一些经验和教训，对此加以概括总结，积累成为经验型教学原则。我国古代教育中的一些教学原则就是这样提出来的，例如"因材施教"、"教学相长"、"循序渐进"等。

3. 历史教学规律

教学原则实际上是对教学规律的一种反映。历史教学规律主要体现在历史学科规律与学生的历史认知心理规律等方面。历史教学原则对这些教学规律的反映如表所示：

教 学 规 律	教 学 原 则
■ 历史知识的特点 　■ 材料与观点的结合 ■ 学生的历史认知心理 　■ 由近及远，从自己熟悉的具体事实，通过类比，认识抽象的概念	■ 史论结合原则 　■ 论点有史料作依据 ■ 直观性与抽象性相结合原则 　■ 通过具体生动的描述，帮助学生形成历史概念

当然，教学原则和教学规律并不是一一对应的关系。一条教学规律可以制定成数条教学原则，一条原则也可以反映数条教学规律。

（二）中学历史教学的主要原则

1. 教师主导作用与学生主体地位相结合

教师的主导作用体现在确定教学目标、安排教学内容、控制教学活动进程、激发学生学习历史的兴趣、对学生的历史学习进行指导等方面。

学生的主体地位则是指学生主动参与教学、主动探索历史问题，而不是单纯听老师讲课。

中学历史教学是在教师计划、指导下的学生探究活动。没有教师的指导，历史教学难以开展；没有学生的主动参与，历史教学很难收到良好的效果。在历史教学中，要将教师的主导作用与学生的主体地位有机结合，才能取得好的教学效果。

2. 科学性与思想性相结合

科学性是指历史教学中所用材料要准确、观点要正确；思想性是指历史教学要对学生的思想品德教育发挥作用。

历史教学的思想性渗透在具体、翔实、准确无误的历史教学内容当中。在选择教学内容时，一方面要保证材料准确、观点正确，另一方面还要保证所选材料具体生动，能够打动学生，发挥出历史教学的思想教育功能。

3. 直观性与抽象性相结合

直观性是指教学语言生动形象；教学内容典型、具体；运用多媒体呈现历史内容；组织实地参观考察等。抽象性是指运用历史概念进行分析、综合、比较、概括、归纳等，对历史现象做出解释。

在历史教学中要做到事实描述与分析论证结合。空洞的论述枯燥乏味，没有说服力；只讲史实不做分析则不容易发挥历史的教育价值。

4. 系统性与灵活性相结合

系统性是指按历史学科的知识系统和逻辑顺序讲授。如时间顺序、因果关系；灵活性是指适应学生的心理特点和接受能力，不一定严格按照历史学科体系讲授历史。

历史学科特点与学生心理认知特点在有些方面是矛盾的。从认知心理学角度来说，离自己近的内容比较容易认识和理解，因此，历史学习应该由近及远，先学习当代史，再学习近代史，最后学习古代史；但是从历史学科来说，历史是按时序发展的，知识的排列应该从古到今，这样才能体现历史进程。教师在教学中要妥善处理这一对矛盾，在整体上要按历史学科体系教学，在每一课具体内容的处理上要灵活掌握。例如，讲古代历史的时候可以先讲与古代内容有关的当代的事，由此导入古代史的内容。

 **实践练习**

以下是一个历史教学片段，请你指出其中运用了哪几条教学原则。

《经济的发展与重心的南移》一课的教学[①]

师：讲新课之前，我先提几个问题。同学们，我手上拿的是什么？

————————

[①]　根据北京师范大学历史学院 04 级本科生陈璐灵同学的导入技能教案改编。

生：银行卡。

师：对，正确的说是信用卡。信用卡是做什么用的？

生：买东西用。

师：对，用信用卡可以购买东西。它是一种进行商品交易的媒介。在现代消费中，人们越来越多地使用信用卡，因为它用起来很方便。那么古人是用什么来进行交易的呢？

生1：以物易物。

生2：五铢钱。

生3：刀币。

生4：纸币。

师：同学们都回答得很好。中国古代有很多种货币，归纳起来可以分为以下几类。大家看这几张图片，它们是中国历史上较有代表性的货币（逐个解说一下）。再问同学们一个问题，中国古代最早的纸币出现在何时？是什么？

生：宋代，交子。

师：很好，回答得非常正确。众所周知，货币是商业发展的重要标志，而商业的发展则是经济发展的重要表现。在宋代，中国历史上首次出现了纸币，可见宋代的经济已经发展到了一定的程度。那么究竟宋代的经济繁荣到了何种程度，对中国的经济发展又产生了何种影响？想要知道这些，我们就一起来学习《经济的发展与重心的南移》。

第二节　历史教学组织形式

教学必须通过一定的组织形式进行。怎样把学生和教师结合起来，怎样安排教学的时间、场所和教学的活动，这些都是属于教学组织形式的问题。

一、历史教学组织形式的种类

历史教学的组织形式，按照教学实施的场所来分，有课堂教学和课外教学两种类型；按照教学参与人员的组合单位来分，主要有班级教学、小组教学和个别教学三种类型。[①]

班级教学是学校教学的基本组织形式。以"班"为学生组成的单位，以教室为教学地点，以"课时"为教学的时间单位，以"日课表"为教学活动的基本周期，以"课"为教学活动的单位。班级教学是系统传授知识最有效的教学组织形式。

---

① 叶小兵等著：《历史教育学》，高等教育出版社 2004 年版，第 177 页。

小组教学是把学生按学习兴趣、学习程度编组,或按教学活动的具体任务编组,分别完成教学任务。小组教学的活动时间、地点、教学内容可以灵活安排。例如各类兴趣小组。

个别教学是教师针对学生的个体情况因材施教。可以在班级教学、小组教学中应用,也可以在课堂教学外应用,例如家教。

 **知识链接**

教学组织形式的演变

在教育史上有过各种不同的教学组织形式。古代的学校教育,一般都采用"个别教学制"。当社会生产力不断发展,资本主义工商业在社会生产中的作用越来越大时,新兴的资产阶级就要求扩大教育面,增加教学内容和缩短教学期限。于是,在16世纪的欧洲,一些学校里出现了"班级教学制",至19世纪,这种教学组织形式在欧美各国已经广泛地推行。18世纪末至19世纪初,也曾出现过"互教互学制"(英国的"贝尔—兰喀斯特制",或译"导生制")。20世纪初,在美国的道尔顿市,一位教育家提出了一种实验制。按照这种实验制进行教学,课被取消了,教师不再讲解教材,而只给学生留书面作业,指出一些自学参考书,布置一些习题,让学生独立研究教材,然后向教师汇报学习情况。这就是所谓道尔顿制。苏联十月社会主义革命取得胜利的最初年代,也曾出现过分组实验制的教学组织形式。

我国采用班级授课制,开始于1862年的京师同文馆,到20世纪初,废科举、兴学堂,颁布了新的教学体制,并普遍推行班级授课制。新中国成立后,我国中等教育教学组织形式,也采用班级教学制。

二、历史课堂教学

课堂教学是班级教学制的具体方式。这种教学组织形式的特点,是教师按照规定的课程方案和课程标准,在规定的时间内,对一定数目的学生进行教学;课堂教学的教育对象是相对稳定的,学生在年龄上、知识水平和智力水平上也相对一致。课堂教学便于发挥教师的主导作用,保证学生系统地、循序渐进地进行学习。因而,在教育面上和教育质量与时间上都是最有保证的。所以它成为学校教育中基本的教学组织形式,在所有教学组织形式中占有中心的位置。

(一)中学历史课堂教学的基本类型和结构

课堂教学类型,是指根据教学目的、任务所划分的课的类

各抒己见

近十几年来,国外的一些教育学家对课堂教学这种形式提出了异议,认为课堂教学不利于学生智力的自然发展,尤其是不利于智力高超的学生的发展。请你谈谈自己对这一问题的看法。

型。课堂教学结构,是指一节课的具体顺序和组成部分。每节课所应完成的具体任务决定了课的类型及其结构。根据教学过程最优化的理论,教师应用最适当的课堂形式去完成课堂教学的内容,所以我们在历史课堂教学的全过程中,应当选择好课堂教学的类型,安排好每节课的结构。

中学历史课堂教学的类型及其结构,大致可以分为两类:

1. 综合课

综合课,是指在一节课内需要同时完成两个以上的教学任务而又不分主次的课。在综合课中,往往包括复习、讲授、巩固、检查等环节。其基本的结构与步骤一般是:

(1)组织教学。教师通过与学生互致问候、检查学生出席情况,来集中学生的注意力,组织并创造一种能保证教学顺利进行的气氛和环境,使学生在精神上和物质上做好上课的准备。

(2)复习旧课,导入新课。教师通过概述或提问、检查作业等方式,对上节课学习的内容进行复习;有时也复习过去学习过的与新课有关的内容。复习的内容应是旧课的重点,以及与新课有必然联系的问题。在复习后,教师要做出简短而有说服力的总结,从而引导出与新课的联系,自然地过渡到新知识的讲授。

(3)学习新知识。教师通过恰当的教学方法,组织学生学习、探索新课的内容。这是完成这一节课教学目的的中心环节。

(4)巩固新课。新知识学习完毕,进行总结和巩固。它的任务是检查学生掌握新知识的情况,并争取使学生进一步消化和巩固新课的内容。巩固的方式有复述、提问、指导阅读教科书等等。

(5)布置作业。布置作业,是为了使学生及时复习、巩固课堂上所学的知识,并在实际练习中运用所学,把知识转化为技能技巧,同时培养学生独立学习的能力,并为学习下一节新课做好准备。作业的内容应是本课新知识的重点。

综合课是中学历史课堂教学中最常用的一种教学类型。

2. 单一课

单一课,是指要在一节课内完成一个主要的教学任务的课。历史课的单一课可以分为以下几种:

(1)导言课。也称绪论课、引言课。这是在新学年、新学期开始上历史课时采用的课。导言课的一般结构与步骤是:组织教学→讲述学习历史的目的和意义,说明学习它的重要性→介绍将要学习的主要内容→提出学习的计划和方法、要求及应注意的问题。

在整个教学过程的开始,安排"导言课",是为了使学生明确学习目的,激发学习的积极性,了解学习步骤和要求,并与历史教师建立良好的关系。教师在上导言课前应事先了解学生的学习情况和思想特点,以便有针对性地进行导言课的教学。教师可以通过多种途径了解情况,如查阅学生以前的学习成绩和听课笔记,向前任任课教师和班主任了解情况,召开学生座谈会听取学生的想法,等等。

(2)讲授新知识课。这种类型的课,是以整节课或几乎整节课的时间来进行新知识的讲授和学习。它的一般结构和步骤是:组织教学→讲授新知识→总结巩固。

一般是在以下三种情况下才采用这种类型的课:新学期教学的开始,而且又不需要进行复习和检查;教材的分量较重,而又必须按照计划在一节课中完成;学生(常是高中学生)的学习自觉性和理解力较强,而教材又具有相对的独立性。

这种类型的课在中学历史教学中不宜多用。如果每节课都只是讲授新知识,而不考虑复习旧课、巩固和检查新课、作业练习等环节,那就容易忽略教材之间的联系,忽略学生的学习活动,从而在整体上影响历史教学的效果和质量。

(3)总结课。这种类型的课,是把一节课的全部时间,主要用于把知识概念系统化,这类课的一般结构和步骤是:组织教学→总结概括知识→布置作业。

这种类型的课,一般是在一个单元教材教学完成之后采用。总结课在历史教学中有其特殊意义,它既是引导学生积极思维,也是培养学生观察问题、分析问题能力的主要途径。

(4)复习课。复习课是把一节课的全部时间,主要用于复习巩固旧知识。这种类型的课一般是在一个单元教材的教学完成之后,或在期中、期末考试之前使用。其一般结构和步骤是:组织教学→说明复习的目的和要求→对复习的范围和具体内容进行概述或提问→作业练习。

(5)考查课。也称考试课、检查课。这类课的主要任务是检查学生对所学知识的掌握和运用的情况,并通过考查的成绩来检查教师的教学效果。时间一般安排在期中和期末。一般结构和步骤是:组织教学→宣布考查的目的和要求→出示试题,由学生书面或口头回答。

(6)评讲课。也称分析课。它的主要任务是通过对考查成果的评定和分析,指明学生学习历史过程中的优缺点,使学生认识自己掌握知识和技能的水平,明确今后学习历史应努力的方向。评讲课应安排在考查课之后。一般的结构和步骤是:组织教学→公布考查结果→对考查情况进行分析,指出应注意的问题。

(二)历史课堂教学基本组织形式的新发展

上述课堂教学组织形式,主要是为适应知识传授而设计的,适合于讲授法。近几年来,为了适应素质教育的要求,各地历史教师在实践中创造了许多新的课

堂教学组织形式。主要有以下几种:

1."读、理、练"课堂教学形式

这是一种把教师的讲和学生的学相结合的课堂教学形式,它充分发挥教师的主导作用和学生的主体作用。这种课堂教学形式的典型结构为:阅读→整理→练习。

在阅读环节,教师提出精心设计的阅读思考题,组织学生认真阅读课本和补充材料,让学生主动感知具体史实。

在整理环节,在教师的启发、点拨下,学生结合思考题对历史知识进行整理,弄清重点难点,重组知识结构,达到学习知识和培养能力的目的。可以先小组讨论,然后全班讨论;也可以直接全班讨论。

在练习环节,通过多种形式的练习,帮助学生强化概念,巩固记忆,培养运用知识的能力。

2."读、议、练、讲"课堂教学形式

这种课堂教学形式的基本结构为:阅读→讨论→练习→讲解。

"读":学生独立阅读课文,了解基本内容,找出问题,培养阅读能力和自学能力。

"议":组织学生在四人组成的读议小组中展开讨论,通过讨论、辩论,互相启发,理解知识,培养思维能力和表达能力。

"练":学生思考和解答为加深理解而设计的练习,达到消化、巩固知识的目的,并培养能力与技能。

"讲":贯穿于教学过程始终,根据不同教学阶段和学生实际需要,可以对个别学生讲,也可以对读议小组讲,还可以对全班讲。通过教师的讲,进行组织、启发、引导、点拨、解惑、总结。

3."角色扮演"课堂教学形式

角色扮演是历史教学的一种新方法,整个教学由学生和教师通过角色表演进行,将一些抽象的知识、深奥的道理以具体的形象做深入浅出的说明。例如,一位教师上《禁烟运动》一课时,由老师扮演道光皇帝,学生扮演林则徐和穆彰阿,对"严禁"还是"弛禁"展开辩论。这种教学形式新鲜、生动,可充分调动学生的积极性和主动性,激发学生的思维活动,取得显著效果。

(三)中学历史课堂教学类型、结构的常规性和灵活性

上面介绍的历史课堂教学类型及其结构,是广大中学历史教师在教学实践中创造和总结出来的,既有常规性,也有灵活性。常规性,是说这些课堂类型组成了历史教学的全过程。综合地使用这些课堂类型,就完整地体现了历史教学的全过程。只有把这些课堂类型连贯起来加以运用,才能全面完成历史教学的目标任务。灵活性,是说这些课堂教学的类型和结构的划分,不是固定的、僵死的,不是绝对不变的。事实上,作为实际活动的历史教学,其实践过程中的具体情况是复杂的、多变的,必须依靠教师的创造性劳动和学生的积极参加才能顺利完成。所以,历史教师应根据教学计划的要求、教学进度的安排,根据学生的年龄特征和知识水平,每节课的教材内容,所执教的中学的具体活动、设备等情况,灵活地选择和运用课堂的类型,安排课堂的结构。而且,随着教育科学理论的不断发展、教学手段的不断改进和创新、教学实践的不断深入,历史课堂教学的类型和结构也将不断发展、变化。历史教师应该不断地学习、总结,不断地探索、创新,从而创造出更多更好的历史课堂教学的组织形式。

组织好课堂教学,是提高中学历史教学质量,全面完成历史教学任务的基本保障。教师应有目的、有计划地确定全学期的课堂类型结构。在开学初,学期备课时,就应该根据教材内容、教学的目的任务,对于本学期每节课的课堂类型、结构有一个初步设计,并落实到"学期教学计划"中。

阅读思考

《全日制义务教育历史课程标准(实验稿)》在其基本理念中提出:

历史课程改革应有利于学生学习方式的转变,倡导学生积极主动的参与教学过程,勇于提出问题,学习分析问题和解决问题的方法,改变学生死记硬背和被动接受知识的学习方式。

历史课程改革应有利于教师教学方式的转变,树立以学生为主体的教学观念,鼓励教师创造性地探索新的教学途径,改进教学方法和教学手段,组织丰富多彩的教学实践活动,为学生学习营造一个兴趣盎然的良好环境,激发学生学习历史的兴趣。[1]

请你思考:要实现课程改革的这些基本理念,历史课堂教学组织形式应该进行哪些改革?

三、历史课外教学

课堂教学是历史教育的基本组织形式,但在课堂教学以外,还有其他教学组织形式。课外历史教学的形式主要有:

(一)课外阅读

课外阅读历史读物,是学生学习历史的重要途径之一。历史本身丰富多彩,而中学历史教科书提供的只是沧海一粟。必须通过课外阅读开拓学生的知识

---

① 教育部:《全日制义务教育历史课程标准(实验稿)》,北京师范大学出版社2001年版,第2页。

面,加深对历史知识的理解。课外阅读材料包括历史通俗读物,各类通史、断代史、专史、史学研究论文等。课外阅读可以分为泛读、精读和研究性阅读。泛读,是教师开列出一批书目,让学生根据个人兴趣爱好选择浏览,提高学生学习历史的兴趣。精读是教师结合教学内容,指定一些文章和书籍,指导学生深入阅读,以加深对教学内容的理解。研究性阅读则是教师布置研究题目,指导学生围绕课题查阅相关资料,写出读书笔记、读史心得、研究报告或历史小论文等。

(二) 历史报告会

历史报告会,是指结合历史教学内容,举行各种专题讲座、报告会,拓宽、深化学生的知识,同时对学生进行思想教育。通常是在重要历史人物或历史事件的纪念日举办报告会,如"纪念'五四'运动,发扬革命传统","香港的历史、现状和未来"。专题讲座则主要针对学生所学做进一步的知识拓展,例如"历史上的秦始皇和电视中的秦始皇"等。报告会可以由历史教师主讲,也可以请校外专家主讲,还可以让学生来主讲。

(三) 历史知识竞赛

历史知识竞赛可以在班级、年级或全校范围内举行,也有在一市、一省乃至全国范围举行的。通过竞赛方式促进学生的历史学习,加强思想教育,通常能收到较好的教育效果。

(四) 参观

组织学生参观与历史有关的场所,如各级历史博物馆、革命纪念馆、文化遗址、名胜古迹,以及各种有关的展览会,借助于实物、实景加深学生对历史知识的理解,增长见识,接受教育,同时提高学生的观察力和鉴赏力。

(五) 访问

访问历史见证人或研究者。通过对历史学家、革命英雄、劳动模范、历史人物的后代等的拜访求教,从他们讲述的有关历史事实和提供的历史材料中,学生可以了解现代历史上的政治、经济、文化、外交等重要事件,了解现代社会生活的变迁。访问前,一定要做好访问计划,拟定访问提纲,将准备向当事人提的问题写下来。访问后要及时整理谈话记录,做好总结工作。

(六) 调查

根据教学目的和内容,组织学生开展社会调查活动,收集大量具体的信息,进行统计分析,以论证某一研究性课题。调查与访问的主要区别在于:调查对象要有一定的数量,即调查的样本不能过小,否则会缺乏代表性和普遍性,失去统计上的意义。调查前要做好充分的准备,明确调查目的、调查对象、调查手段,设计好调查问卷。调查结束后要对收集到的数据进行分析处理,用以论证相关的课题。

(七) 制作

组织学生动手制作各种历史教具,例如历史文物、历史地图、历史图画、示意图、年表、历史教学幻灯片等,用泥土、塑料、橡皮泥、木料等复原历史场景,如半坡氏族生活、丝绸之路等。还可以组织学生制作有关历史的用具,如历史挂历、历史人物贺卡等。

(八) 编辑

编辑历史壁报、黑板报、小报。其内容可以是综合性的,也可以是专题性的;可以定期出版,也可以不定期出版。学生通过搜集、选材、整理、设计、编排、印发等一系列运作,能受到多方面的锻炼。

(九) 历史展览

结合历史课堂教学或配合形势发动学生筹备和举办历史展览。如重要历史人物生平展、重大历史事件纪念展、历史主题展(如古钱币展览)、历史模型制作展、历史研究动态展、历史文化宣传展等。办历史展览,师生一起设计、搜集、制作、安排,对学生的能力是一个全面的锻炼和培养。

(十) 观看历史影视剧

组织学生观看和欣赏历史题材的电影、电视片、戏剧等。组织这类活动,教师要善于将活动同课堂教学结合起来,指导学生有目的地观看,还可以组织后续活动,组织学生写影视评论、观后感。还要引导学生注意区别艺术的真实和历史的真实。

各抒己见

请你回忆一下,在中学时代你参加过哪些历史课外活动? 谈谈你参加这些活动的感受。

课外历史教学活动的组织方式可分三种:集体活动、小组活动和个别活动。其中以历史学科兴趣小组为主的小组活动最多,兴趣小组一般五六人到十余人,在教师指导下开展活动。集体活动则有班级活动、年级活动和学校活动三种。个别活动则是每个学生根据自己的特长或爱好独立开展活动。

四、横跨课堂内外的活动探究式教学

根据课程标准编写的各种版本的历史教科书,在每个单元或每册书中都设有一种新课型——活动探究课。每种版本的名称有别,但基本结构和教学方式相同。历史活动探究教学的形式很多,例如编写历史剧本、表演历史剧;搜集、整理、展示历史文字、图片资料;热点历史问题探讨;参观、调查历史文化古迹,采访历史见证人;举办历史故事会和历史辩论会等等。有些中学历史教师还将这些历史活动教学形式做了分类,分为读书阅读类活动、历史创作类活动、艺术表现类活动、技能展示类活动、社会实践类活动。不管是哪一类活动,活动中都有很大一部分不可能在课堂上进行,因此其教学组织形式应该和传统的教学组织形式不同。

(一)活动探究式教学的特点

传统的学科课程组织教学的基本形式是班级授课制。在这种形式下,学校将学生按照不同年龄段分级,同一级学生又编入不同的班,每班都有固定的教室;各班的每一门课程都有特定的专业教师在固定的时间、到固定的教室来上。在中学,通常是一门学科课程每个班每天一到两节课,每节课45分钟,各门课程交叉排列,历史课就是其中之一。这种教学组织形式是为了有效地进行知识传授而设计的,是学科课程的基本的教学组织形式,但是它并不适合活动课程。

历史活动探究课虽然属于学科课程的一种教学方式,但是又具有活动课程的特点,这些特点决定了历史活动探究课不可能在课堂45分钟内完成。因此,我们对历史活动探究课的概念要更新。这种概念更新不仅表现在教学内容和形式上,也表现在教学活动实施的地点和时间上。这一点很重要。如果我们把历史活动探究课局限于课堂45分钟,会出现很多问题,这已经为实践所证明。"表演课"就是典型。由于人们对课的概念是课堂上的45分钟教学,所以在开展历史活动探究课时,就将所有的活动在课上展示;由于时间有限,每项活动进行得都不充分、不到位,收不到活动探究课应有的效果。

例如,有些教师将阅读、分析史料,展示参观访问所得图片、调查报告,表演小话剧,讨论等等组合到一节课中,活动内容是丰富多彩,但是每一项活动都是匆匆忙忙,一带而过,整体感觉是内容分散,主题不明,把握不住这节活动课要完成的主要历史教育目标是什么。课上得像是表演,但又不是成功的表演。例如,小话剧就是几个学生站在讲台上,面对手里拿着的台词念,这与普通历史课上教师请几位同学朗读课文的感觉没有太大的差别。这种话剧并不能再现历史情景,观众从中得不到什么历史的情感体验。几分钟的台词朗诵也不可能说明一个道理,给人一种启迪。

也许有人会说,活动课重在参与,只要学生们积极参与活动,锻炼了各方面的能力,活动课的目的就达到了。作为与学科课程相对应的活动课程,这样说有一定的道理,但是作为历史学科课程中的活动课,就不太妥当。既然是历史课,不管采用那种教学形式,都应该为实现特定的历史教育目标服务。如果历史课没有历史教育目标,那就不叫历史课了。

(二)组织活动探究课应遵循的原则

尽管历史活动探究课具体的组织形式因不同学校、不同教师而异,但是在学

科课程占主导地位环境下的历史活动探究课,也可以有一些共同遵循的原则:①

第一,课前充分准备。历史课的探究活动不应局限在课堂 45 分钟内,很多需要课前花几天时间去做,包括查阅和搜集历史资料、考察历史文物古迹、编写历史剧本等等。学生们可以在家里、在图书馆、在历史文化遗址或其他与历史教育有关的场所进行探究活动。只有做了充分准备,才有可能在课堂上开展进一步的探讨。

第二,发挥学生的主体作用。历史活动探究课的内容应该是学生的各种历史探究活动和其他活动的结果,教师主要起计划和协调作用,不能喧宾夺主。教师在历史活动探究课中的作用主要是制定周密的教学计划,引导学生按教学计划活动,解答学生在活动中遇到的疑难问题,校正学生偏离历史教学目标的行为。

第三,教学评价与教学过程同步。开展历史活动探究课应该为每位学生建立教学档案,详细记录每位学生进行探究活动的全过程。档案中除了学生搜集到的资料,撰写的报告、论文外,还应该包括一份历史活动探究课的日记,如实记录自己的每一项活动的经过,包括遇到的问题、解决问题的途径、感想、体会等等。教师应定期检查,将评价结果及时反馈给学生,激励或校正他们的探究活动。例如,教师定时检查学生的活动日记,发现问题及时帮助学生解决,发现学生的创新之处及时在课堂上表扬并向其他学生推荐。

第四,目标定位明确。历史活动探究课需要花费的时间和精力要远远大于普通历史课,一名教师一个学期能上好一节历史活动课就很不容易了。要发挥好历史活动探究课的作用必须确定明确的目标。首先要对传统教学方式不能完成,需要历史活动探究课来完成的历史教育目标做一个分类,分出层次;然后结合每学期的历史教学内容,将这些教育目标安排到历史活动探究课中,制定一节课的教学计划。

第五,精选活动形式。每一节历史活动探究课,在课堂上的 45 分钟内,最好以一种活动方式为主,一节课解决一个问题。如果一节课安排太多的活动方式,解决多个问题,会分散学生的注意力,结果一个问题也解决不好。

阅读思考

　　以下是一个活动探究课案例,请仔细阅读并思考:活动探究课与常规课的最大区别是什么?

"华夏之祖"活动探究课

一、活动目的

(一)通过收集、选择古代神话故事素材,培养学生的归纳、整理及写作

---

① 郑林:《论历史活动探究课的定位、目标与组织形式》,《历史教学》2005 年第 3 期,第 57 页。

能力。

（二）通过历史故事会的讲评，调动学生读史学史的积极性，增加他们的课外知识，培养学生的竞争意识、语言表达能力和小组成员的协作能力。

二、活动准备及活动步骤

（一）让学生分组提前收集黄帝、尧、舜、禹的相关资料，每人加工整理成一个小故事（选材要符合要求，内容故事性要强）。材料来源于课外渠道或课本的延伸（2周时间）。

（二）学生分组讲故事，然后小组推荐代表在全班交流（1课时）。

（三）评分标准。

1. 故事主题明确、文字流畅。

2. 每个故事的时间最好控制在3—5分钟内。

3. 讲完故事后，谈谈自己对传说中人物的看法。能提出不同于传统的观点并且理由充分的要给予加分鼓励。

（四）将学生的作品在教室墙报上展出，并开展交流活动。

1. 学生分组活动阶段（15分钟）：将学生分成五个组，宣讲评分标准：所讲故事主题明确、语言流畅，能控制在3—5分钟内；能谈谈自己对传说中人物的看法；能提出不同于传统的观点并且理由充分。请组长负责组织本组组员的交流。

2. 全班集中交流阶段（20分钟）：根据学生推荐和教师挑选相结合的原则，选举出主持人及三位评委，由主持人统计各组推荐的代表名单，安排抽签，决定上台发言的顺序。

3. 全班集中评议阶段（5分钟）：评委代表发表书面评议，主持人公布评议结果。教师发表对本次活动的小结意见。

第三节　历史教学方法

教学方法包括教师教的方法和学生学的方法。目前，中学历史课堂教学的方法主要有讲述法、讲解法、谈话法、图示法等，其中，讲述法最为常用。历史教师要根据各种教学方法的不同特点，从教学内容、学生以及教师自身的具体情况出发，研究各种教学方法的相互配合，选择最佳方案完成教学任务。

一、讲述法

讲述法是教师运用口头语言，生动、形象地讲述历史的一种方法。这种方法有利于学生了解历史的过程和内容,是历史教师在课堂教学中广泛采用的一种方法。讲述法适用于向学生传授新知识,也适用于复习巩固旧知识。讲述法可分为叙述、描述和概述三种具体方法。不同的历史内容,需要采用不同的讲述方法。

各抒己见

有人认为讲述法是灌输式教学,不能体现历史课程改革的基本理念,已经过时了。谈谈你的看法。

(一)叙述

叙述就是按照历史时间的先后顺序,具体而有条理地对某一重要历史事件的主要发展过程或某一重要历史人物的主要活动情形进行有头有尾的讲授。

1. 叙述的特点

叙述是以再现重要历史事件的具体过程来吸引学生的,具有动态性和完整性的特点。其主要作用在于说明历史事件的发生、发展直至结束的全过程,提供充分的感性知识,帮助学生掌握基本的历史事实和发展线索,形成清晰的历史表象,为形成正确的历史概念奠定良好基础。一般来说,重大的运动、起义、战争,有事实经过的重要的政治、文化事件,重要人物活动等,都可采用叙述法。

2. 叙述的结构

叙述一般由开端、情节发展、高潮、高潮下降和结局五个部分组成。其中以开端、高潮、结局最为重要。这种结构的特点,在于从某一历史事件的开端就能吸引学生的注意,随着历史情节的起伏,引发学生的兴趣和共鸣,促使学生急于想知道这一历史事件的发展结果,让他们在激动和渴望中,了解历史事件的全过程和最后的结局。这样,学生在情感上、认识上将会留下鲜明而深刻的印象。

3. 运用叙述时应注意的问题

(1)史实要确凿。教师所叙述的史实,应来自可靠的史料,这样才能帮助学生形成正确的历史表象。如果以演义、小说等为材料,就违背了历史教学的科学性原则,成为一种文学想象了。

(2)选材要典型。选用的材料,要能够突出反映整个事情的发展过程中具有代表性和决定性的问题。教师在叙述时,要主次分明,突出重大情节。如叙述中法战争的过程,就要突出"镇南关"这一情节。

(3)叙述要系统。叙述历史事件时,要尽可能讲清来龙去脉,要注意讲清该事件发生的具体时间、地点等问题,也要考虑到政治、经济、文化各领域之间的联系。尤其在叙述重要的人物和事件时,必须是有头有尾的,这样才完整。

(4)叙述要具体、形象、生动。只有把历史讲得具体、生动、形象,才能吸引学生,使学生如亲临其境,感受到历史的真实场面。

(5)叙述时的感情要有感染力。教师在叙述过程中,讲清线索、层次和重点是很重要的,但如果教师以纯客观的态度去讲授,就不可能感染学生。所以,教师应把鲜明的情感和是非观念融于自己的叙述当中,以自己强烈的情感来感染和教育学生。当叙述民众的悲苦生活时,语调要低沉、压抑,以示同情之心;当叙述反抗压迫或抗击外来侵略的斗争时,语调要激昂、热烈,加以讴歌;当叙述历史上杰出的爱国主义者、革命家、思想家以及卓越的文学家、艺术家和科学家时,语言要亲切、赞美,以示敬重;当叙述历史上形形色色的反面人物时,语言要表现出蔑视和抨击,以示憎恶。

(二)描述

描述是对某一历史事件或历史人物的本质特征、情景场合、地理环境、外貌形象等具体情况,进行绘声绘色、生动细致地讲述的一种教学方法。

1. 描述的特点

叙述侧重讲过程和情节,描述着重讲具体对象的特征。如果把叙述比作整部电影,那么描述就是电影中的特写镜头,它把某一局部放大,以生动、形象的语言,或通过语言集中展现某一历史情景,使学生对历史事件和人物具有一种"如临其境"、"如见其人"、"如闻其声"的真切感受。描述的最大特点,就在于它的形象性。

2. 描述的功能

历史教学运用描述,不仅能增强教学的形象性,还有助于培养学生的分析、综合能力,自然地领悟有关的历史结论。由于描述具有较强的感染作用,所以能收到较好的情感态度与价值观教育效果。

教法指引　　　　　用生动的描述激发学生的情感

一位教师在讲《戊戌变法》这节课时,着力描述谭嗣同拒绝出走、慷慨就义的壮烈情景:"政变发生的当天中午,谭嗣同正在自己的家里同梁启超共同商讨对策。搜捕康有为的消息传来,谭嗣同神态自若,毫不慌张。梁启超反复劝他一起出走,可是他执意不肯。后来又有一些人劝说谭嗣同外逃,都被他一一拒绝。他说:'各国变法,无不流血而成。今中国未闻有因变法而流血者,此国之所以不昌也。有之,请自嗣同始!'他决心为变法流血,不惜用自己的生命来唤起后来者的觉醒。"这段描述,可以把谭嗣同这位维新志士的光辉形象深深铭刻在学生心中,使学生受到强烈的感染,激发学生的爱国主义情感。

3. 运用描述时应注意的问题

(1)围绕教学目的,选择典型材料。描述能增强教学的形象性,但必须为完成教学目的服务,不能为描述而描述,切忌哗众取宠、喧宾夺主。选择的描述对象需是有代表性的,能使学生通过教师对这些具体对象的描述,更好地理解历史的过程和掌握历史的主要特征。

（2）补充历史细节，充实描述内容。教师要运用好描述法，需有一定的历史细节来充实描述的内容。这些历史细节，要来自于具体的史料，不能靠自己的想象和编造。这就要求教师平时广泛阅读、注意积累。如果除了教材中提供的材料，其他一概不知，那就很难补充历史细节。

（3）重视学生实际。教师对学生的知识基础、生活经验、课外阅读等情况，应该有所了解，以使描述能为学生接受。

（三）概述

概述是以简洁的语言，扼要地概括历史发展的过程。对于教材中较为次要、但又是必须讲到的部分，就可以用概述的方式，以便勾勒出历史的全貌和线索，配合重点问题的具体叙述和描述。

1. 概述法的特点

概述不必有情节，也不强调形象化，只是要求教师用简明、准确的语言，有条理地扼要说明历史发展的过程或历史现象的各个方面。

2. 运用的场合

课堂教学中常在以下情况运用概述的方式：

（1）为了叙述的清楚而对一些问题进行背景性的介绍，或联系旧知识以过渡到新知识时。如讲《中国边疆地区的新危机》一节，在开始时对19世纪70年代以后，世界资本主义逐渐向帝国主义过渡就要进行概述性讲授。

（2）教材中的非重点部分。如《中日战争》中重点是平壤战役、黄海战役和威海卫战役，而对日军攻占岫岩、海城、牛庄、营口和田庄台等就可用概述来交待。

（3）一些一般性的介绍。如疆域区划等；新知识讲授完毕，教师进行本课小结。

在教学中，叙述、描述和概述常常是互相配合、相辅相成的，在叙述中不可能没有描述，在描述时要有叙述作基础，而在叙述前后又往往需要运用概述。虽然三种方法各有侧重，但目的都在于帮助学生了解和掌握具体的历史事实，获得丰富的感性认识，为进一步形成正确的历史概念创造条件。

二、讲解法

讲解法是对历史概念、历史规律等进行解析论证的一种教学方法，一般多用于讲解历史上的政治制度、经济结构、法令条约和科技文化等内容。由于这类内容的知识性强，情感因素少，比较枯燥，因此在教学中，需要教师以简明通俗的语言，配合图表等辅助手段，进行清楚的解析和论证，帮助学生理解与掌握。

讲解的具体方法主要有释义说明、实例论证、分析综合、比较、对比。

（一）释义说明

历史名词和术语，在学生第一次接触时，需要做些简明的解释。例如在讲罗马法时，教师应将什么是习惯法、成文法，什么是公民法、万民法，什么是自然法，分别做些解释，说明它们的区别及相互关系。

（二）实例论证

为了阐明某一历史概念的本质，用实例使这个概念具体化，以揭示该概念的本质属性。实例论证最适宜用来讲解历史的理论概念。实例论证的结构一般是先提出结论，然后举出典型事例进行说明，再以事例的说明来论证结论，最后概括为具有规律性的结论。

（三）分析综合

分析，是把历史事件或历史现象分解为各个因素或部分，给予具体的说明；综合，则是把从历史事件或历史现象中分解出来的各个因素或部分归纳起来，做出整体的结论。分析与综合是互相联系、互相依存的统一体，是一个思维过程的两个方面。没有分析就没有综合，为了综合就必须分析。在历史教学中，教师既要对历史事件、历史现象的各个方面进行具体分析，也要在分析的基础上进行综合，使学生形成对历史事件、历史现象的总体认识。

在历史教学中运用分析与综合，可以是先分析、后综合，即先对具体史实进行分析，然后综合得出结论；也可以是先综合、后分析，即先提出结论，然后依据具体史实进行分析，再回到结论。

（四）比较

比较，是按照一定的标准，把彼此有联系的事物（两种或两种以上）加以对照，来认识它们之间的异同及其关系，从而认识事物的本质特征。用比较的方法讲解历史教材中属于同类的历史问题，可以区别它们的特殊点，更好地认识它们的共同点。

1. 比较的种类

中学历史教学中的比较有纵向和横向两种。纵向比较是对不同时代中相类似的历史现象或历史事件进行比较，比如中国古代历史上的农民战争、不同历史时期统治阶级的变法改革等。横向比较是对同一历史时期相同的历史现象进行比较，比如中国的戊戌变法与日本的明治维新，法国大革命与美国独立战争等。

2. 运用比较方法时应注意的问题

在运用比较时应注意，所比较的必须是彼此有关联的现象。比较是在同一属性、同一种关系上来进行的，不同属性的事情不宜比较。如果把农民起义同统治阶级的变法相比较,就不伦不类了。在进行比较时,应选择重要的、本质的属性来比较。如果想用比较两个国家的气候条件的不同来说明两个国家的制度的不同,就不能揭示这两个国家制度的本质属性。

(五)对比

对比,是把彼此相反的、不同性质的事物加以对照,以便更深刻地认识事物间的区别,进而揭示历史事件和历史现象的本质。如通过对鸦片战争前后中国社会的政治、经济、阶级关系和革命性质等问题的对比,能使学生深刻理解"鸦片战争是中国历史的转折点"这一论点。

不论是比较还是对比,应该注意要在学生对所比较和对比的对象有了一定认识的基础上去进行。如果学生对史实不清楚,那么进行比较和对比的效果就不会好。此外,在进行比较和对比时,要注意概念的准确,防止概念的混淆,像"资产阶级革命"和"资产阶级改革"、"资本主义"和"帝国主义"等概念,不能毫无区别地混为一谈,否则也达不到比较和对比的目的。

三、谈话法

谈话法又称问答法,它是教师根据学生已有的知识或经验,提出一系列问题,师生双方以谈话或问答的形式进行教学的一种方法。在教师充分发挥主导作用的同时,让学生成为教学活动的积极参与者,促使学生主动地思考、理解、掌握知识,培养学生的思维、表达能力,是谈话法的明显特点。

(一)谈话法应用的场合

谈话法作为一种教学方法,可以应用于各种不同的教学目的和各个不同的教学阶段。

1. 用于新课导入

教师在讲授新课之前,通过提问引导学生将旧知识或学生的生活经验与本课要讲的内容联系起来,从而导入新课。

 案例 2 - 4

《汉朝的中外文化交流》一课的教学①

师:同学们,在上新课之前,我们先观察几幅图片。这是汉朝的画像石,请注意画像中的人物在做什么?

生:在驯养大象。

师:当时的人们使用什么工具驯养大象?请一位同学回答。

---

① 根据北京师范大学历史学院 05 级本科生李飞同学的导入技能教案改编。

生：用钩子。

师：对，是使用钩子驯养大象。接下来我们再看佛经中的记载，请注意故事情节中人物对话的内容。佛经中的人物说什么了？

（学生简单翻译文献）

师：对，这段佛经是晋朝人翻译的天竺佛经，反映的是古代印度的情形。那么为什么佛经中古印度驯象的描写和我国汉代画像石中的情形如此相似呢？通过今天这节课的学习我们就能找到答案。好，今天我们就来一起学习《汉朝的中外文化交流》。

2. 用于讲授新知识

在讲新课的过程中，为了启发学生的思维，教师可以提出一些启发性的问题，促使学生去回忆以前学过的知识，引导学生理解新课的知识。

 案例2-5

《祖国境内的远古居民》一课的教学

师：北京人时期用火的情况怎样？

生：北京人学会使用天然火。

师：到山顶洞人时期，已经可以人工取火了。同学们想一想，人工取火的发明有什么重要意义呢？

生：不用担心火熄灭了，随时可以使用。

师：对。人工取火的发明，比用天然火更方便、更有保证，可以扩大人类的生活领域和活动范围。

3. 用于总结、复习

教师完成一节课的教学后，进行归纳总结时，可以用谈话法来进行。

 案例2-6

《贞观之治和唐朝社会经济的繁荣》一课的教学

师：今天我们学习了《贞观之治和唐朝社会经济的繁荣》，请一位同学回答，唐朝统治者为了避免重蹈隋亡的覆辙，采取了哪些措施？产生了什么影响？

（学生回答）

师：回答得很好。唐朝初期统治者吸取隋亡的教训，采取调整统治政策、缓和阶级矛盾的措施，使社会经济得到了恢复和发展，从而出现了唐朝经济繁荣的局面。

（二）运用谈话法应注意的问题

1. 谈话的中心应围绕和服务于教学目的

教师应该针对教学重点、难点提出问题，以保证教学目的的完成。尽量避免提一些与教学目的无关的、对学生掌握重点和难点帮助不大的问题。比如讲人工取火的问题，如果教师问："你们谁知道怎么用火石打出火来"，这样的问题意义并不大。因为在人工取火的问题上，主要是要学生掌握人工取火发明的时期及意义，至于摩擦生火的方法由教师简单介绍就行了。

2. 要在学生已有知识的基础上进行谈话

教师在设计问题时，要先考虑学生对历史知识的掌握情况。如果学生还没有掌握基本史实，教师就提出有关问题要求学生回答，会造成"冷场"，或者出现学生胡答乱猜的情况，达不到应有的教学效果。

3. 提出的问题要明确

问题要明确具体，让学生能够领会要求。如果问题笼统、模糊，学生会难以回答，或者答非所问。

4. 提出的问题要有启发性

设计的问题应让学生经过思考后才能答出。如果只问"对不对啊"、"是不是啊"，则意义不大。

5. 提问时教师的话语要清楚

如果教师提问的语速很快或突如其来地发问，学生会感到紧张或一时不能领会，这都会影响教学效果。

6. 提问要面向全班学生

教师的谈话是和全班学生一起进行的，提问时要照顾到所有的学生，不要每次都只与几个学习成绩较好的学生进行谈话，而置其他学生于不顾。尤其要照顾到那些学困生，对他们提些较易回答的问题，可以增强他们的信心和对教师的信任感，对他们的学习也是一种激励。

7. 应该先提出问题，使全体学生都进行思考后再请学生回答

提问时不要先叫起学生再提问题，这样容易使被叫的学生来不及思考而紧张，而班上的其他学生也就不去思考了。如果被叫的学生答不上来，教师不必勉强，可以让别的学生回答。

8. 教师对谈话中所提的问题要做出明确的结论

学生回答完问题，教师应表示是否正确，使学生明白自己的回答是对是错。教师对于学生的回答要及时进行小结，使分散的、个别的知识得到归纳和系统化，在小结的过程中对出现的错误做出纠正。

9. 一般不要在一堂课上完全采用谈话法

谈话法只是进行教学的一种形式，不能为了谈话而谈话，单纯追求谈话的次数。在讲授新知识的过程中,如果教师完全放弃正常的讲述,完全采用谈话,那么就不利于学生掌握具体的历史知识。没有一定的历史知识的积累,谈话也就无从谈起,回答问题也没有依据,只能凭空想象了。

四、图示法

图示法又称图文示意法,它是运用各种符号、数字、图形、词组等形式传递历史知识信息的媒体组成简明图示,借以表达历史概念、认识复杂历史问题的一种方法。

(一)图示法的优势

在历史教学中,图示法有着其独特的优势:能以较短的时间快捷地向学生展示或提供完整的知识结构,这种知识结构以简明性、形象性和系列性等方面见长,能调动学习者感官的合力作用,以加强学生的记忆;同时能有效地激发学生的学习兴趣。总之,图示法对发展学生智力、培养学生能力有着显著的效果。

(二)历史课运用图示法需要注意的问题

1. 图示设计要简明

化繁为简是图示法教学的一大特点。图示要把复杂的历史内容加以高度概括、提炼,图示表示的内容要明确、科学。一个历史事件或历史概念有时可以从不同角度设计出各种各样的图示,应选择其中简明而又实用的最佳图示。

2. 符号、格式要统一

对所用的图示,必须把符号、格式统一起来。如表示疆域四至,可用十字形来示意东、南、西、北四方的位置,再标上各方位的地名。若还要表示东北、西北、东南、西南的,则可用米字形来表示八方的位置。各个朝代疆域的位置都可以这个格式来表示,便于学生识读。

3. 出示图示的时机要合适

运用图示法,需要配合讲授内容和进程,在适当的时机出示图示,利用图示向学生讲解历史。可以留出时间,让学生把图示抄录在笔记本上,以备课后复习之用。

4. 图示要与讲解相结合

图示只是对历史内容的概括和提炼,它不能替代教师的讲授,也不能作为历史课堂教学的唯一方法来运用,而只能作为讲授法的一种辅助方法。只有把图示法与其他讲授方法巧妙地结合起来,才能取得良好的教学效果。

五、讨论法

讨论法是根据学习的主题或研究的课题,教师组织学生以全班或小组的形式进行议论,发表见解,相互启发,共同学习的一种教学方法。

(一)讨论法的功能

讨论法在当前的历史课堂教学中是经常采用的。它可以充分调动学生的学习积极性,促进学生参与教学,活跃课堂气氛。讨论法可以培养学生的语言表达能力、逻辑思维能力,以及合作精神、积极进取的态度等等。

(二)运用讨论法应注意的问题

1. 讨论的问题要事先告知

对于讨论的问题,要事先告知学生,让学生查阅相关资料,积累一定的背景知识。如果没有做充分的准备,讨论的时候就无话可说,或者脱离史实胡言乱语,达不到讨论的效果。

2. 讨论的问题应该是学习重点

一节课的时间有限,而讨论要占用的时间是比较多的。教师要确定一节课的学习重点,围绕学习重点设计问题,让学生展开讨论。

3. 讨论要围绕主题引向深入

教师要适当控制讨论进程,当学生偏离主题时,教师要通过提问等方式将他引回主题,还要用探寻的方式将问题一步一步引向深入,使学生对一个历史问题能形成比较深刻的认识。

4. 鼓励学生自由发表意见,但也要适时澄清一些思想

对有些历史问题,学生可能存在模糊的或者错误的认识,这时教师要通过具体史实向学生阐明正确的观点。

六、辩论

辩论是事先预设一个问题的两种相反观点,将学生分组展开辩论。

(一)辩论的组织形式

辩论一般是将学生分为三组,即正方、反方、评论方。先由正、反两方的代表发言,进而双方展开辩论,然后各方做总结性发言,最后由评论方对双方提问和发表见解,并最终决定胜负。

(二)组织辩论应注意的问题

在组织辩论时,所选辩论题目应该是中性的,有利于双方都能充分发表意见。选题确定以后,要事先安排学生做好准备,让学生分工合作,分别收集资料、准备论据。在辩论结束后,教师要在现场对活动及时进行总结。

七、史料研习

史料研习是教师根据教学内容的重点确定研究课题,选择一些原始史料,组织学生进行研究的一种探究式教学法。在开展史料研习时,恰当选择和呈现史料是教学成功的前提。通常教师应该选用多则材料,让学生进行比较和对比。这些材料中有第一手材料,也有第二手材料,甚至还可以有歪曲的、伪造的材料;材料所反映的史实和观点可以有正确的,也可以有错误的,以训练学生的辨析能力。材料的形式多样,但是以文字材料为主。史料研习通常可以与讨论结合进行。

八、角色扮演

角色扮演是通过运用虚拟的场景以及人物的表演,呈现历史的活动,以调动学生的学习积极性,发挥学生的想象力,体验到历史的真实情感。这是课程改革以来运用得比较多的一种以学生为主体的教学方法,其步骤一般为:选择主题,确定基本构思,建立要模拟的历史情境→与学生一起讨论剧本和角色分配,帮助每位学生对每个角色的表演进行准备,如研究相关材料,编写台词等→学生上台表演→教师总结。

角色扮演这种教学形式给学生提供了展示自己的机会,在课堂教学中适当运用,可以调动学生的积极性,活跃课堂气氛,收到比较好的教学效果。

九、各种历史教学方法的选择与运用

历史课堂教学,往往要综合运用多种教学方法,包括讲述法、讲解法、谈话法、图解法、讨论法、角色扮演法等等。至于在历史教学中到底运用哪些方法效果最好,关键在教师。教师要根据不同的教学内容,学生的心理发展水平、知识积累程度,自己的学术水平、性格、能力,以及学校的教学条件等因素,选择不同的教学方法或教学方法组合,以达到最佳教学效果。在决定教学方法选择的诸多因素中,教师的水平是起决定作用的。教学方法本身不宜分优劣,只能说某种方法适合某些内容、某类学生、某类教师。至于选择哪种方法最合适,主要取决于教师。所谓历史课讲得好,除了教师的历史学术功底外,很大程度上是由于教师选择了合适的教学方法,最大限度地发挥出自己的长处。如果不顾客观条件,盲目求新,现在流行哪种教学法,教师就采用哪种教学法,结果会事与愿违。

俗话说,教无定法。有些教师语言表达能力强,能够把复杂深奥的历史知识用生动活泼的语言呈现出来,但是自己并不擅长从事历史研究。这类历史教师用讲述法可能会取得很好的教学效果。有些历史教师喜欢研究、分析历史问题,但是不擅长语言表达。他们可能会写出质量很高的历史学术论文,但是站在讲台上讲课学生却不爱听。这类教师如果换一种教学方法,自己少讲,多设计一些历史问题指导学生自主探索,可能会取得良好的教学效果。

多媒体教学是本次历史课程改革大力提倡的。有些历史教学内容,用讲述法会枯燥无味,用研究法又无法操作,而用多媒体却能引起学生强烈的兴趣。例如讲艺术史的时候,某个历史时期的音乐、绘画作品,让学生亲自听一遍、亲眼看一下,比单纯用语言描述效果要好得多。对某些历史场景的再现,用图片、录像等也比用语言描述效果好。但是如果过分依赖多媒体,也会适得其反。有些教师在教学中大量运用历史图片、音像资料,一堂课中的大部分时间用来向学生展示,却很少有教师的讲解,结果,学生虽然看到很多生动形象的历史资料,却并不知道要从中得到些什么,使多媒体教学失去了历史教育的意义。

阅读思考

一堂历史课往往会综合运用多种教学方法,阅读下列教学片段,请你指出其中运用了哪些教学方法。

《汉通西域和丝绸之路》一课的教学过程①

同学们,你们都知道春秋时期的孔子吧? 曾经有国君请孔子吃刚上市的桃子。那葡萄呢? 孔子那个时代的人有没有可能吃到? 有没有同学知道? 知道的同学请举手示意一下。

师:好,就请 A 同学回答,就数你举手最快了。

生:不能。

师:为什么呀? 能不能告诉我,你为什么会得出这个结论呢?

生:是因为到了汉代张骞通西域,葡萄才传入中国。

师:A 同学回答得非常正确,看来是在课下进行过广泛阅读或者预习了我们将要学习的内容。葡萄的确是在汉代丝绸之路开通后传入的,张骞对此功不可没。这节课我们就来学习《汉通西域和丝绸之路》,请翻到课本 82 页。

师:请看课本 82 页第一段文字,然后告诉老师,两汉时期的西域到底指今天的哪些地方?

生:现在的甘肃玉门关和阳关以西,也就是今天的新疆地区和更远的地方。

师:答得很好。这个地区在两汉时期小国林立,天山以北的一些小国经常受到匈奴的骚扰。

上节课我们在讲汉朝与匈奴的和战关系时提到,汉武帝时期,国富民强,不满于汉朝初年与匈奴的关系,准备反击匈奴。刚好,汉朝逮到一个匈奴俘虏,俘虏吐露一条情报:匈奴人把大月氏(ròu zhī)人从河西走廊地区赶到西域,还把他们的大王给杀死了,大月氏人仇恨匈奴人。

同学们,在这里必须注意,这个大月氏的念法。不要觉得好笑,肉和月的

---

① 北京师范大学历史学院 04 级本科生周增光同学 2007 年教育实习优秀教案。

甲骨文写法很相似(板书)),很可能久而久之两个字的写法就一样了。举个例子吧,今天许多表示和肉体有关的字和词,如腰、脸、胳膊、腿等等,都是月字旁。月氏从古音念成 ròu zhī。告诉同学们这个,是想让大家知道,你要是念大月氏(yuè shì)也没问题,但是在行家面前就不像学过历史的人。如果同学到佛教圣地九华山旅游,那里有一个月身(ròu shēn)殿,你要是念错了,那可就丢面子了。不扯远了,回到我们的课堂。老师给你们画一个时间轴,以便更好地学习本课。

(板书)

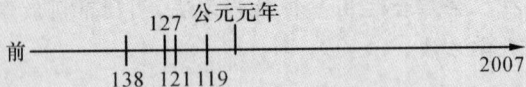

师:(一边画时间轴一边讲解)这里是耶稣诞生之年,公元元年,我们站在遥远的公元 2007 年回望历史。在公元前 138 年,汉武帝招募人员出使西域。大家想一想,汉武帝会要求出使西域的人有什么能力,而去应募的张骞又具有哪些能力让汉武帝选择了他呢?下面分成两组,大家讨论一下,然后派出代表回答老师的问题。

第四节 历史课堂教学技能

一、导入技能

导入技能是讲解新课题时,运用建立问题情境的教学方式引起学生注意,激发其学习兴趣,明确学习目标,形成学习动机,建立知识间联系的一类教学行为。

(一)导入的作用

"导入"就像是一出戏剧的"序幕",教师精心设计的导入,能够吸引学生的注意力,使他们明确学习主题,并引起学生对原有知识的重新组合,建立起与新知识的联系,自然进入新的学习情境。

1. 引起学生的注意

注意是人的心理活动对一定对象的指向和集中,是进行任何学习活动的前提条件。在正式开始新课的教学前,教师必须首先唤起学生的注意,通过富有创意的课堂导入环节,使学生上课伊始就把注意力转移到新课的学习上来,为完成新的学习任务做好心理准备。

2. 引发学生的认知需要

认知需要也就是学生要学习的愿望、意愿,是推动学生学习的内部动力,这种动力源自兴趣。兴趣是力求认识某种事物或爱好某种活动的心理倾向,这种倾向是和愉快的体验相联系的。别具匠心、引人入胜的新课导入可以激发学生的学习兴趣,使他们产生强烈的求知欲,乐于去探索历史的奥秘。

3. 使学生明确学习目的

每一节历史课的教学内容、教学目标都是不同的。通过导入,教师可以清晰地阐明本节课的教学目标和将要学习的内容,使学生明确学习的方向,形成学习期待,自觉地以教学目标来规范自己的行为,做好学习新知识的心理准备。

4. 引导学生进入新内容的学习

导入是课与课之间、已有知识与新知识之间的"桥梁"和"纽带",具有承上启下的作用。巧妙的导入设计,可以在复习与新知识相关的旧知识的基础上,使新旧知识之间建立一种联系,自然地进入对新知识的学习。

(二)导入的类型

导入分为直接导入,经验导入,由旧知导入新知,直观导入,故事、事例导入,设疑、悬念导入等多种。

1. 直接导入

直接导入就是上课伊始,教师直接阐明本节课的教学内容、学习目标、要求以及教学安排,通过简短的语言叙述引起学生的关注,使学生迅速地进入学习情境。

直接导入可以使学生迅速进入主题,节省教学时间。但这种导入把握不好,容易平铺直叙,引不起学生的兴趣,难以让学生在短时间内集中注意力。

2. 经验导入

经验导入是指教师以学生已有的生活、学习经验作为切入点,通过生动的讲解、提问,以期引起学生对已有生活经验的回忆,并引导学生从中发现问题,进而产生解决问题的欲望与兴趣,使学生进入新知识的学习的一种导入方法。

教法示例　　　《明朝中后期的经济》一课的导入

教师:土豆、西红柿是人们爱吃的大众化蔬菜,同学们知道这两种蔬菜还有别的叫法吗?

学生:土豆也叫洋芋,西红柿叫番茄。

教师:那么,大家知道它们的名称为什么要带"洋"或"西"吗?

学生:因为它们是从外国传来的。

教师:对,它们原产于美洲,是在明朝中后期从菲律宾传入我国的。今天我们就一起来学习明朝中后期的经济。

知识源于生活,又服务于生活,从生活实际出发,利用学生的生活经验导入新课,会使学生产生亲切感,更易激起学习兴趣。

3. 由旧知导入新知

由旧知导入新知也就是从学生已经学过的旧知识中寻找与新知识之间最具实质性联系的知识点,用恰当的方式,创设学习情境,以复习巩固旧知识,为接受新知识做好铺垫。

教法示例　　　　　《西汉的兴盛》一课的导入

教师:秦始皇统一六国后,曾经显赫一时,但是竟然没过二代就灭亡了。秦朝迅速灭亡的原因是什么?

学生:秦的残暴统治,包括赋税沉重、徭役繁苛、刑法严酷等等。

教师:西汉建立以后,统治者非常重视吸取秦朝灭亡的教训,西汉统治者的做法与秦朝有什么不同,取得了什么效果呢?《西汉的兴盛》这一课将告诉我们答案。

这种导入方法能够使学生从已知领域自然地进入未知的领域,从而帮助学生在回顾旧知识的同时,获取新的知识。需要注意的是,这里所讲的旧知识不一定是指前一节课的知识,而是指与即将学习的新知识有联系的旧知识。

4. 直观导入

直观导入是指通过引导学生观察文物、模型、图表,看电影、录像片段或幻灯片等活动方式,引起学生的兴趣,再从观察中设置问题情境的导入方法。

直观导入生动形象,在吸引学生注意、激发学生学习动机、培养学生学习兴趣、发展学生想象力、培养学生观察力、帮助学生理解抽象知识等方面发挥着重要作用。在进行直观导入时,教师可以通过提问或叙述,为学生指明思考方向。

5. 故事、事例导入

这种导入是通过真实的历史故事或者学生在现实中看到或关心的事例来导入新课的学习。

教法示例　　　　　《第一次世界大战》一课的导入

1914年6月28日,奥匈帝国皇储斐迪南大公和妻子索菲娅检阅了奥军在波斯尼亚举行的军事演习后,来到了波斯尼亚首府萨拉热窝。当车队行进到亚帕尔大街拉丁桥附近时,埋伏在小街转角处的"青年波斯尼亚"成员、19岁的普林西普冲了上来,拔出自动手枪,连开两枪。一颗子弹准确地射入了斐迪南的喉咙;另一颗子弹钻进了索菲娅的腹部。司机一见不妙,猛踏油门,车子迅速调头,向市政厅开去。还没有到市政厅,斐迪南夫妇就咽了气。

奥匈帝国皇帝弗兰茨闻讯悲痛欲绝，德国皇帝威廉二世得到消息后却是喜出望外，认为这是再好也没有的战争借口。他马上致电弗兰茨，鼓动他对塞尔维亚发出最后通牒，并保证德国将全力支持奥匈帝国。弗兰茨听从了他的建议，7 月 23 日向塞尔维亚发出了最后通牒，并于 7 月 28 日向塞尔维亚宣战。接着，德、法、英、俄等国都进行了战争动员，互相宣战，两大军事集团蓄谋已久的第一次世界大战就这样爆发了。

故事、事例导入适应中学生爱听故事、爱听趣闻轶事的心理，通过讲述与教学内容有关的故事，可以激发学生的兴趣，创造情境引出新课，使学生不知不觉地进入新知识的学习。

6. 设疑、悬念导入

这是一种围绕教学中的重点、难点、衔接点设计问题，造成悬念，激发学生求知欲的导入方法。

教法示例　　　《古代希腊、罗马的文化》一课的导入

教师：同学们，你们知道现代奥运会的起源吗？现代词汇中的很多术语，例如唯物论与唯心论、辩证法与形而上学、悲剧与喜剧等等，起源于哪个国家？这些问题，我们学习了《古代希腊、罗马的文化》后就会得到圆满的答案。

利用悬念激发人的好奇心，引发思考，启迪思维，往往能收到事半功倍的效果。悬念总是出乎人们意料，或展示矛盾，或使人困惑，常能造成学生心理上的焦虑、渴望和兴奋，想尽快知道究竟，而这种心态正是教学所需要的。

（三）导入的应用要点

1. 针对性

导入的目的要明确、有很强的针对性，要与具体的教学内容、教学目标相适应。脱离教学内容、教学目标的导入，不管多么别致、吸引人，都不能发挥应有的作用。所以，设计导入时，要充分考虑教学内容的特征与教学目标的需求，要以课堂教学目标为依据。

2. 启发性

导入应启发、引导学生去发现问题，激发学生解决问题的强烈愿望，调动学生积极思考，促使他们更好地理解新的教学内容。启发性的关键是合理制造疑问和设置问题，利用问题引起学生的积极思维，使他们产生"新奇"感。教师可通过设置悬念、创设情境、游戏活动、现象展示等手法来达到启发学生的目的。

3. 关联性

导入必须建立起新课知识与学生已有认知经验的联系。学生的学习是根植

于过去的经验和知识之上的,教师的导入应建立在这些经验和知识的基础之上,找准新旧知识的联结点,顺利实现过渡。

4. 趣味性

如果学生对所学的内容感兴趣,学习时轻松愉快,学习效率自然会较高。因此,教师设计导入时要尽量选择新鲜活泼的内容,讲究语言艺术,以使课一开始就扣人心弦,吸引学生的注意,激起他们思维的浪花。

二、讲授技能

讲授是课堂教学最主要的教学方式,讲授技能是最基本的教学技能。

(一)课堂讲授的适用范围

讲授是教师通过口头语言向学生系统传授历史知识的教学方式。在课堂讲授中,学生是知识信息的接受者,以听讲的方式进行学习。讲授适用于以下历史内容的教学:

1. 传授历史事实

对于具体的历史事实,教师生动形象的讲述最能吸引学生,不仅能使学生掌握系统的历史知识,而且能通过历史事实的叙述,受到情感态度与价值观的熏陶。

2. 讲解历史理论

历史理论、历史规律抽象程度高,学生不易理解。教师以摆事实、讲道理的方式进行讲解,能促进学生理解和掌握抽象的教学内容。

3. 分析历史问题

历史事实纷繁复杂,如何从其中得出规律性的东西,总结出经验教训,单靠学生自己,不能做出较全面的概括;而教师有比较丰富的历史知识积累和生活阅历,做出的概括更全面、科学。学生自主探讨和教师的总结性分析相结合,能取得比较好的效果。

(二)讲授的基本要求

1. 课前要充分准备

教师对讲授内容要做全面的分析,理清思路,以便将知识系统地呈现给学生。教师是否具有广博的知识、开阔的眼界、独特的见解,直接影响讲授的效果。课前准备并不是上课前的临时准备,而是平时要注意随时积累,有了日积月累的各种相关知识,讲课时才能信手拈来,运用自如。

2. 讲授要有科学性

教师讲授要以教材内容为依据,深刻领会历史知识的实质。做到讲授概念准确、论证充分、逻辑严密、史实确凿可靠。不能为了追求生动形象,违背科学性的要求,把一些传说、野史,没有依据、经不起推敲的趣闻轶事当成真实的历史来讲。上课用的语言也要严密、精确,能够准确表达历史概念。

3. 讲授要有启发性

讲授要从学生的知识基础、思维方式、认知水平等实际出发,借助各种教学手段,调动学生的积极性、主动性,引导学生积极思考、主动探索,通过自己的努力获得对历史的科学认识,真正达到在教学过程中发展智力、培养能力的目的。

4. 讲授要生动、形象

教师可以借助比喻、描绘、表演等手法或各种教学媒体使学生感知历史,并在此基础上领会抽象的历史概念和规律。讲授要使学生"如临其境"、"如见其形"、"如闻其声",将抽象的概念具体化、枯燥的知识趣味化。生动形象的讲授,能够激发学生的兴趣,使他们集中注意力、积极思考,有助于学生理解、掌握历史知识,发展历史思维能力。

5. 讲授要简洁、通俗

教师要对历史教材的书面语言进行加工整理,用最简练的语言表达最丰富的内容,同时还要使学生听得懂、听得明白,要做到既简练又通俗。教师在选择例证时,应照顾到学生的年龄特征和生活、学习经历,尽可能选择学生比较熟悉的事物,使他们容易把这些事物与即将学习的历史知识联系起来,顺利实现新旧知识的迁移。

6. 讲授要有节奏

通常,教师在讲授时应该声音洪亮、吐字清晰、发音规范、节奏适宜、语调平直自然,但也要根据内容要求、感情表达的需要,适当改变。教师可以根据学生的反应及时调整音量、语速、语调。语音的高低、强弱、快慢和停顿还应根据教学内容有一些变换、起伏,做到抑扬起伏、错落有致,以吸引学生。

(三)时间、地点和历史人物的讲授

历史总是体现在一定的时间和空间上,并以一定的人物活动为内容。如果离开了具体的历史人物、时间和地点,就没有历史事实。讲好时间、地点和人物是讲好一节历史课的前提。

1. 时间的讲法

历史发展的过程,体现为时间的先后顺序。离开年代顺序,就没有系统的历史过程,更看不见历史发展的因果联系和规律。正确而清楚地讲好年代,让学生形成历史的时序概念,是中学历史教学的一个重要问题。

(1)按照年代顺序讲述历史。从古到今,一般的史书都是按时间先后即按照年代发展顺序编写的。古希腊的修昔底德所著《伯罗奔尼撒战争史》以年代贯串全书。我国的《春秋》、《左传》、《资治通鉴》等,也都是按编年体成书。《史记》、《汉书》等的"本纪"或"纪"则主要按照朝代的先后顺序编写。近代从西方引进章节体,在大的时间区段内,分章阐述同一时代各地区、国家、民族在经济、政治、文化各方面的历史过程,大时段本身也有个先后顺序。在讲同一个历史时期的某个具体内容时,也是按照事物发展的时间顺序来叙述。按照时间、年代的顺序讲授历史,是保证历史教学的科学性、系统性和思想性所必需的。

(2)帮助学生形成时间观念。时间观念必须在掌握一定的纪年知识后才能形成。"年代学"是一种专门学问,中学生不必要也不可能深入地钻研它。但是,对于中学历史课本所涉及的公历纪年、王朝纪年、干支纪年等知识,教师要给予必要的介绍。现在的中学历史教材都是以公历纪年为主,中国古代史有些地方还采用了朝代纪年法,教学中要注意两种纪年的换算。一般的做法是在讲课时,在以公历纪年为主的情况下,必要时加注王朝纪年。如,讲到中英鸦片战争爆发的1840年时,要同时介绍一下该年是清道光二十年。

 知识链接

干 支 纪 年

干支纪年是中国传统的纪年法。干支是天干和地支的合称。天干是甲、乙、丙、丁、戊、己、庚、辛、壬、癸的总称,是传统用做表示次序的符号,也叫十干。地支是子、丑、寅、卯、辰、巳、午、未、申、酉、戌、亥的总称,也是传统用做表示次序的符号,也叫十二支。天干与地支相配,共组成六十组,用来表示年、月、日的次序。周而复始,循环使用。现在农历的年份仍用干支。学生有这方面的常识,就容易懂得"甲午战争"、"戊戌变法"、"辛丑条约"、"辛亥革命"等等的由来。

要帮助学生正确地掌握时间术语,例如公元前、公元、世纪、某世纪、某世纪几十年代等。世纪初叶,指一个世纪的前30年;世纪中叶,指一个世纪的中间50年;世纪末,指一个世纪的后20年。前半世纪(某世纪前半期)、后半世纪(某世纪后半期)也应分清。多少世纪多少年代的"年代",是一个公历概念,与我国传统概念的"年代"(如"年代久远")是有区别的。某世纪开头的10年,称最初10年或头10年;10—19年,称第二个10年,不叫十年代;20—29年,称20年代;30—39年,称30年代;以下类推。

总之,必须要从中学生的年龄特征和知识水平出发,讲解某些时间概念。

教法指引 公元纪年的讲法

讲公历纪年方法,可以告诉学生,公元是从传说中的耶稣降生那一年起,向后计算的年份。公元前则是指耶稣降生以前的时间。公元前的年代距今越

远数字越大,公元后的年代距今越近数字越大。公元前的纪年,教师应该仔细地给学生交代清楚。如"公元前 8—前 5 世纪"是指公元前 800 年至公元前 401 年这 400 年;再如,"公元前 3 世纪后半期",指公元前 249 年到公元前 200 年的大约 50 年间。"公元前 500 年"有时简称"前 500 年",也要跟"距今 500 年前"区别开来。运用数轴进行讲解是很好的方法。

(3) 指导学生利用历史年表。年表是帮助学生形成时间概念和掌握历史年代的一种直观教具。它的特点是以历史发展的时间顺序为线索,通过各种表格形式,组织历史事件的纵横联系,借以帮助学生掌握历史发展规律和历史现象的相互联系。历史教学中常用的年表有以下几种:

历史大事年表。在中学历史教科书中,历史大事年表通常作为附录置于书后。年表分为两栏,第一栏列出重要的历史年代,第二栏列出相应重要历史年代所发生的重大历史事件。

朝代顺序表。这是按照时间先后,排列出我国朝代更替演进的一种历史年表。在教科书中,这种年表可以放在书后;也可以插在书当中,某个大的历史时段之前。教师也可以自己设计、绘制朝代顺序表,帮助学生明确掌握王朝兴衰更替的历史发展进程。具体做法是,讲授一个新王朝的时候,先在黑板上绘出这个王朝以前的朝代顺序,然后边讲新课,边把新课中出现的王朝名称依次写在前一个王朝的后边,待整个中国古代史讲完,一份完整的"朝代顺序表"也就编制出来了。

历史分期年表。这种年表不仅可以表现出历史年代的先后次序、历史事件的因果关系,而且能够反映历史阶段或历史时期的特征,有助于学生掌握历史时代、时期的更替演进。

朝代尺。这是一种把大事年表和朝代顺序表结合在一起,加以形象化的年表。这类年表以一定的比例尺度来表示时间,更加有助于学生掌握历史年代,形成时间观念。

2. 地点的讲法

地点和时间、人物一样,是人类社会历史存在与发展的必不可少的要素,是历史演出的舞台。不讲清楚历史发生发展的地点,形成历史空间概念,就无法形成正确的、完整的历史知识。在中学历史课中,如何让学生形成空间观念呢?

首先,要使学生明了地理环境与历史发展的关系。

教法指引　　　　　如何讲述地理环境对历史的影响

教师在讲古代文明时,可以结合尼罗河对古埃及文明的影响,推而广之,引导学生认识古代河流对于四大文明古国的作用,从而让学生认识地理因素对历史发展的影响。在讲世界近代史中新航路的开辟时,可以让学生思考为什么发现新大陆、寻找新航路的探险家们多出自西班牙、葡萄牙、荷兰、意大利等国,引导学生认识这是与这些国家地处水陆要冲的自然条件有密切关联的。

其次,要让学生掌握关于地理观念的具体知识,认识并准确牢记历史事件发生的地点。随着历史事件的发展变化,有关地理观念也在不断地变化,教师在教学中要提醒学生注意这些变化。

教法指引　　　　　　　　讲古代地点应该注意的问题

古代的重要地点,在不同的时期里有不同的名称。如北京一地,战国称蓟;辽称南京(幽州),又称燕京;金称中都;元称大都;明清称北京;1928年改称北平;1949年中华人民共和国建立,以北京为首都,又改称北京。南京一地,吴称建业;东晋南朝称建康;元称集庆;明朱元璋时称应天,后改南京;太平天国时期称天京。一些专用名词,也有特定的地理范围。如"丝绸之路",专指汉唐以来由西安经新疆、中亚到西亚、欧洲的商路;"古代东方"、"西域各国"、"郑和下西洋"的西洋,以及今天常说的"西方社会"、"南南合作"等等,都有其特指的地理含义。这些问题教师都应让学生了解、掌握,从而形成正确的历史地理观念。

最后,要让学生了解历史地图的种类及作用。为使学生了解历史事件发生发展的确定的空间和进程,必须使用历史地图。历史地图按内容可分为三类:第一类是综合性历史地图,反映某一时期全面的历史地理情况,包括这一时期主要的社会、政治等现象。如,"战国形势图"、"汉代疆域图"、"两宋略图"等等。第二类是专题性历史地图,反映某些专题性历史问题,或一时一地,或跨国跨时代。如,"我国新石器遗址分布图"、"秦末农民战争图"、"红军长征路线图"、"罗马领土扩张图"、"地理大发现形势图"等。第三类是个别局部的历史地图,如,"明朝努尔干永宁寺附近地势图"、"雅克萨作战示意图"、"爱琴文明简图"等。

3. 历史人物的讲法

人物和时间、地点一样,是构成历史知识的基本要素之一。讲好历史人物,对于向学生传授历史知识,进行情感态度与价值观教育,有着非常重要的作用。讲历史人物,应注意以下几点:

(1)生动具体。对于历史人物,不能够只是简单地介绍几个抽象的人名,而是要讲述他们的具体事迹,通过人物的语言、行动、著作、衣着打扮等,塑造出生动的形象。

教法示例　　　　　　"淝水之战"中的符坚

公元383年,符坚统一黄河流域以后,认为自己可以一举吞并江南,便在长安太极殿大会群臣,提出进攻东晋的想法。朝中大臣反对,认为东晋虽然微弱,但还有一定的力量;前秦虽然统一了北方,可是并不稳定,假若出兵远征,内部会发生变乱。符坚听不进臣下的意见,下诏大举进攻东晋。在进军的路上,符坚骄傲地说:"我带领的军队这么多,只要把马鞭子投入长江,就可以截断江流。"

战争开始后,东晋将领谢玄要求前秦军队稍退,让晋军渡河决一死战。符坚错误地估计了形势,以为可以乘晋军半渡时,用骑兵冲击,便答应了谢玄的要求。不想,前秦军队一退,内部就大乱起来,再也不可收拾。晋军乘机渡河追击,秦军大败溃逃。秦军一路上听到风声、鹤唳,也以为是晋军追来,昼夜狂奔,不敢停息。符坚逃回北方,部下只剩下十多万人,东晋乘胜收复了黄河以南的许多地方。

由于有言语、有故事情节,学生对于符坚等历史人物,会留下深刻的印象,从中吸取教训。

在讲述人物活动、思想的时候,教师还可以运用人物的画像、与人物有关的文艺作品等资料,使一个个历史人物的生动形象栩栩如生地再现在学生的面前。

(2)褒贬功过。历史课中,叙述人物的活动和思想,再现历史人物的形象,只是教学的第一步。在此基础上,还应该引导学生运用历史唯物主义观点对人物的功过是非,做出正确的评价,帮助学生认识历史人物的本质。

教法指引　　　　中学历史课中评价人物常用的方法

评价历史人物,可以采用"寓论于史"的方法,把对人物的褒贬寓于史实的叙述当中。也可以在叙事完毕以后,用"画龙点睛"的办法点一下,给他一个评语。如讲完郑成功的事迹后说一句"他是伟大的民族英雄"等等。对于某些重要的历史人物,或是在评价上比较复杂的历史人物,如秦始皇、岳飞、曾国藩,以及世界史上的一些历史人物如拿破仑等,教师可以在讲述完他们的生平事迹以后,专门用一定的时间组织学生分析、评论。这种方法如能适当地采用,对于提高学生分析问题、观察问题的能力有很大益处。

(四)历史事件、历代典章制度和历史现象的讲授

历史事件、典章制度、历史现象是历史知识的重要组成部分,它们有各自的一些特点,在讲授方法上有共性,也有差异。

1. 历史事件的讲法

人类历史在很大的程度上是由一个个大大小小的历史事件组成的。讲述历史事件要注意以下几个方面：

(1) 历史事件的结构。历史事件一般由六个部分组成：时间、地点、背景和爆发原因、人物、事情、意义和影响。对于历史事件的这六个部分的内容，教师在备课时，要理出头绪，在讲课时要讲清楚。

(2) 历史事件的经过。经过，是一个历史事件的主要内容。把事件的经过讲好，这个历史事件就能够栩栩如生地再现在学生面前。有了这种感性认识，才能引导学生更为深刻地认识历史事件的本质，对它做出评价。情感态度与价值观教育，也是通过事件的经过才得以实现的。

讲好历史事件经过的要点：

第一，严格按照时间顺序，并且把经过分出阶段，进行讲述。一个历史事件总有自己的开始、结束和中间的过程。教师讲述时必须按照其进行的时间顺序，有始有末地将事件叙述清楚。

第二，历史事件的过程要具体，要有情节的描绘。一般采用叙述、描述和概述等教学方法讲述历史事件的经过。叙述、概述和描述中，要始终贯穿准确的时间、空间地域和生动的人物活动。

教法指引　　　　　《史记》对"巨鹿之战"的讲述

"项羽已杀卿子冠军，威震楚国，名闻诸侯。乃遣当阳君、蒲将军将卒二万渡河，救巨鹿。战少利，陈余复请兵。项羽乃悉引兵渡河，皆沈船，破釜甑，烧庐舍，持三日粮，以示士卒必死，无一还心。于是至则围王离，与秦军遇，九战，绝其甬道，大破之，杀苏角，虏王离。……当是时，楚兵冠诸侯。诸侯军救巨鹿下者十余壁，莫敢纵兵。及楚击秦，诸将皆从壁上观。楚战士无不以一当十，楚兵呼声动天，诸侯军无不人人惴恐。于是已破秦军，项羽召见诸侯将，入辕门，无不膝行而前，莫敢仰视。"

这段文字中，有概述，有叙述，也有描绘，人物栩栩如生，再现出一幅巨鹿之战的生动历史画卷。

第三，与直观教具配合。讲述历史事件，要充分利用历史地图、历史图片等直观教具。从视觉、听觉两个方面影响学生，会大大加强学生对于历史事件经过的真实感受，给学生一种身临其境的感觉，提高历史教学的效果。

第四，揭示历史规律。教师在生动具体地讲述一个历史事件过程的同时，还要注意讲出它的前因后果，分析其本质，从中揭示出某些历史规律。

教法示例　　　　　　　　美国南北战争的历史背景

美国南北战争的爆发有深远的历史背景：美国独立战争的胜利和伴随而来的美国急剧对外扩张，促使美国北方工业资本主义经济有了很大的发展；美国南方的大种植园经济使用黑人奴隶劳动，收获的棉花卖给英国，不卖给北方；南方的大种植园经济落后于北方，从自由劳动力、市场和原料供应等方面，阻碍了北方工业资本主义经济的发展，两种经济制度的矛盾日趋激化，终于导致了南北战争的爆发。

一个历史事件的背景，往往是复杂的，教师要引导学生全面分析。只有讲清楚了历史事件的背景，学生才能够认识历史事件爆发的必然性，更加深刻地了解事件的过程和它对于历史发展的作用、影响，从中培养观察、分析问题的能力。

分析历史事件的意义和影响也很重要。一个历史事件的意义和影响，对于历史的发展，有的时候当时就有表现，有的时候则需要若干年以后乃至在长久的时间内才能够体现出来。有些历史事件的影响，表现出正反两个方面的情况。第一次世界大战给世界人民带来了巨大灾难，同时却也削弱了某些帝国主义国家的力量，俄国十月革命的爆发和一系列国家无产阶级与半殖民地、殖民地人民的新觉醒，就都与这次战争密切相关。隋朝修建大运河，当时极大地加重了人民的负担，是隋末农民起义的原因之一；另一方面，大运河的修建，沟通了南北的经济交往，促进了我国的经济、文化发展，有其巨大的历史功绩。

2. 历代典章制度的讲法

历代典章制度的内容很多，中学历史教学中主要涉及经济制度，如土地制度、赋税制度；政治制度，如国家制度、兵制、官制、法律等。讲授这类历史知识需要注意以下几点：

（1）讲清楚历代典章制度产生的背景。如果只是单纯给学生讲经济、政治制度的条文，往往枯燥乏味，缺乏吸引力，也难以启发学生的思维。只有讲清楚制度产生的原因，才能体现历史的借鉴功能，起到训练思维的作用。

教法指引　　　　　　　　制度的讲解

中国古代的赋税制度，在不同历史阶段表现出不同的特征。秦汉时期表现为对人身控制较严，如徭役形式的力役剥削和以人口、人户为前提的口赋、算赋、户调等都较重。自隋唐时期开始，逐渐地转向按土地、资财的多少来征收赋税，农民的徭役也可以以交纳绢帛或银两代替，同时，力役、实物等的形式也逐渐地被货币（银子）的形式所取代。从秦的繁重徭役，汉的口赋、算赋，到唐的租庸调、"纳绢代役"，到明清的"一条鞭法"和"地丁银"，大致就是这样一个发展过程。造成这种赋税制度变化的原因很多，但是经济的发展无疑是这种演变的重要原因。教师在讲授赋税制度时,应该从当时的经济发展状况入手,阐明制度产生的原因。

选官制度的讲解思路。同一个阶级,不同阶层的升降荣衰,会影响到历史制度的更变。例如,魏晋南北朝的门阀士族阶层兴盛,在选官制上就出现了代表它们利益的"九品中正制";而隋唐以降,这个阶层衰落了,庶族地主的力量抬头,于是反映在选官制上就出现了科举制。教师在讲解选官制度时,要给学生一个动态的概念,而这种"动"的原因,则可以从阶级和阶层的力量变化来分析。

制度源流的讲解要点。讲述历代制度,首先要注意它们赖以存在的基础,分析各种制度所反映的生产关系、阶级关系、经济基础,或者是一定的经济发展、不同阶层地位的变化等。这样,不但能够帮助学生更深刻地认识历史制度的本质和它产生、发展、演变的原因,而且能加深对于历史唯物主义基本原理的认识,提高分析问题的能力。

(2)讲清楚历代典章制度的发展、演变。在讲历代典章制度时,如果只孤立地介绍历代制度的内容,而不讲它们之间的发展、联系,学生就难以看到历史的发展规律。规律只有在制度的发展、演变基础上才能归纳总结出来。

教法指引　　　　　　中央集权制度演变的讲法

中国古代的中央集权制度是在否定西周分封制的基础上发展起来的。战国时期,秦、魏、赵、韩等国已经逐步确立了这种制度;法家学派的出现,就是这种制度在思想观念上的反映。秦王朝建立以后,将中央集权制度化并且推行于全国;西汉、东汉则将它进一步发展、完善。隋唐、宋元和明清,专制主义中央集权制度又都有新的发展,乃至发展到了顶峰。与此相应的选官制,中央、地方官吏权限的变迁,兵权的集中,兵制、财制、监察制等也是一步步发展演化的。

教师讲历代典章制度,首先要理出其发展的基本线索,然后有计划地根据每一课的内容,一一讲清楚,连续几节课讲下来,就能给学生以系统、条理性的知识,帮助学生在学习历代典章制度时,掌握其源流及演变,从中看到历史的发展进程与发展规律。

(3)增强历代典章制度讲述的形象性。历代典章制度的内容是比较枯燥的,不易引起学生的兴趣。兴趣不高,自然不会收到良好的教学效果。教师在讲授历史制度时,应该尽量把制度讲活,加强它的生动性、形象性。增加人物活动和故事情节是比较有效的办法。

教法指引　　怎样讲解中国古代中央集权制的形成与发展

讲秦始皇实行郡县制时,可以先讲一下当时召集群臣廷议的情景,李斯怎么说,王绾怎么说,最后秦始皇又怎么裁定等等。讲屯田制时,可以引用曹操"白骨露于野,千里无鸡鸣"的诗句说明实行屯田制的原因。讲宋太祖加强中央集权制,可从"杯酒释兵权"的故事开始。讲朱元璋废丞相,加强兵权,可穿插他制造胡兰之狱、杀徐达及锦衣卫监视某些官吏的故事。总之,要把生动的故事穿插于制度讲述当中,以增强生动性、形象性。

3. 历史现象的讲法

历史现象包括经济现象、政治现象、民族关系现象、中外关系现象和文化现象等等。中国历史上的"文景之治"、"贞观之治"、"光武中兴"、十六国时期的民族分裂混战和北朝时期的民族融合、明清时期的资本主义萌芽等;世界历史上的"文艺复兴"、早期殖民掠夺、1929—1933 年资本主义世界的经济危机等等,都是历史现象。

讲授历史现象的要点有很多与讲授其他内容的要点是相似的:第一,要交代某些历史现象出现的背景、原因。第二,要依据史实,讲清这些历史现象的具体表现。第三,在历史现象中,要讲出人物活动和故事情节,增强形象性、生动性。除此之外,还有几点需要注意:

(1) 处理好历史现象的一般情况和典型情况的关系。讲述历史现象,要做到有"面"有"点"。"面"是一般情况,通过"面"的讲述,勾画出历史现象的整个面貌。"点"是历史现象中的典型材料,它能生动形象地反映历史现象。只有做到"点""面"结合,才能把历史现象讲述得既生动又完整。

教法指引　　　　秦朝灭亡原因的讲法

秦朝灭亡的一个重要原因是"秦的暴政"。要让学生了解秦的暴政以及这种暴政的影响,可以先讲秦朝的徭役、兵役繁重,男壮丁都去服徭役、兵役了,女子也要运输粮饷;同时,以阿房宫、骊山陵墓的修建为典型,说明人民遭受的巨大痛苦和灾难。有具体生动的史实,学生就容易理解什么是暴政了。

(2) 运用数字说明问题。要表示经济繁荣,可以列举土地垦殖数字、人口增长数字;要表示经济凋敝、经济危机,则可以列举工厂倒闭数字、工人失业数字等等。讲历史现象时,把这些数字与一般情况和典型事例结合起来讲述,是一种经常使用的方法。

三、提问技能

教师鼓励学生活动的主要手段之一是提问。教师通过提问,可以引导学生积极参与到历史教学中来,师生共同完成历史教学的任务。历史课堂教学中的提问是一门专门的技术,只有掌握了这门技术,才能在教学中应用自如,实现历史教学的目标。

(一) 提问的目的

提问需要根据教学目标事先设计。历史教学中提问的目的,大致有三种:

1. 引起兴趣和吸引注意力

例如:"人们初次见面时,总要先问'贵姓'。你想过没有,中国人数以千计的姓是从哪儿来的","造纸术是中国古代的四大发明之一,你知道最初的纸是怎样制造出来的吗"。设计这类问题,通常假设学生以前没有学过相关内容,或者虽然对现象很熟悉,但是从来没有当作问题认真思考过。在教学之前提出这些问题,会引发学生探索的兴趣,使他们把注意力集中到课堂教学中来。

2. 回忆具体知识或信息

例如:"东周建立在哪个世纪哪个年代","北魏孝文帝促进民族融和的措施主要有哪些"。这类问题通常在一节课的教学内容完成之后提出,以帮助学生记忆所学的知识要点。

3. 鼓励更高层次的思维活动

例如:"从夏朝和商朝灭亡的历史中我们能得到什么启示","对于司马光幼年的这种勤奋学习的精神,今天我们应该如何借鉴"。这类提问的目的,"关键不在于以最快和最有效的方式得出正确答案,而是激发一个学习活动,这个过程不仅成功地构建更为准确的答案,而且这些答案是运用学生自己选择并在教师的指导下的个性化的探索和发现活动去获得的"[1]。

英美国家的研究表明,在课堂教学提问的每五个问题中,有三个需要回忆知识点,一个是课堂管理的,只有一个要求更高层次的思维活动。[2] 我国中学教学中的提问也存在相似的情况。这种回忆型问题和思考型问题之间比例的不平衡,是由多方面的因素造成的,其中之一是教育目标。就我国而言,以往的教育目标侧重知识传授,在课堂教学中使用回忆型问题,能较好地达到这一教学目标,因此回忆型问题在教学中所占比例很大。21 世纪之初开始的课程改革提倡学生学习方式的转变,由被动接受转为主动探索,由重知识传授转为重能力和情感态度与价值观的培养。与此相适应,课堂教学中思考型问题所占比例也随之提高。

(二) 问题的类型

问题的设计是多种多样的,大致可以归为两种类型:

---

① 加里·D·鲍里奇著,易东平译:《有效教学方法(第四版)》,江苏教育出版社 2002 年版,第 195 页。
② 同上书,第 210 页。

1. 封闭性问题

一个将回答限定在一个或少数几个答案之内的问题叫封闭性问题。对于这种问题,学习者已经读到过或听到过它的答案,因此只需要回忆某些知识点即可。例如前面所提"东周建立在哪个世纪哪个年代",就属于典型的封闭性问题,只有一个标准答案。

2. 开放性问题

允许有多种不同回答的问题叫开放性问题。它没有唯一正确的答案,甚至有些问题只是让学生表达出他们的感觉。"从夏朝和商朝灭亡的历史中我们能得到什么启示",每个人的学识、阅历不同,得到的启示可能会不一样。作为教师,在设计这类问题时,需要为学生提供更多的历史细节、更新的历史研究成果。如果史实过于简单,学生看过之后根本得不到什么启示,这个问题就没有意义了。

需要注意的是,同一个问题在一种情况下是封闭性的,而在另一种情况下则有可能是开放性的。对于"中国共产党第一次全国代表大会为什么选择在上海召开",如果教师只给学生提供了中国共产党成立的一系列史实,要求学生通过史实分析问题,这就是一个开放性问题。不同学生对史实的选择和判断不同,得出的回答就会有所不同。也许每个学生都从某一个方面回答了这个问题,答案都是正确的。但是,如果教师已经从阶级力量、发起组织、城市特点、地理交通等方面对这一问题做了分析,再向学生提问,就属于封闭性问题了。学生的回答必须把几个方面都包括,才算完全正确。同理,"李白、杜甫诗歌创作的主要艺术特色是什么","你怎样评价洋务运动","你知道中国传统科技与西方近代科技的区别吗",这些问题,如果教科书中已经有了叙述,就是封闭性问题;如果教科书中没有现成的答案,就属于开放性问题。

(三) 问题的层次

问题是为实现教育目标服务的,布卢姆将认知领域的教育目标分为六个层次:识记、理解、应用、分析、综合、评价。不同层次的教育目标,有与其对应的提问策略。换言之,不同层次的教育目标有与之相应的不同层次的问题设计。

1. 识记

这一层次的问题要求学生回忆、描述、界定或认识记忆中已有的知识。其典型问题如下:秦始皇"焚书坑儒"发生在哪一年? 什么是分封制? 北魏孝文帝改革的主要措施有哪些? 你能给同学们讲一讲"破釜沉舟"的故事吗?

这些问题,只要学生对以前学过的知识进行回忆就可以正确地回答,不需要理解所记忆的知识。

2. 理解

理解层次的问题需要学生改变交流的形式,能够转述或重新组织所学过的知识,展现出他们对所学知识的解释、概括和说明的能力。以下问题属于理解型问题:可以用你自己的话解释一下"贞观之治"吗? 你能用自己的话概括三民主义思想的主要内容吗?

要回答这些问题,前提是学生必须记忆相关的知识,但是仅有记忆是不够的,还需要对以前学过的知识加以思考、重新组织。例如,对"贞观之治"的解释要求学生不用教科书中的原话,而是用自己的语言重新表述出来。只有对概念真正理解了,才能换一种方式表述出来。可以说,对同一个历史概念,用不同的言语表述出来,这一过程就是理解的过程。

3. 应用

应用层次的问题超越了记忆和对知识的转述层次,它要求学生把知识应用于和所学时不同的问题、语境和环境中。例如:你能举一个身边的例子,说明人们提高法制观念的重要性,或不遵守法制的危害吗?

在应用层次的问题中,给学生提供的是与以前所学材料不同的环境或问题,鼓励学生把所学知识用于新环境中。回答这类问题要求有两个相关的认知过程:第一,同时回忆并考虑问题所包含的各个知识点;第二,将各个知识点组成一个和谐的序列,快速而自动地做出回答。

从这个过程可以看出,应用知识的前提是记忆和理解。没有对知识的记忆和理解,知识应用便无从谈起。

4. 分析

分析,要求学生把一个问题分成几个部分,并在部分与部分之间建立起联系。分析层次的问题是要学生发现历史现象背后的道理,回答这类问题时,学生需要识别逻辑错误、区分事实、观点和假设,得出结论。例如:鸦片战争爆发的原因是什么? 有哪些因素能将资本主义和社会主义区分开来?

分析层次的问题能促进历史概念的形成和历史思维的进行,它往往是探究或解决问题过程的最基本的形式。可以把分析层次的问题看成是探究或解决问题过程的开始。在设计这类问题时,要有一种心理准备:由于大多数分析型问题没有唯一正确的答案,教师需要对各式各样的答案做出评价,指出它们的合理性或错误。要做到这一点,教师必须有丰富的历史知识积累,对相关问题要有比较深入的了解。

5. 综合

这一层次的问题要求学生将各个部分的知识加以整合,构建出对一个问题的独特、新颖的回答。可以是设计一个解决方案、组织一个回答、预测一个问题的结果等等。例如:假设你是林肯,面对南方的分裂行动,你会怎么做? 中国革命为什么要走"农村包围城市、武装夺取政权"的道路?

与分析型问题相比,综合型问题的答案具有更大的多样性。所以,教师在设计综合型问题时,要有更为充分的准备。

6. 评价

这类问题要求学生依据一定的标准对历史现象、人物、思想、制度等进行价值判断,并能做出决定,是对学生历史认知水平的最高要求。例如:用你所选择的史实说明,为什么只有社会主义才能救中国? 发达资本主义国家的哪些方面值得我们借鉴? 西方民主政治有哪些优越性和局限性? 中国能照搬美国的民主吗?

评价型问题的显著特征是让学生尽可能面对真实的问题,也就是说尽可能与现实相联系。由于决定和判断是成人生活的主要部分,很有必要让学生在教室就能经历做决定和判断的过程,评价型问题为学生提供了这种机会。

在上述六个层次的问题中,前三个层次一般属于封闭型问题,侧重于让学生掌握事实、规则和动作序列;后三个层次属于开放型问题,侧重于培养学生的抽象思维能力。在教学中,不同层次的问题要互相配合使用,才能实现历史教学的目标。

(四) 问题设计应注意的几个问题①

一个有效的问题必须是学生能够组织回答并积极参与学习过程的问题,在设计这样的问题时,应注意:

1. 与教学目标相适应

教学中的提问是为实现教学目标服务的,如果教学目标是让学生掌握历史基础知识,那么采用封闭型问题比较合适。如果教学目标是训练学生的历史思维能力,或引发学生的情感态度,那么采用开放型问题比较合适。通常,一节历史课上同时要采用封闭型问题和开放型问题。当课堂内容侧重知识传授时,封闭型问题和开放型问题的最佳比例为 70:30。当课堂内容侧重历史思维能力和情感态度与价值观的培养时,封闭型问题和开放型问题的最佳比例为 60:40。

2. 与学生的年龄相适应

依据学生的认知心理发展水平,初中历史课的提问,主要针对本课的具体内容,以识记、理解、应用层次的问题为主。例如,"仔细观察这两幅图片,比一比打制石器和磨制石器有什么不同","唐朝科举制度有哪些历史作用",这些问题都是针对当堂课讲过的具体内容提问。如果超出课文内容,学生回答就有困难。

高中历史课的提问,可以增加一些跨课、跨单元、跨年级的问题,以训练学生

---

① 郑林:《历史课堂教学中的问题设计》,《历史教学》2006 年第 7 期。

分析、综合、评价层次的能力。例如,"为什么说清朝军机处的设置,使君主专制制度发展到了顶峰",这个问题看似提问当堂课学过的内容,实际上要求学生能综合以往积累的知识进行分析。而只有到了高中,学生才会有这样的知识积累。

3. 照顾到学生已有的历史知识和经验

不论是封闭型问题还是开放型问题,在设计时都要考虑学生已有的知识和经验。封闭型问题直接针对当堂课讲过,或以前学过的内容提问,比较容易设计。开放型问题则不容易把握,在设计时要特别注意学生是否能够回答。例如,"你知道中国传统科技与西方近代科技的区别吗",在初中一年级提出这个问题,学生无法回答,因为他们还没有学习过西方近代科技。虽然教科书中对这个问题做了回答,但是由于没有史实作支撑,学生对这种抽象的论述很难理解。因此,这个问题在初中一年级提出,基本上属于无效问题。如果是在学习了世界史以后,这个问题就有意义了。

4. 问题表述要清晰

所提问题,要能够使学生准确理解,避免模棱两可或有可能产生多重理解。例如,"科举的主要科目有哪些,重在考察哪些能力",科举的科目以及考察的重点在不同朝代各有侧重,有时差别很大。这个问题如果不加上朝代等限制条件,学生就不好回答。如果改为"唐代科举的主要科目有哪些,重在考察哪些能力"或者"明代科举的主要科目有哪些,重在考察哪些能力"问题就清楚了。

四、板书技能

板书是教师上课时为帮助学生理解、掌握知识,在黑板上书写的简练的文字、图形、符号等,是课堂教学中向学生传递教学信息的重要手段。它与教师的语言有效结合,可以使学生的视觉跟听觉配合,更好地感知教师讲授的内容。

(一)板书的作用

板书可以展示教师的教学思路,帮助学生理清教学内容的层次,把握重点,突破难点。还有利于学生听课、记笔记,课后复习巩固。具体讲有以下作用:

1. 突出教学重点与难点

板书的内容通常是一节课的重点、难点,它将教学中的重点和难点以书面语言的形式简明扼要地再现出来,有助于学生理解和把握学习的主要内容。

2. 集中学生的注意力

板书可以利用文字、符号、线条、图表、图形的组合和呈现时间、颜色差异等方面的独特吸引力,引起学生的注意,激发其学习兴趣。板书所产生的视觉刺激与教师语言的听觉刺激巧妙结合,可以避免由于单调的听觉刺激导致的疲倦和分心,引导和控制学生的思路。

3. 启发思维，突破难点

中学生的思维仍然以形象思维为主要形式，因此教学必须遵循直观性原则。板书具有直观性，好的板书，能用静态的文字、图画、表格，引发学生积极而有效的思考活动，帮助学生理解一些靠语言不容易解释清楚的问题。

4. 概括要点，便于记忆

板书将一节课的内容浓缩成纲要的形式，将要点、线索等有条理地呈现给学生，有利于学生理解基本概念，当堂巩固知识。对学生的课后复习能起引导、提示作用。

（二）板书的内容与形式

历史课的板书主要有三个方面的内容：一是章节标题以及内容提纲，这是板书的主体；二是专用名词、概念和难字，这是对主体的说明和补充；三是图表，这是对讲授内容的形象概括。

板书的形式一般分为正板书和副板书。正板书是讲课的提纲，是按照教科书内容的逻辑顺序排列出来的，它能系统完整地体现本课教学的主要内容，是教师讲授的提纲，也是学生学习和复习的提纲。正板书通常写在黑板的左侧。副板书是正板书的补充，其内容可以是重要而正板书未列出的人名、地名、年代、数字、概念及难字（必要时还应注音）。副板书一般写在黑板的右侧，可根据情况随写随擦。

（三）板书设计要点

板书的设计应在课前备课时就准备好。要依据教科书内容、学生水平和课堂教学的程序，经过认真的研究，制定出最佳的板书计划。历史课堂教学中的正板书有以下要求：

1. 提纲挈领

板书要能够反映出教学内容的主要线索，突出教学的重点。一般可以参照教科书中的标题和子目来排列板书，但在实际教学中应突出教科书中的重点问题，把教科书子目中较笼统的题目具体化，使板书起到提纲挈领的作用。这就需要把与重点问题有关的时间、地点、人物等情况写明。如《甲午中日战争和八国联军侵华》一课第一目是"甲午中日战争"，教师在教学时的板书应写成"一、甲午中日战争（1894—1895 年）"，这样就把历史事件和时间联系起来，以突出这一事件的重要性。

2. 条理分明

板书的结构，要以教科书内容的内在联系为依据，反映出历史知识的系统性、逻辑性，使得教学内容通过板书而环环相扣。要做到这一点，必须钻研教科书，只有把教科书的内容、重点、层次搞清楚，才能设计好板书。

教法示例　　　　《凡尔赛—华盛顿体系》一课的部分板书

一、巴黎和会和凡尔赛体系

1. 巴黎和会讨论的主要事项

2. 参加巴黎和会的代表

3. 主要战胜国的主张和利益冲突

4. 巴黎和约

5. 凡尔赛体系

板书条理分明,不但有利于教师的讲授,也有利于学生对问题的掌握。

3. 详略得当

板书应能起到画龙点睛的作用,设计时要掌握好详与略的分寸。板书过详,内容过多,会影响学生掌握要点,也会影响讲授的时间;板书过略,太简单,学生会不得要领。

教法示例　　　　　　　　　　　过略的板书

一、甲午中日战争

1. 原因

2. 经过

3. 结果

4. 影响

空洞的板书,对学生的学习和复习起不了多大作用,反而会误导学生,使他们把具体而生动的历史看作是一种单一的模式。

4. 工整规范

板书的书写,应该清楚美观。标号应统一,行列应写直,行距应匀称,字体应工整。板书的文字也要求规范,不要写那些已经简化了的繁体字,也不要随意去简化字体。要注意粉笔的色彩搭配、书写的力度,以使板书清晰分明。

(四) 板书的类型

板书随教学目标、教学内容、学生年龄特征及学习特点的不同而不同。选择适当的板书类型是增强教学效果的重要一环。常用的板书类型主要有以下几种:

1. 提纲式

提纲式板书,运用简洁的词句,列出教材的知识结构提纲或者内容提要。特点是条理清楚、从属关系分明,给人以清晰完整的印象,便于学生对教材内容和知识体系的理解和记忆。这类板书适用于内容比较多,结构和层次比较清楚的教学内容。

2. 表格式

表格式板书是根据教学内容分项设计表格,由教师提出相应的问题,让学生思考后提炼出简要的词语填入表格;也可由教师边讲解边把关键词语填入表格;或者先把内容有目的地按一定位置书写,归纳、总结时再形成表格。这类板书能将教科书内容梳理成简明的框架结构,将教学内容的要点和彼此间的联系以表格的形式呈现出来,以增强教学内容的整体感与透明度,可以使学生加深对事物的特征及其本质的认识。

3. 线索式

线索式板书,围绕某一教学主线,抓住重点,运用线条和箭头等符号,把教学内容的结构、脉络清晰地展现出来。这种板书指导性强,能把复杂的过程化繁为简,有助于学生理清历史知识的结构,便于理解、记忆。

4. 关系图式

关系图式板书,借助具有一定意义的线条、箭头、符号和文字组成某种文字图形,形象直观地展示教学内容。这种板书能将分散的相关知识系统化,便于学生发现事物之间的联系,有助于逻辑思维能力的培养。

5. 图文式

图文式板书,边讲边把教学内容所涉及的事物形态、结构等用单线图画出来(包括模式图、示意图、图解和图画等),形象直观地展现在学生面前。这种板书图文并茂,容易引起学生的注意,对培养学生的观察能力以及思维能力都有帮助。

五、结课技能

结课技能是教师在一个教学内容结束或一节课的教学任务终了时,通过归纳总结、重复强调、实践等活动使学生对所学的新知识、新技能进行及时的巩固、概括、运用,把新知识、新技能纳入原有的认知结构,使学生形成新的完整的认知结构,并为以后的教学做好过渡的一类教学行为。一堂好课,不仅要有良好的开端,而且还要有耐人寻味的结尾,教师应当合理安排课堂教学的结束,使一节课画上完美的句号。

(一)结课的要领

1. 语言精练,紧扣中心

课堂教学结束的语言一定要少而精,切忌拖泥带水。要紧扣本节课教学的中心,梳理知识,总结要点,形成知识网络结构,做到突出重点,以精练的语言使教学的主题得以提炼升华,使学生对课堂所学知识有一个清晰完整、主题鲜明的认识,有利于学生回忆、检索和运用。

2. 前后一致,首尾呼应

结课实际上就是对课题导入设疑的总结性问答,或是对导入所讲内容的进一步延续和升华。如果课题导入时精心设疑,引起学生进一步探索的兴趣,讲课和结课中却无下文,或者结课时又另设与前文无关的问题,则会使学生思路紊乱,难以集中精力进行探索。只有主线清晰,前后一致,课前设计的问题在结课时得到呼应,才是一节完整的课。

3. 形式多样,新颖别致

每一节课都要设计出新颖别致的结课形式,不能千篇一律。结课的形式多种多样,有画龙点睛、概括要点的结课形式;讨论、总结、归纳的结课形式;点拨方法、提示要点的结课形式。还可以安排一定的实践活动,如练习等。通过思维训练和实践活动,启发学生积极思维,培养学生的抽象思维能力、概括能力和口头表达能力。总之,要根据每节课的具体内容以及不同年级学生的心理、生理特点选择不同的结课形式。

(二) 结课的方法

结课时一般需对整个教学内容进行简单回顾,指出教学内容的重点、难点。也可以采用提问或其他形式引导学生回顾本节课的基本线索和重点、难点。常用的结课方法有:

1. 归纳总结

结课时,教师引导学生对课堂讲授的知识进行归纳、概括、总结,理清知识脉络,突出重点,归纳出系统的知识结构。

教法示例　　　　《第一次世界大战》一课的结课

同学们,今天这节课的内容可以归纳为一、二、三、四、五。一个原因:帝国主义为重新瓜分世界争夺霸权的斗争;两个侵略集团:三国同盟和三国协约;三条战线:西线、东线和南线;四大战役:马恩河、凡尔登、索姆河和日德兰海战;五个年头:从 1914 年到 1918 年。

"教法示例"中的结语利用几个数字巧妙地对一节课的内容进行归纳,提纲挈领,概括准确,既能引起学生的兴趣,又能加深学生对所学内容的整体印象。

2. 设置悬念

当本节课与下节课有内在联系时,教师可以在课结束时,选择时机设置悬念,使教学在扣人心弦处戛然而止,"欲知后事如何,且听下回分解",引发学生产生继续探究的强烈愿望,为后续教学做好铺垫。

教法示例　　　《甲午中日战争和八国联军侵华》一课的结课

　　《辛丑条约》给中国造成了严重的危害,标志着中国完全陷入半殖民地半封建社会。此时的清政府沦为列强统治中国的工具,成为"洋人的朝廷"。在这种情况下,有谁能站出来拯救民族的危亡? 咱们下节课接着讲。

　　"教法示例"这样结课,能启发学生去主动预习下一课,为下一课的教学打下基础。

　　3. 课堂练习

　　教师通过让学生完成练习、作业来结束课堂教学,是一种常用的结课方式。课堂练习既能使学生将当堂所学基础知识、基本技能加以巩固和运用,又能使课堂教学效果得到及时的反馈。

教法示例　　　　　　《鸦片战争》一课的结课

　　请你用史实说明鸦片战争是中国沦为半殖民地半封建社会的开端。

　　"教法示例"这样的课堂练习可以引导学生把本课的重点回顾一遍,并用所学知识来解决问题。

　　4. 前后呼应

　　教学结束与起始相呼应,使整个教学过程前后照应。呼应的内容包括课题导入时设置的悬念、问题等,是悬念则释消,是问题则解答。

教法示例　　　　　　《大一统的汉朝》一课的结课

　　教师:现在,同学们可以回答上新课前的问题了:汉朝是我国古代历史上的盛世,这个盛世是怎样形成的,又是怎样衰落的?

　　(同学回答)

　　(教师总结)

　　5. 课后答疑

　　新课讲完后让学生提出问题,教师和学生一起回答。这种方法主要是让学生提出一些不太明白的问题,然后采用启发诱导的方式,帮助学生理解与解决问题。运用这种方法结课,要求教师具有较高的历史学基础和教学调控能力。

　　6. 发散思维

　　引导学生对教学过程中得出的结论、规律等进行进一步的发散性思考,以拓宽知识的覆盖面和适用面,并加深学生对已学知识的理解。

教法示例　　《洋务运动》一课的结课

教师：为什么洋务运动时期，洋务派向外国资本主义国家购买了机器，引进近代的生产技术，却没有使中国走上富强的道路？

（学生回答）

教师：当前，我国也引进外国的生产技术，但为什么却有利于国家建设，使国家富强起来呢？

（学生回答）

实践练习

历史课堂教学有很多技能，请你将每一种教学技能的使用要点归纳一下。

结课的方法很多，在实际教学中具体采用什么方式结课，要根据教学内容、学生的年龄特点、教师的知识和能力特长等灵活掌握。

第五节　现代化教学手段在历史教学中的运用

现代化教学手段是指在教学过程中有目的的使用幻灯、录音、录像、电影、电子计算机和互联网等与电有关的先进科学技术，进行教学活动。在历史教学中运用现代化教学手段，是中学历史教学改革与发展的一个特点。现代化教学手段比一般直观教具更为生动形象，更吸引学生，因此它对于提高历史教学的质量有着重要作用。

早在 20 世纪 50 年代，幻灯教学在我国就已经开始。从 20 世纪后期起，随着计算机和网络技术的发展和普及，又形成了现代信息技术，并运用于教学领域。以计算机为核心的多媒体技术逐步取代了传统的幻灯设备。目前，在许多中学已经普及了多媒体设备，互联网也得到广泛运用。这两种先进技术合理运用到历史教学中，将极大地提高历史课堂教学的效果。

一、多媒体在历史教学中的应用

多媒体教学是指运用以计算机为核心的多种媒体设备展开教学，把影像、动画、声音、图形、文字等各种信息综合在一起以传递教学内容，开展教学活动。它将教师、学生和现代信息传播技术结合起来，构成一种新的教学方式。多媒体教学的基础设备是计算机，其关键是多媒体课件的制作。制作多媒体课件的主要软件有 PowerPoint、Flash、Authorware 等。

（一）多媒体课件在历史教学中的功用

1. 解决教学中的难点问题

历史是过去发生过的事情，离学生的现实生活较远，许多内容单凭文字叙述学生较难理解，这是历史教学中的难点。对于这些难点问题，教师有效地运用多媒体教学课件，通过视频文件和图形文件的动态演示，再配以动听的音乐和老师的生动讲解，能使学生有效率地理解和接受知识，还可以培养学生观察问题、分析问题、解决问题的能力。

2. 体现教学的直观性原则

研究表明，人在学习时，通过视觉获得的知识占 83%、听觉占 11%、嗅觉占 5%、味觉占 1%。学习同一个内容，教师采取纯讲授，学生在三个小时后能记住 60%；如果让学生纯视觉观看，三小时后能记住 70%；视听并用，三小时后能记住 90%。三天后，三种学习方法的记忆率分别为 15%、40%、75%。这说明视听并用的学习效果明显高于前两者之和。因此，教学必须遵循直观性原则。多媒体教学通过多种媒介的交替演示作用，可以多渠道地向学生传递各种直观的教学信息，使学生的各种感觉器官对新知识进行多角度交叉吸收，内化为自己的知识，从而提高教学效果。

3. 进行历史学科能力和创新能力的培养

观察能力、史料阅读和分析能力是历史教学的重要目标。多媒体能以图片、影视、文字等多种形式呈现教学内容，更好地调动学生各种感官的积极性，使学生的思维活动处在兴奋的状态，从而实现讲练结合。只要教师循循善诱，就能使学生的历史观察能力、历史思维能力得到培养。

（二）多媒体的使用技巧

1. 各种媒体交替使用

教学过程中要注意不同教学媒体的交替使用，以发挥最大、最佳的教学效果。除电脑演示外，还可利用实物投影仪把收集到的人物图片、实物、地图、表格、史料和课文内容投影到大屏幕上，加强教学的直观性；利用录音机放一段与课文内容有关的歌曲、历史人物的演讲等，如学习"法国大革命"的内容时可放《马赛曲》等；利用录像机放一段与教学内容有关的电影片段，如学习"甲午中日战争"时放《甲午风云》。各种形式交替使用，可以给学生新鲜感，使学生保持注意力，提高听课的兴趣，加深对问题的理解。

2. 与传统教学手段配合使用

多媒体应该与传统的教学手段，如讲述、谈话、阅读、提问、板书等配合使用，两者决不能脱节。要注意发挥身体语言的作用，通过抑扬顿挫的声调，丰富多彩的面部表情、手势等吸引学生的注意。要摆脱使用麦克风和投影的限制，用眼光与学生接触,给学生以亲切感,用教师个人的魅力感染学生。

3. 合理调控课件演示的速度和时间

电脑课件的内容容量较大,演示的速度太快,学生往往来不及记笔记,或忙于记笔记,顾不上听讲。设计课件时应注意留足给学生记笔记和思考问题的时间,课件演示的速度既要给学生余地,又不能影响教学的进度。

(三) 使用多媒体应注意的问题

多媒体教学丰富了课堂教学的内容和形式,使课堂教学容量增大,学生可以在较短的时间里汲取更多的知识。但是,多媒体教学并不是万能的,也不是随意就能用好的。如果我们不能妥善处理好多媒体教学中存在的问题,很可能又会变成"填鸭式"的教学。

1. 不能盲目使用现成的教学课件

目前,互联网已经普及,几乎任何教学资源、包括优秀的历史教学课件,都可以从网上找到。制作课件是一项复杂的工作,制作者首先要熟悉教材、理解每一课的内涵,才能化繁为简,从抽象到具体,把历史教科书的文字转化成生动活泼的语言和图片。哪里该用图片、哪里该用影视片段、哪里该用文献,教师制作课件时要成竹在胸,在课堂上才能得心应手。如果不去钻研教科书、找素材,制成自己的课件,而是从网上下载课件,尽管课件很好,也很难取得好的教学效果。

2. 不能过量使用多媒体,喧宾夺主

中学一堂课 45 分钟,使用多媒体呈现历史内容不能时间太长、内容太多。选择视频材料时尤其要注意,如果放五分钟还不能切入主题,就说明截取的这段视频没有抓住重点,应该换一段。图片也不能使用太多,对于一个历史问题,选一两张有代表性的图片就可以了。如果太多,会使学生的注意力分散,冲淡了对教学重点的印象。如果整堂课都在用多媒体向学生呈现历史内容,这和以前教师用语言满堂灌输就没什么两样了。

3. 不能完全依赖多媒体

教师备课时,一方面要制作多媒体课件,另一方面还要准备文字教案,备好教材、备好学生。不能只准备一个多媒体课件,离开课件就无法上课。教学中难免会有偶然的事件发生,如电脑故障,乃至停电等。这时,多媒体课件无法使用,如果教师没有文字教案,不熟悉教学内容,课就很难上。即便勉强上下来,效果也不会好。

二、互联网在历史教学中的应用

21 世纪的历史教学改革,一个突出的特点是转变教学方式,由传授、机械记忆型的教学方式转变为启发引导、自主探索的教学方式。自主探究式的学习在很大的程度上是对信息的收集、整理和运用,而网络则是提供各类信息的重要平台。网络教学虽然刚刚起步,但越来越受到人们的重视。

(一)运用互联网进行历史教学的方式

1. 收集资料

利用网络技术的搜索功能,只要选定关键词,就能搜索到和历史教学有关的内容。通过让学生收集资料,可以训练学生理解信息并对其熟练地进行组织和处理的能力。这些资料将成为进一步探索历史问题的基础。

2. 网上参观

网络技术缩短了时空距离,可以使学生不出门就能参观文物古迹。许多历史博物馆、纪念馆、历史遗址、名胜古迹都有自己的网站或网页,可以引导学生上网浏览这些网页,观察历史文物和历史场景,掌握更多的历史信息。

3. 网上讨论

利用有关网站的聊天室或论坛,组织学生围绕有关的学习主题,以发帖和跟帖的方式开展网上讨论。这种网络论坛可以充分调动学生的积极性,使不善言辞的学生也加入到讨论中,大胆地发表自己的见解。

4. 网上展示

教师可以利用网络展示教学内容,学生可以展示他们学习和研究的成果。网络展示不受时间和地点的限制,是学生自主探索学习的一种较好的方式。

5. 网上答疑

教师可以利用网络的论坛和电子信箱,为学生答疑解惑,进行个别指导和辅导。电子邮件也是教学互动和教学反馈的重要通道。学生也可以将作业通过电子邮件发给老师,老师批改后再反馈给学生。

6. 网络课堂

网络课堂指将优秀教师的课堂教学实况进行录像,然后通过网络传播,或是在网上同步播放。网络课堂可实现远距离异地、异校教学,向学生提供更多的优质历史课堂教学资源。

(二)运用互联网开展历史教学应注意的问题

用互联网开展历史教学还是一个新生事物,需要教师不断学习、研究和实践。现阶段运用网络开展历史教学应注意以下问题:

1. 明确目的

教学手段和方法都是为教学目的服务的,运用网络教学,首先要明确教学的整体目标,然后考虑怎样利用网络为整体目标的实现服务。特别是要考虑到运用网络资源对学生掌握知识、发展能力,以及在情感态度与价值观方面的提高会起到什么作用。

2. 突出重点

利用互联网进行教学活动,应该紧扣学习主题和研究课题,围绕重点内容和重点问题进行,这样才能提高教学的实效。

3. 综合使用

历史教学通常要综合运用各种方法和技术,网络教学只是其中的一种,应根据教学的实际情况与其他教学方式配合使用。如果只是一味地使用一种教学方式,学生也会感到厌烦。网络教学应该和其他现代化教学手段甚至是传统的教学方法(如讲述法、讲解法、谈话法等)有机地结合起来,充分发挥各自的优势,实现最佳教学效果。

4. 学生为主体

要尽可能地调动学生的积极性、主动性和创造性,让学生通过网络进行自主学习、合作学习和探究学习,使学生在教学中的主体地位得到真正的体现。现在的学生在运用计算机网络等技术上有些方面早已超过了老师。教师鼓励学生自主学习,能充分激发他们的创造性。

实践练习

请你任选中学教材中的一节课,制作一个多媒体教学课件。

5. 教师引导

在教学中,技术越先进,手段越新颖,教师的指导作用就越重要。教师不仅要驾驭教材,还要驾驭这些新技术和手段,引导学生在新的学习条件和情境中学习。

第三章 历史教师论

第一节 历史教师在教学中的地位

历史新课程强调学生主体参与教学过程,在这种情况下,历史教师在教学中处于什么地位,扮演什么角色呢? 新课程中的历史教师是"导演"还是"演员"? 要回答这些问题,还得从历史教学的三要素谈起。

一、历史教学三要素:教师、学生、教材

课堂教学的要素到底有哪些? 答案可谓是"仁者见仁,智者见智",迄今为止还没有定论。但是从最近几年的研究成果来看,大致可以归纳出以下几种观点:

(1)三要素说。这是一种历史最为悠久的观点,认为教师、学生和教学内容(教材)是课堂教学的三个基本要素。

(2)四要素说。这是在三要素基础上提出的,认为教学过程是由教师、学生、教材和教学手段组成的。其中,教师是教学活动的组织者、引导者和控制者;学生是教师工作的对象;教材是衡量教学质量的客观标准;教学手段则是连接教师、学生和教材的媒体。

(3)多要素说。如李秉德强调"七要素说",认为教学要素是由教学目的、教学内容、教学方法、教学环境、教学反馈、教师、学生所组成。

在上述众多教学要素中,教师、学生、教材这三个基本要素在历史教学中是缺一不可的,它们是历史教学活动和教学过程的基石。因此,本书采用三要素说,即历史教学包含三个基本要素:教师、学生、教材。三个基本要素相互依存、联系和作用,共同统一于历史教学活动过程中。在历史教学过程中只有优化三者之间的关系,才能真正达到整体优化教学的目的。

二、历史教师与学生的关系

（一）教师与学生地位关系的理论基础

在学校教学中，"教"与"学"构成了相辅相成、不可分割的统一体，"学"以"教"为前提，"教"以"学"为目的。教师，就是学校中承担教育、教学任务，以"教书育人"为主要职责的教育专业人员。而在学校教育中，学生是以"受教育者"或"学习者"的身份出现的，因此，师生关系体现在教学活动过程中。在教学活动过程中，教师与学生分别处于什么地位呢？在历史上，曾经有两种不同的观点和见解，即"教师中心说"和"学生中心说"。①

"教师中心说"由德国教育家赫尔巴特首先倡导。该学说主张教育、教学活动应由教师主宰。赫尔巴特认为，学生心智的成长完全依靠教师在教学形式、阶段和方法上的刻意求工和定式指导；按照一定的方法培养儿童心智的艰巨任务，从总体上讲应留给教师，教师对学生具有绝对权威，学生必须保持一种被动的接受状态。

"儿童中心说"，也称"儿童中心主义"，法国的卢梭、美国的杜威是这一理论的代表。该学说主张教育应以儿童自然发展的需要及其活动为中心。卢梭认为，凡是出于造物主之手的东西都是好的，教师只能作为自然的仆人顺应这种发展。杜威把儿童的心理内容看成是以本能为核心的习惯、情绪、冲动、智慧等天生心理机能的不断开展和发展的过程，教育是发展儿童本能的工具；教师的作用在于了解儿童的兴趣和需要，以及以什么样的活动可以使之得到有益的表现，并据以提供必要的刺激和材料；教师要放弃向导和指挥官的角色，执行看守及助理者的任务。杜威批评以教师和教科书为中心，无视儿童内部本能和倾向的主张，提出儿童应成为教育的素材和出发点，教育的一切措施应围绕他们转动。

以上两种观点既有不同的片面性，又有合理、积极的一面，单一地采用某种理论在教学实践中证明都是有害的。因此，后来在避免两者片面性的基础上，把这两者的合理部分结合起来，形成"教师主导、学生主体"的观点。即教师在教学活动过程中处于主导地位，发挥主导性作用；学生在学习活动中处于主体地位，发挥主体性作用。

教育是人类文化的传递形式、手段或工具，教育的根本属性在于其传递性、工具性和手段性。教育的目的就是为了学生的发展需要。对于师生关系的定位，从传统到现代，已经由师

各抒己见

历史上关于教学中教师和学生的关系有几种不同的观点，你赞成哪一种观点？说说你的理由。

---

① 胡德海：《教育学原理》，甘肃教育出版社2004年版，第408—410页。

生的主从关系转变成互为主体的主体性存在;教学过程由被动、单一的僵化教学转化为主动、互动的动态教学过程。因此,这样的转变,就是要回归教育的本质,达到教育的目的。

(二)历史教师与学生关系的定位

从上面回溯近现代教育的历史可以发现,由于人们对师生关系地位的认识从"教师中心论"、"学生中心论"发展到"唯一主体论"和"双主体论",对理论的不同的取向,导致学科与活动、灌输与引导等教学方式的区别,从而构筑了传统教育与现代教育的分水岭。历史新课程改革,使这一分水岭更加凸显。

在传统的历史教学中,教师侧重于历史知识的传授,在意的是学生对历史知识的学习和掌握,在意的是考试分数的高低和未来的升学;在教学过程中多偏重于应试性历史知识的讲授,而忽视有价值性和发展性历史知识的讲解,更谈不上利用历史知识对学生进行公民教育和健全人格的培养;为了达到灌输历史知识的目的,记忆和考试便成为历史老师的"法宝"。因此,历史教师主宰了历史教学活动的整个过程,学生处于服从、顺从的地位,形成了师生的主仆关系。这样的教学形式,扭曲了教育的本质和目的,使原本应该生动活泼的历史教学失去了应有的生命和活力,造成了一些学生"喜欢历史,但不喜欢历史课",使历史课程陷入了尴尬的境地。

新课程改革下的历史教学,需要我们重新认识教师与学生的关系,进而改进历史新课程教学。对历史新课程教学过程中的师生关系,课程标准做出了明确的规定。在《全日制义务教育历史课程标准(实验稿)》中,对历史新课程中的师生关系做了如下要求:通过精选历史课程内容,设计灵活多样的教学方式,激发学生学习历史的兴趣,转变学生被动接受、死记硬背的学习方式,拓展学生学习和探究历史问题的空间……历史课程改革应有利于学生学习方式的转变,倡导学生积极主动的参与教学过程,勇于提出问题,学习分析问题和解决问题的方法,改变学生死记硬背和被动接受知识的学习方式……历史课程改革应有利于教师教学方式的转变,树立以"学生为主体"的教学观念,鼓励教师创造性地探索新的教学途径,改进教学方法和教学手段,组织丰富多彩的教学实践活动,为学生学习营造一个兴趣盎然的良好环境,激发学生学习历史的兴趣。[1]

在《普通高中历史课程标准(实验)》中,对新课程中的师生关系也做出了明确的规定:普通高中历史课程的设计和实施有利于学生学习方式的转变,倡导学生主动学习,在多样化、开放式的学习环境中,充分发挥学生的主体性、积极性与参与性,培养探究历史问题的能力和实事求是的科学态度,提高创新意识和实践

---

[1]　教育部:《全日制义务教育历史课程标准(实验稿)》,北京师范大学出版社 2001 年版,第1—2 页。

能力……普通高中历史课程的设计与实施有利于教师教学观念的更新,有利于教学方式的转变,倡导灵活运用多样化的教学手段和方法,为学生的自主学习创造必要的前提。[①]

以上规定凸显了"以人为本"、"以学生的发展为本"、"师生平等"的教育理念。历史教师是历史课程改革的忠实执行者和实践者,历史课程改革是否深入,与历史教师能否改善传统历史教学过程中不和谐的师生关系有着直接的关系。历史教师要执行和谐的师生关系,首先需要转变观念,即在历史新课程教学中,教师要由历史知识的传播者、灌输者转变为学生主动学习和主体发展的组织者、引导者、帮助者、合作者和促进者,要在发展学生主体性的同时,实现自我主体性发展,即教师的主体性与学生的主体性同步发展。

请你思考

在新课程历史教学中如何实现师生的"双主体"地位?

(三) 在历史教学中实现师生的"双主体"地位

历史教师是历史教育的主要实施者,国家规定的课程目标、教学计划、教学任务等都是由历史教师负责实施的。因此,历史教师是历史教学的组织者和领导者,是完成历史教学任务最活跃、最积极的因素之一。教与学是相互依存的对立统一体,历史教师与学生的"双主体"地位,必须在历史教学中来实现。

1. 历史教师要在新课程教学中体现学生的主体性作用

历史教师在新课程教学中体现学生的主体性作用,主要表现在以下两个方面:

首先,历史教师要创设平等、和谐的历史课堂学习环境,培养和发展学生的创新意识和创新能力。具有创新意识和创新能力,是学生主体性作用的重要体现;课堂学习环境是指师生在课堂学习过程中的情感状态的综合表现,它影响着课堂上师生的思想和行为、教学效果以及学生个性的发展。心理学研究表明,压抑、紧张、沉闷的课堂教学环境不能满足学生的学习需要,学生往往会产生害怕、烦闷、厌恶、紧张等消极的态度和体验;相反,积极、民主和谐、生动活泼的课堂学习环境,会使学生产生满意、愉快、互谅互助的态度和体验,在这种积极的态度和体验的支配下,学生就能充分发挥其自主性、创造性和开拓性。正如美国心理学家罗杰斯所说,成功的教学依赖于一种真诚的理解和信任的师生关系,依赖于一种和谐安全的课堂教学气氛。试想,如果没有古希腊的民主政治,就很难有古希

---

① 教育部:《普通高中历史课程标准(实验)》,人民教育出版社 2003 年版,第 2 页。

腊灿烂的文明;春秋战国时期出现的"百家争鸣"局面,原因也大抵如此。历史教师通过平等、和谐学习环境的创设,使学生按照创造性、复合型人才的方向发展,教师的主体性地位也能得到体现。

其次,历史教师在教学中要培养和调动学生积极、主动参与教学和合作学习的意识。在历史新课程理念下,学生的历史知识不再是通过单纯的知识接受获得的,而是通过自己的参与、合作、体验得来的。在历史新课程教学中,历史教师应大胆地让学生对历史问题进行探究,鼓励、启发学生敢于和善于提出问题,学生提出一个问题往往比解决一个问题更重要;历史教师要注意对其进行积极的引导,为学生的探究性学习、合作学习创造必要的条件和一定的知识、技术支持;同时,历史教师应注意通过与学生共同学习、共同探讨的方式解决历史新课程教学中遇到的难点、疑点问题,使师生真正互动起来。

2. 历史教师在新课程教学中发挥主体性作用

历史教师是历史教学中最积极、最活跃的因素,历史教师在新课程教学过程中始终处于主体地位,掌握着历史教学的主动权,发挥着主体性作用。因此,历史教师在师生平等关系中始终处于首位。在历史新课程教学过程中,历史教师凭借现代化的教学手段、牢固的专业知识、娴熟的教学技巧和生动形象的语言,把历史教材上较为深奥、复杂的书面文字演化为生动、形象、具体的历史画面,用智慧和汗水把历史的知识性与趣味性融为一体,使学生在学习历史知识的同时,激发学习历史的兴趣,树立自己的人生观和价值观,同时也使学生产生进一步探索和学习历史的愿望。因此,历史教师在熟练运用专业知识的基础上,应更加注重教学技巧的运用,如历史教学语言准确、生动、形象;板书设计层次分明、虚实相间;教学方式和手段灵活多样;课堂管理有条不紊、张弛有度;师生关系平等友好、共同学习;历史知识信息多元互动交流,教学活动形式丰富多彩,等等。通过在历史新课程教学中历史教师主体性作用的发挥,能够充分带动学生主体性作用的发展;反过来,学生主体性作用的发展,也促进了历史教师主体性作用的进一步延伸。

三、历史教师与教材的关系

在历史新课程教学活动中,历史教材既是历史教师进行历史教学的基本材料和凭借,又是学生进行历史学习的基本依据和工具;历史教材在一定程度上构成了历史教学的内容,是教与学的媒介,是教学信息的主要来源。因此,对于历史教师来说是离不开历史教材的。

(一)历史教材与历史教科书

什么是教材?传统的教材观认为教材就是教科书,而现代的"大教材观"认为,教材不仅仅是指一本教科书,教材是一个系统,是一个工具包,它包括文字印刷教材、电子音像教材和实物教材等一系列供学生和教师使用的教学材料。

"教科书或称'课本'。根据各科教学大纲(或课程标准)编写的教学用书。是教材的主体。是师生教学的主要材料,是考核教学成绩的主要依据,是学生课外扩大知识领域的重要基础。通常按学年或学期分册、划分单元或章节。主要由课文、注释、插图、实验和习题等构成。其中课文是最基本的部分。"①

从以上概念可以看出,历史教师要树立"大教材观",在历史新课程教学活动过程中充分利用好历史教材资源。历史教科书是历史教材的重要组成部分,新课程改革的历史教科书是以《全日制义务教育历史课程标准(实验稿)》和《普通高中历史课程标准(实验)》为依据编写出来供师生教学使用的教学资源,是历史教学的重要平台。历史教师在处理历史教科书与历史课程标准时,应树立历史课程标准首位的思想和观念。由于除了历史课程标准外,历史教科书是历史教学中最重要、最基本的教学资源,是历史教学资源的核心,因此,这里主要探讨历史教师对历史教科书的使用。

(二) 传统历史教学中的历史教师与教科书

对于教科书的地位,传统的观念认为,教科书是学科知识体系的浓缩和再现。因此,教科书的地位是至高无上的,是教学的出发点、内容和依据;教科书就是罗列学生应掌握的本学科领域的理论和应用法则,对教师的教学、学生的认识具有绝对的权威性。因此,传统的历史教材观对历史教科书的作用认识有其局限性,认为教科书是:历史课堂教学最重要的媒介;实现历史教学目标的主要凭借;历史教学大纲或课程标准的具体化;历史教学的依据和工具;对历史课堂教学的必要支持;历史知识转化为能力的媒介;提高国民素质的重要渠道。②

这些认识随着时代的发展,弊端不可避免地显露出来。在传统的观念下,历史教师成了教材的"佣人",这种历史教师与教科书的地位导致了教科书就是"圣经",历史教师不是站着教教科书,而是"趴"在教科书下教教科书,历史教师与教科书处于严重不对等的关系。在传统的历史教学中,历史教师上课讲历史教科书,学生背历史教科书,考试考历史教科书,一统天下的历史教科书,带来了一统天下的认识,培养了几乎一致的人才。随着时代的发展,传统的历史教师对教科书的观念越来越不适应形势发展的要求和学生的需要,迫切需要对其进行改革。

(三) 新课程改革下的历史教师与历史教材

新课程改革背景下,历史教材的编写有以下两个显著变化:

① 顾明远:《教育大词典》,转引自齐健、赵亚夫等:《历史教育价值论》,高等教育出版社 2004 年版,第 49 页。

② 陈辉:《历史课程教材教法新探》,中国科学文化出版社 2004 年版,第 237—238 页。

一是依据历史课程标准编写的历史教材,目前获得批准正式出版的义务教育7~9年级有八套,高中有四套,这就打破了一套教材一统天下的局面,使历史教材的面貌焕然一新。

二是在"以学生发展为本"思想的引领下,已编写成功并正式出版的历史教科书具有明显的时代特色:首先,克服了专业化和成人化的倾向,构思新颖,设计巧妙,避免了晦涩艰深的叙述和复杂的概念,符合学生的认知发展水平和要求。其次,力求使历史教科书由"教材"转变成"学材"。"教材"就是教学使用的材料,而"学材"就是学生学习使用的材料,"学材"式的历史教科书符合学生自主学习的要求,具有一定的学习建议和学习帮助,学生基本可以自主学习。再次,新的历史教科书以"探究式学习"为突破口。学习内容的呈现方式多样化,历史教科书提供了多种辅助教学参考资料,为学生进行探究式学习提供了良好的条件。第四,注重了历史教科书编写的开放性和启发性。在编写过程中,既保证了历史教科书内容的时代性,又突出其开放性,注重学科间知识的整合和联系。最后,新的历史教科书贯彻了"以人为本"的思想,各套历史教科书都图文并茂,具有生动性和形象性等特点。[①]

新课程改革背景下,如何构建历史教师与教材的关系呢?

历史教师是教材的"主人",而不是"奴仆"。在新课程教学中,历史教师应该"用"教材教,而不是传统教学的"教"教材。"用"教材教,就是历史教师根据学科知识的特点和学生的认知水平,主动对历史教材进行重组、优化和丰富,即调整、补充或开发教材,或者说是历史教师一直在参与"课程资源的开发和利用"。而"教"教材就是在教学中以教材为中心,视教材为"圣经",不敢"越雷池一步"。

新课程改革提倡"以学生的发展"为中心,很好地解决了历史教材的地位问题,即历史教材始终处于"奴仆"的地位。因为教材始终是为教师的教学服务,是为学生的发展服务。对于历史教师来说,教材不可能替代自己对历史学科知识和结构的思考,更不可能替代自己的教学智慧。在历史新课程教学中,只有历史教师发挥主观能动性,做一位积极的思考者,才可能成为历史课堂教学好的组织者、引导者和合作者。

任何一套教材都要为教师所用,再好的教材也不会完全适用于所有的教师和所有的学生。因此,历史教师是教材的"主人",历史教师要充分发挥出对教材的处理能力和驾驭能力,从而使得教材能最大限度地为教师的教学服务。历史教师要有意识地在教学过程中渗透科学方法的训练,要对教材的知识体系进行适当的调整和补充,要对不同的知识内容进行不同的教学设计,等等。总之,不管用什么教材,历史教师首先要明确自己是教材的"主人",而不是教材的"奴

① 叶小兵、姬秉新、李稚勇:《历史教育学》,高等教育出版社2005年版,第117—118页。

录"。因此,新课程改革中的历史教学,历史教师在"以学生发展为本"的基础上,完全可以根据自己的教学智慧来调整、补充或开发教材,把出版社出版的教材(课本)变成自己的课本,把它变成自己的教案。从某种意义上说,历史教师备课的过程,实际上就是加工课本、调整教材的过程。历史教师如何加工课本、如何调整教材,显示出历史教师不同的专业素养。

第二节　历史教师的专业素养

教师素养是指教师履行职责、完成教育教学任务需要具有的素质,它直接制约着教育教学效率和质量。教师素养包括四个方面的内容,即思想道德素质、科学文化素质、专业素养、身心素养。

唐代著名的史学家刘知几在他的史学名著《史通》中提出治史要有三种长处:一是史才,二是史学,三是史识。治史所必备的"史才"、"史学"、"史识"实际上也是历史教师必须具备的专业素养。所谓历史教师的专业素养,是指历史教师从事历史学科教学应具备的基本专业素质,即刘知几所说的"史才"、"史学"、"史识"。所谓"史才",是指历史教师必备的语言表达能力、文字表达能力和现代信息技术的运用能力;所谓"史学",是指历史教师扎实的、渊博的、开放的历史知识和与历史有关的各种知识;所谓"史识",是指历史教师具备一定的史学理论、教育学、心理学理论和教学论理论。除此之外,历史教师的专业素养还包括"史德"、"史艺",前者是指历史教师的品德,后者是指历史教学的技艺,即历史教学的技能和方法。现分别从历史教师的专业知识、史学研究方法和教育教学能力三个方面论述历史教师的专业素养。

一、历史教师的专业知识积累

"没有一流的教师,就没有一流的教育",在现代教育体制下,学生的发展仍然离不开专业教师,尤其是训练有素的专业教师。历史贯穿于古今中外人类社会发展的整个过程和人类活动的各个领域。历史学科的特点决定了历史教师必须具备系统的、渊博的、扎实的历史知识。历史学科是一门综合程度极强的人文学科,它要求历史教师具有丰富的历史知识和相关学科的知识,能够在学生面前展现一种通晓古今中外、天文地理的人格魅力。因此,同其他学科的教师相比,历史教师本身的专业知识积累对历史教学效果的影响更为明显。其原因有两点:其一,作为历史教育主要内容的历史知识,是随着历史学研究的发展而不断深化和更新的。假如历史教师的专业知识没有得到及时补充与更新,就会造成知识相对陈旧,甚至会出现违背历史事实的情况。其二,作为个体的历史教师,他所具有的历史知识,与历史学科浩如烟海的知识内容及历史教育需要的理论知识相比,是相当有限的。所以,历史教师只有不断学习,经常翻阅历史新著,及时了解新的科研信息和成果,不断接受新知识、新观点,增加知识量,扩大知识面,才能适应新课程历史教学发展的需要。

(一)新课程挑战历史教师的阅读

"给学生一杯水,教师要有一桶水"的观念已不能满足时代的需求,新课程中的历史教师不仅要成为奔涌不息的河流,还应该成为善于寻找"水源"的"专家型教师"。① 身为 21 世纪的历史教师,理应大量阅读历史学科专业书籍和教育教学方面的书籍,更新、充实、优化自己原有的知识结构。

1. 阅读史学著作和专业研究期刊,丰富和更新基础性知识

作为一名历史教师,丰厚扎实的学科专业知识是取得教学成绩的一个重要因素。首都师范大学历史系教授赵亚夫说:"历史有效教学的原动力不在教育学和心理学,而在历史学。以往凡是把历史讲得不熟不透的教师,都是因为学科功底不好的缘故。"②赵亚夫先生的话给历史教师的读书指明了方向:要提高自身历史专业知识,必须阅读历史方面的书籍。然而,中学历史教师阅读史学类期刊的情况并不十分理想。

 **知识链接**

中学历史教师阅读情况调查举例

江苏省开展的"关注中学历史教学及师资情况"的课题研究中,对中学历史教师订阅历史研究杂志的情况做了调查。其调查数据表明:只有 5.47% 的教师订购并经常阅读历史研究方面的杂志,从未看过的却占 32.78%,未作回答的也有 38.39%。受调查教师中有超过一半的人对中学历史教学研究的新动态、新成果不太了解,仅有 3.28% 的历史教师表示非常了解。

浙江省一份关于高中历史教师阅读现状的调查表明,历史教师没有或很少制定阅读计划,阅读习惯不正确;50% 的历史教师的个人藏书在 50 本以下、每周阅读时间仅为 1 小时,历史教师的藏书量、阅读量普遍不足。③

新课程体系下,更需要历史教师在历史学科知识方面做出调整,拓宽基础知识。历史教师除了阅读一些经典专著(可参考表 3-1)之外,还可以定期阅读诸

① 姬秉新、李稚勇、赵亚夫:《理解与实践高中历史新课程——与高中历史教师的对话》,高等教育出版社 2005 年版,第 50 页。
② 赵亚夫:《找准历史有效教学的原动力》,《中国教育报》2007 年 3 月 23 日第 6 版。
③ 祝旭东:《高中历史教师的阅读现状调查与分析》,《历史教学》(上半月)2007 年第 12 期。

如《历史研究》、《近代史研究》、《世界历史》、《中国史研究》、《中国史研究动态》、《世界史研究动态》等一类的史学类期刊,关注史学研究的最新进展,提高对教学的理论认知水平。

表 3-1　史学经典著作推荐

作　　者	书　　名	出　版　社
〔美〕费正清、〔英〕崔瑞德	《剑桥中国史》	中国社会科学出版社
〔美〕斯塔夫里阿诺斯	《全球通史》	上海社会科学院出版社
齐世荣	《人类文明的演进》	中国青年出版社
王家范	《中国历史通论》	华东师范大学出版社
钱穆	《国史大纲》	商务印书馆
陈旭麓	《近代中国社会的新陈代谢》	上海社会科学院出版社
〔英〕汤因比	《历史研究》	上海人民出版社
刘宗绪、黄安年	《世界近代现代历史专题30讲》	西北大学出版社

2. 阅读教育学、心理学、学科教学论方面的书籍,具备更丰厚的条件性知识

历史教师不仅要懂得"教什么",更需懂得"怎么教"、"为什么而教"。苏联教育家马卡连柯曾说:"在我们许多学校里,某一位教师上课时,学生很安静地听,而另一位教师上课时情形就很坏,这决不是因为一个教师有才能,另一个教师无才能,这是因为一个教师有教育上的技巧,而另一个教师没有教育上的技巧。"这里的"教育技巧"就是"怎么教"的艺术问题,既包括教学程序和方法,更重要的是还包括严肃而丰富的教育理论和教育规律。这就要求历史教师掌握教育学的基本理论,如教育的目的、教育的原则、教学的过程和教学的方法等一系列重要教育理论与教育实践问题,使我们在历史教学的实践中,能够自觉地运用教育规律,根据教学内容、学生实际,选择切实而有效的教学方法和手段,以达到教学的最佳效果。

历史教师还必须对心理学和学科教学论知识有所涉猎。历史教师要组织好课堂教学活动,离不开对学生心理活动的了解,懂得学生的个性差异及其特点。这就要求历史教师具备一定的心理学知识,从而减少教学工作中的盲目性,提高教学效果和工作效益。许多历史教师常常忽视这一点,课堂教学往往是言者滔滔,听者瞠目,虽满腹才华,但不了解学生的心理状态和接受能力,就像登山向导只顾自己健步如飞,不注意所带领的队伍,结果难以起到引路的作用。

历史学科教学论是以历史教学全过程为研究对象的教育科学,是以教学原理为指导,根据历史学科特点和学生年龄特征研究中学历史一般规律的科学。

一些历史教师错误地认为,熟悉历史教材就是一切,而忽视历史教学方法的研究,因而在备课时只片面注意挖掘教材的深度、难度,不辞检索之劳,遍稽典籍,广征博引。深入钻研教材固然应当,但如果不讲究对教学方式、途径、技艺的研究,没有合乎教学规律的科学教学方法,再好的教学内容,也不能变成学生的知识财富,更谈不上提高学生的能力。

此处,我们提供一些优秀教育理论书籍的书目,供历史教师参考(见表3-2)。

表3-2 教育理论书籍推荐

作 者	书 名	出 版 社
苏寿桐	《中国著名特级教师教学思想录》(中学历史卷)	江苏教育出版社
[捷]夸美纽斯	《大教学论》	教育科学出版社
[美]亨特	《心理学的故事》	海南出版社
[美]杜威	《明日之学校》	商务印书馆
[苏]维果茨基	《维果茨基教育论著选·思维和语言》	人民教育出版社
[美]布鲁纳	《教育过程》	文化教育出版社
[美]布卢姆	《教目标分类学》	华东师范大学出版社
[美]加涅	《教学设计原理》	华东师范大学出版社
[瑞士]皮亚杰	《发生认识论原理》	商务印书馆
[美]加德纳	《多元智能》	新华出版社

3. 阅读哲学、地理、生物等其他学科领域的书籍

何兆武先生曾说过:"没有哲学深度,就不能真正理解历史。"同样,没有较为广泛的其他学科领域知识基础,历史教师很难真正认识历史。

历史作为一门综合程度极强的学科,它同政治、经济、文化、军事、自然等学科保持着紧密相联的关系。因此,历史教师要广泛涉猎各方面、各领域的知识,形成厚积薄发的文化底蕴,实现在师生交流、讨论合作的过程中随机应变、答问如流。例如,在人教版高中历史必修(Ⅲ)文化思想史模块中,有关西方人文主义思想的课程,历史教师在备课的时候就会觉得内容陌生和棘手;还有近现代西方科技成就的课程,历史教师自己就很难弄明白,在备课前,不得不求助于物理、化学、生物教师。[①] 因此,历史教师还要懂得一些自然科学知识和掌握现代电教手

---

① 姬秉新、李稚勇、赵亚夫:《理解与实践高中历史新课程——与高中历史教师的对话》,高等教育出版社2005年版,第108页。

段,以便更好地传播知识。中外历史教科书上都涉及科技知识。如医学方面的有《本草纲目》、《伤寒杂病论》、人体解剖学、现代医学知识等;农学方面的有《齐民要术》、袁隆平的杂交水稻等;有第一、二、三次科技革命的成就;有动植物学、地质学等方面的知识;有著名科学家的生平与成就。这些就要求我们去阅读一些科普读物和科技史著作,当然也可通过一些科普电视、电影去了解一些科技知识。

只有这样,历史教师在讲授科技成就时才不会觉得无话可说,或似懂非懂"照本宣科",使学生觉得这部分内容枯燥无味,激发不了他们学习的兴趣和热情。历史教师平时还要注意学习和掌握多媒体电教手段,运用这一优势,高效率、高质量地完成教学任务,促进素质教育的发展。当然,历史教师要学习、积累的知识还有很多,如书画艺术、京剧艺术、电影电视艺术、宗教、体育等等。它们都能反映某一历史时期某一方面的历史风貌和历史背景。但对这些知识必须有所取舍。

(二) 历史教师要加强史学理论知识的学习和积累

史学理论可以说是衡量历史教师专业素质的重要标志,它对于历史教师所拥有的"史识"而言,是极其重要的。在很大程度上,史学理论水平决定了对历史的理解能力和科研能力。史学理论知识与中学历史教学的关系,可以引用华东师范大学张耕华教授的观点,即:史学理论研究对当前的历史课程改革和历史教科书的编撰有三个方面的影响——人文素质教育为本、注重探究式教学和强调历史知识的丰富性与教学形式的多样化。但历史教师中能把这三个方面与历史学科的性质相联系的并不多,所以才会出现历史教学形式轰轰烈烈,真正有意义的教学却没有的现象。现在新课程历史课堂上的学生比之以往是"动"起来了,但究竟有多少学生对历史有真正的感悟?

因此,加强历史教师的史学理论知识积累迫在眉睫。那么,历史教师应从哪些方面来加强史学理论知识的学习和积累呢?

首先,历史教师要着眼于历史的本体论、认识论和方法论,较为全面地掌握史学理论的基本知识,熟悉马克思主义哲学、政治经济学和科学社会主义的有关原理,把握好生产力和生产关系、上层建筑和经济基础、主要矛盾和次要矛盾、现象和本质、量变和质变等各种矛盾的辩证关系以及正确的人民观、英雄观、发展观、宗教观、民族观等历史唯物主义的基本观点,从而更好地掌握历史人物评价、历史事件分析、历史运动规律解析等问题的方法。

其次,历史教师要关注史学研究的最新进展,提高教学的理论认知水平。"问渠哪得清如许? 惟有源头活水来。"新课程背景下,历史教师只有关注史学研究的最新进展,具备汲取新知识的能力和海纳百川般的气度,才能容纳学生各种创新思想的萌芽,才能教会学生如何学习。在师生互动的过程中,教师培养了学生,学生也培养了教师,师生共同成长,这才是真正意义上的教学相长。

最后,历史教师要定期阅读《历史研究》、《历史档案》、《世界历史》、《近代史研究》、《中国史研究信息》、《世界史研究信息》等史学理论研究刊物,以便了解最新的史学研究动态和成果,积累更多的史学理论知识。

二、历史教师的史学研究能力

历史教师的史学研究能力体现在历史教师以史学问题作为研究课题,进行历史科学研究的过程中。

(一)历史教师史学研究能力的养成

历史教师的史学研究能力的养成必须具备三个条件:扎实的历史学专业理论、丰富的教学实践经验和可持续发展的学习能力。

1. 扎实的历史学专业理论

如前所述,扎实的历史学专业理论是历史教师进行史学研究的基础,没有扎实的史学理论作支撑,史学研究无疑是"离开了水谈游泳",史学研究也就无从谈起。因此,历史教师应结合教师专业发展的需要,系统学习历史学专业知识和史学理论知识,这对历史教师的专业发展和从事史学研究工作大有益处。

2. 丰富的历史教学实践经验

历史教师从事史学研究的条件之一是知识,其中不仅有史学理论知识,而且还涉及教学实践知识。在很大程度上,中学历史教师的教学实践经验是搞好史学研究的基石和不可或缺的重要保障。这是因为,中学历史教师的史学研究有别于大学历史教师的史学研究,它主要是指历史教师结合新课程历史教学实践的需要或个人条件,对新课标历史教科书或历史研究中的某个具体问题(如历史事件、历史人物、历史概念)或新课标历史教科书中所使用的图表不甚清楚或有误之处须进行重新查阅原始资料,进行考证、辨伪、分析、综合,进行新的叙述,得出新的结论,以丰富和发展历史研究成果,也会完善和提高新课标历史教科书的质量。同时,历史教师亦可根据自己的研究兴趣和占有的资料,对一些新课标历史教材将要涉及或已涉及但叙述不详、历史学家也没有顾及到的具体历史问题或历史发展线索、社会变革规律、历史学理论、历史研究方法、历史研究指导思想等进行深入细致的研究,把自己的认识、自己的思想、自己的观点、自己的方法经科学地分析概括,介绍给历史学界同仁。①

3. 可持续发展的学习动力

可持续发展的学习动力是历史教师史学研究能力发展的基石,没有可持续

① 聂幼犁:《历史课程与教学论》,浙江教育出版社 2003 年版,第 392 页。

发展的学习动力,历史教师的史学研究能力不可能得到发展。在历史新课程改革中,社会各界总是期望历史教师在新课程教学实施中取得实效。然而,与这种期望不相协调的是,历史教师在历史新课程实施中经常表现出从观念到行为上的矛盾状态:一方面,历史教师对新课程改革充满期待,在历史课程实施中积极求变;另一方面,历史教师似乎又对新课程改革心存畏惧,在历史课程实施中持观望态度。历史教师遭遇的这种困境主要源自历史新课程地位与现实社会对历史新课程地位认识的不同步。这种不同步主要表现在:课标规定,"历史课程是促进学生全面发展的基础课程、必修课程,旨在培养学生健全的人格,促进个性的健康发展"①。现实状况是,部分学校、社会、家长仍将历史课程看成是"豆芽学科",可有可无。久而久之,历史教师产生自卑感,埋怨自己教历史是"走错了路"、"进错了门"。在这种困境下,部分历史教师只把教书当成一种职业,一种维持生存、生计的手段,不思进取,教学随大流,研究无动力,没有心思进行史学研究。

新课程背景下,教师职业要成为一种专业,这就要求历史教师必须走出困境,具备可持续发展的学习动力:一方面,重新构建与新课程相适应的专业知识结构;另一方面,在历史新课程教学实践中,进一步养成史学研究能力。

(二)历史教师史学研究选题的确定

冯一下先生认为,中学历史教师的史学研究与专门的史学工作者的研究最重要的区别在于,历史教师在史学研究的选题上,更适宜结合中学历史教学内容来考虑。

历史教师的史学研究选题,可以是对历史教材中某些问题的进一步补充和深化。如有的历史教师结合教材中有关历史地图中所涉及的黄河入海口在历史上有重大变迁的问题进行了研究,写成《历史地图分析:黄河入海口的历史变迁及其原因》②一文。又如,有的历史教师对《马关条约》中的巨额赔款去向做了研究,总结出这些战争赔款主要用于日本扩充军备,而投入教育作为基金的只占一小部分,并写成《甲午赔款哪里去了》③一文。再如,有的历史教师认为华侨的抗日救亡活动应是全民族抗战不可或缺的部分,因而对华侨支援国内抗战的史实进行了整理和归纳,最终完成《华侨对抗战的贡献》④一文。

历史教师的史学研究,也可以是对历史教材中某些观点或结论的质疑或修正。如有的历史教师对国家处于分裂时期,分裂政权的存在对商业发展是一个

① 教育部:《普通高中历史课程标准(实验)》,人民教育出版社 2003 年版,第 1 页。

② 汪舒:《历史地图分析:黄河入海口的历史变迁及其原因》,《中学历史教学参考》2005 年第 11 期。

③ 王志红:《甲午赔款哪里去了》,《中学历史教学参考》2005 年第 1—2 期。

④ 包倚剑、张小香:《华侨对抗战的贡献》,《中学历史教学参考》2005 年第 7 期。

重大阻碍进行了研究,发现事实并不如此。在春秋战国时期,诸侯国林立、战乱频繁,同样也是我国古代商业形成和发展的初期。与思想领域的"百花齐放、百家争鸣"相伴,商人在这一时期也有了良好的生存空间。于是,这位历史教师写成《浅谈"百家争鸣"时期的商业》①一文。

总之,历史教师的史学研究课题,应尽可能选择中学历史教材涉及的、课堂教学中要讲述的具体历史问题来进行。这样一来,历史教师的史学研究体会和成果就可以充实和丰富教学内容。但是,在新课程历史教学中采用这些成果时,需要注意两种情况:与教材观点基本一致,属补充、深化教材观点的成果,可讲得大胆一些;与教材观点不同,甚至相反的成果,讲述或介绍要慎重一点。

三、历史教师的教育教学能力

在 21 世纪,作为一名合格的历史教师,其专业素养仅仅具有基本理论素养、专业基础知识素养、相关学科基本知识素养和史学研究能力的素养是不够的,还需要具备从事并能胜任新课程历史教学活动的素养,即教育教学的能力。此处,主要从四个方面来讨论历史教师的教育教学能力。

(一)建构科学合理的历史学科课程能力

新课程体系下,历史学科的课程建构分为必修课程、选修课程、校本活动课程三个层次。对于高中历史必修课程的内容,《普通高中历史课程标准(实验)》从政治领域、社会经济和社会生活、社会思想文化和科学技术领域 3 个层面共25 个专题构建了高中历史课程的主体内容框架;对于历史选修课程内容,从历史上重大改革回眸、近代社会的民主思想与实践、20 世纪的战争与和平、中外历史人物评说、探索历史的奥秘、世界文化遗产荟萃 6 个层面共 41 个专题构建其主要内容框架。针对如此庞大的课程内容体系,需要历史教师去具体操作,需要历史教师具备一定的教育教学能力,进行科学合理的内容整合,为学生搭建学习的平台。如历史教师在进行岳麓版历史必修(Ⅱ)经济文明史体系的教学时,以下一则关于历史教师合理整合课程内容的案例可作为借鉴。

案例 3-1

岳麓版历史必修(Ⅱ)经济文明史体系的重新编排②(节选)

岳麓版历史必修(Ⅱ)经济文明史目录的编排不利于教学,特别是第二单元

---

① 贺燕:《浅谈"百家争鸣"时期的商业》,《中学历史教学参考》2005 年第 11 期。
② 吴敏:《岳麓版历史必修(Ⅱ)经济文明史体系的重新编排》,http://blog.cersp.com/16604/887274.aspx。

至第四单元,根据教师是课程的主要资源这一理念,本人进行了重新编排,其整合后的体系如下:

第一单元　古代农耕经济的典型——中国

第1课　精耕细作农业生产模式的形成(生产力)

第2课　中国古代土地制度的基本形成(生产关系)

第3课　区域经济和重心的南移

第4课　农耕时代的手工业

第5课　农耕时代的商业和城市

第6课　近代前夜的发展与迟滞

这一单元基本没变,第1、2、3课讲农业经济的发展,第1课介绍的是农业生产力方面的变化,第2课介绍的是生产关系方面的变化,第4、5课讲的是在农耕经济基础上发展起来的手工业和商业的变化,第6课是对中国古代农耕经济在近代前夜的一次综合介绍。

第二单元　工业文明的崛起和两条工业化道路

第7课　资本主义工业化道路

　第1课时　新航路的开辟

　第2课时　欧洲殖民者的扩张与掠夺

　第3课时　改变世界的工业革命

第8课　社会主义工业化道路——社会主义经济体制的建立

第三单元　两种经济体制的调整

第9课　资本主义经济体制的调整

　第1课时　大萧条与罗斯福新政

　第2课时　战后资本主义经济的调整

第10课　苏联社会主义经济的改革

第四单元　工业文明对中国的冲击和中国对工业化道路的探索

第11课　鸦片战争后的中国社会经济

第12课　近代工业的艰难起步

第13课　民国时期民族工业的曲折发展

第14课　新潮冲击下的社会生活

第15课　交通与通讯的变化

第16课　中国社会主义经济建设的曲折发展

第五单元　中国的社会主义经济体制改革

第17课　以经济建设为中心

第18课　对外开放格局的形成

第19课　经济腾飞与社会巨变

第20课 综合探究：从交通图看我们的生活变化

（二）设计真实、开放的学习环境和问题情境的能力

建构主义理论认为，知识不是单纯通过教师的传授得到的，而是学习者在一定的社会文化背景中，在他人的帮助下，利用必要的学习资料，通过意义建构的方式获得的。在新课程历史教学过程中，优秀的历史教师会有意布置、调整、改变教学环境，他们的课堂设计、教学方法和时间安排都经过仔细筹划，以达到有助于学习的目的。

以下是一则关于历史教师课堂教学时灵活运用"设计真实、开放的学习环境和问题情境的能力"的案例。

 案例 3 - 2

《中国民族资本主义发展》①（人教版）（节选）

▲ 感受体验部分

在上完《中国资本主义产生》一课后，我布置了一道作业，题目是：如果你是一名近代的普通中国商人，你将如何经营你的生意？根据作业情况和教学内容选出三名同学的作业在课上宣读。

甲同学：我投资纺织业，先从外国进一批洋纱洋布，与同行一起研究，研究出其中的技术，在手工业生产同行中进行推广，将中国的土纱土布做得更好，把洋纱洋布比下去，再输出中国。（方案一）

乙同学：我会开办一间轮船零件配制厂。原因是从经济实力和背后的势力来说，我都远远不如官办和外商，所以我不开轮船厂，赚小钱的办法实用保险，没有太高的风险，不会树大招风，受到排挤，既获取了利润，又立于不败之地。（方案二）

丙同学：我会开一家饭馆。我做的饭菜味美而价廉，这样吃饭的人就多了，当然钱就来了。（方案三）

教师：同学们，请选出你认为最可行的一种方案，并说明原因。

在经过讨论后，同学们的意见是：

方案一，可行，但不能用手工业生产，因为手工业根本不能与机器生产抗衡这已被事实证明，还要有好的技术人员（全班44人，20人投票）；

方案二，不可行，因为当时需要的资金大而且当时轮船主要控制在外商和官僚手中，普通商人是不能进入的（但仍有5票）；

① 王军：《〈中国民族资本主义发展〉教学案例分析》，http://hist.cersp.com/jxsj/jcsj/200607/3322_3.html。

方案三：可行，但利润太低（10票）。

教师：同学们，你们的选择是否正确？下面我们一起阅读教材，通过研究当时中国资本主义发展的状况，再来评价。

▲ 分析探究部分

教师运用多媒体列表把不同时期中国民族资本主义发展的状况演示出来，请学生通过阅读教材把其不同时期发展特点的原因填写进去。然后引导学生进行分析比较。

教师：请思考中国民族资本主义发展的关键因素是什么。

学生：清政府放宽了投资设厂的限制和帝国主义侵略的客观影响；帝国主义忙于"一战"，放松了对中国的经济侵略；民国政府也实行有利于中国民族资本主义发展的政策。

教师：为什么其发展只能是短暂的？

学生：在帝国主义与封建主义压迫下主要从事轻工业，无资金、技术、规模；帝国主义加紧经济侵略；官僚资本的压迫；时局动荡，战争因素。得出结论：在半殖民地半封建社会的中国，帝国主义、封建主义和官僚资本主义是阻碍近代民族工业发展的三大障碍。

教师：同学们现在我们再回来重新认识前面的三个方案。

▲ 学习运用部分

大部分学生选择的主要方案竟是方案三。

1. 前两个方案面临帝国主义、封建主义和官僚主义的三面夹攻，更受到技术、资金和规模的制约，普通商人发展困难，前途渺茫。

2. 开饭馆，收入稳定，虽也面临着封建主义和官僚主义的压迫，但相对来说，一来民以食为天，二来技术、资金要求不高，但面临战争以及物价飞涨的民国后期则也只能维持生计，但总体来说较稳定。

教师：通过对这三个方案的评价，我们可以得到怎样的启示？

学生1：国家无前途，个人的理想是无法实现的。

学生2：经济发展需要一个独立的政府。

学生3：中国资本主义发展不起来是因为当时中国处于半殖民地半封建社会。

教师：我们说经济基础决定上层建筑，通过本节课的学习，你有什么认识？

学生：经济的发展在不同阶段，会受到社会政治发展的制约。

教师总结：

中国资本主义在帝国主义、封建主义和官僚主义的夹缝中生存，不管如何努力，在半殖民地半封建社会的中国都无法摆脱自己走向衰弱的命运，只有新中国才是人民的希望。

（三）熟练处理和运用现代信息技术的能力

运用现代信息技术的能力，是一个多元、开放、知识急剧增长的时代对历史教师的必然要求，它是实现"能将现代信息技术运用到学习与探究历史的过程中去"的课程目标的重要途径，它是"史才"的现代化内涵。

现代社会，科学技术迅速发展。教育面临着迎接信息化社会的挑战，需要不断满足人们对知识更新的需求。作为一名历史教师，必须适应这种趋势，具有熟练处理和运用现代信息技术的能力。这种能力主要是指技术层面上的信息处理能力，包括历史教师对信息源及信息工具的了解及运用，还包括对需求的了解及确认；对所需文献或信息的确定、信息检索；对检索到的信息进行评估、组织和处理并做出决策，等等。在新课程历史教学实践中表现为：历史教师要会利用一些软件，如 PowerPoint、Photoshop 等制作教学课件，要熟悉与历史教学有关的教育教学网站和历史教学博客群，能够迅速地搜索、查阅网上的信息，并进行有效的整合，为历史新课程教学服务。

（四）具有较强的语言和文字表达能力

历史教师的表达能力包括语言表达能力和文字表达能力。历史的过去性和时序性决定了历史教学有很强的表述性特点，要求历史教师具有较强的语言表达能力。历史教师良好的语言素养能使学生清晰地了解和掌握史实，获得科学的历史知识和真情实感。甚至可以说，教学之成败，以语言为先。历史教师语言表达能力的优劣，直接影响着学生对历史知识吸收的程度和学习历史的积极性，关系到教师教学效果的好坏。苏联教育家苏霍姆林斯基曾深刻地指出："如果你想使知识不变成僵死的、静止的学问，就要把语言变成一个最主要的创造工具。"

历史教师的文字表达能力，确切地说，应为教学研究能力，以探索历史教学规律、总结教学经验、丰富教学理论、提高教学质量为目的。在强调教师专业发展的今天，只要有心，在搞好历史新课程教学的同时，挤出一定的时间，对自己在历史教学中发现的问题做一些力所能及的反思、探讨、研究，就能提高自己的知识水平和教学能力，提高自己的研究水平和反思能力，提高自己的理论水平和实践能力。正如著名史学家郑天挺先生说的那样："在中学教书必须有扎实的准备，学生在他教的过程中前进了，他自己也在备课的过程中前进了，这就是教学相长。在这个基础上，在教学之余从事一些专题的学术研究，也同样会做出成绩的。"

第三节　历史教师的备课

备课,是教师为进行教学活动而进行的准备工作,是上好各节课的先决条件。备课有广义和狭义之分。广义的备课是指教师为了较好地完成教学目标,平时不断学习新课程理论,深入钻研新课程标准和新课标教材,在广泛积累知识、大量查阅教学资料的过程中,吸纳教学所需要的各种"营养"。狭义的备课是指教师在上课前,深入钻研课标和教材,了解学生的年龄特征,精心选择教学手段、精心计划课时、编写教案等。本节所谈的历史教师的备课,属于狭义上的备课。教师的备课形式有多种。按照备课的种类划分,可分为:学年备课、学期备课(义务教育历史的板块、高中历史的模块)、单元备课(义务教育历史的主题、高中历史的专题)和课时备课等。按照备课的形式划分,又可以分为:个人备课、集体备课(包括网络集体备课)。一般来讲,历史教师是从学期备课和课时备课两个方面着手教学准备工作的。

一、历史教师的学期教学准备

学期备课属于学期教学准备的主要方面。学期备课是指学期开学前对本学期某门课程教学的安排与计划。历史教师在接受班级历史课程教学任务后,应该进行学期教学准备,主要是学期备课。学期备课需要进行的准备工作有:钻研历史课程标准、通读历史教材、了解学生状况、拟定学期教学计划等。

(一)钻研历史课程标准

历史课程标准是由国家统一颁布并在全国施行的历史教学的国家标准,也是历史教科书编写的国家指导性文件。它融知识性、科学性和思想性于一体,对建立适应时代和社会需求的中学历史课程体系具有重要的意义。因此,历史教师学期备课的首要任务是深入钻研历史课程标准。

在历史课程标准中,需要历史教师钻研的有:课程的性质、基本理念、设计思路、"三维目标"(知识与能力、过程与方法、情感态度与价值观)、内容标准、实施建议等。通过历史课程标准的学习,有助于历史教师掌握历史课程的基本理念;有助于历史教师明确历史课程目标的设计;有助于历史教师掌握历史课程结构和把握教材知识的联系以及框架结构;有助于历史教师熟悉新课程历史教学的基本原则和方法;有助于历史教师拓展知识的深度和广度等。

例如:通过掌握"三维目标",历史教师在今后的教学设计中就可以从容应对。能把握好"记住"、"知道"、"了解"、"掌握"等行为动词,充分体现学生的主体地位；对"情感态度与价值观"在学生身上如何实现胸有成竹。这些都是学期备课需要考虑的内容。同时，从历史新课程改革中对历史课程内容的划分来看，《全日制义务教育历史课程标准（实验稿）》中的"设计思路"规定："内容标准分为中国古代史、中国近代史、中国现代史、世界古代史、世界近代史、世界现代史6个学习板块，每个学习板块又分为若干学习主题。"①而《普通高中历史课程标准（实验）》中的"课程设计思路"要求："普通高中历史课程由必修课和选修课构成。普通高中历史必修课分为历史（Ⅰ）、历史（Ⅱ）、历史（Ⅲ）三个学习模块，包括 25个古今贯通、中外关联的学习专题，分别反映人类社会政治、经济、思想文化、科学技术等领域的重要历史内容，是全体高中学生必须学习的基本内容。"②因此，每一个学习板块（模块）基本上就是一学期的教学内容，教师在把握本学期学习板块（模块）内容的同时，由于历史知识的联系性，还需要把本学期的学习主题放在整个内容标准中去考虑。

（二）通读历史教材

依据新课标编写的历史教材是历史课程标准内容的具体体现，是中学开展历史教学活动的基本依据和材料，是中学历史教育资源的核心部分。因此，在学期备课中，历史教师需要通读历史教材。在通读历史教材的过程中，历史教师需要把握教材整体的框架结构，并弄清楚教材上的知识要点，理清教材内容的基本线索，找出重、难点，同时还要阅读教育学、心理学方面的一些理论书籍，力争做到全面、系统地掌握教材的精髓。

（三）了解学生基本状况

教学过程是教师与学生共同建构的活动过程，在教学过程前的准备工作中，历史教师需要了解所教班级学生的基本情况。历史教师需要从两个方面着手：

一是了解学生所在学校的性质和地位。目前，学校的性质和地位有以下划分：是城市中学还是农村中学，是一般中学还是重点中学，是国家级示范高中还是省（市、区）级示范高中，是公办中学还是公办民助中学、私立中学等。学校性质和地位不同，其生源结构就大不一样，一般来说，重点中学的生源优于一般中学，城市中学的生源优于农村中学。

二是了解学生在所处班级的地位，包括学生对学习历史的态度，学习的基础和存在的问题，等等。一般来说，了解初中学生在班级中的地位有两个途径，即从班主任老师处了解以及直接家访了解；而对于高中学生来说，由于对自我具有了一定的评价能力，可以通过与学生直接对话来了解学生的基本状况，在直接与

---

① 教育部：《全日制义务教育历史课程标准（实验稿）》，北京师范大学出版社 2001 年版，第 3 页。
② 教育部：《普通高中历史课程标准（实验）》，人民教育出版社 2003 年版，第 3 页。

学生对话中,可以采取电话或者网络聊天等途径进行。只有对学生做到了解,在教学的过程中才能有的放矢,游刃有余。

(四) 拟定学期教学计划

学期备课侧重于解决三个方面的问题:一是学科内容教学进度计划和时间分配;二是本学期学习方法和能力的培养、情感态度与价值观教育的侧重点;三是学生的负担和学科间的协调。历史教师需要在这三个方面工作的基础上,制定出可操作的具体的学期教学计划,以保证日常的历史教学有条不紊地进行。在学期教学计划中,应拟定出历史课程在整个学期的教学目的,全面系统地安排学期的教学内容、教学进度、教学方法、实践活动等,这样,就能够加强教学的目的性和计划性,便于学生有步骤、有计划地学习整个学期的历史课程(参见表3-3):[1]

表3-3 历史课程学期教学计划表

周次	教学内容	课堂类型	教学方法	其他学科综合实践活动	所需教学资料	备 注
1						
2						
3						
4						
5						
6						
7						
…						

二、历史教师的课时教学准备

课时备课是课时教学准备工作的主要方面。因此,本节所涉及的课时教学准备主要是指历史教师的课时备课。

(一) 历史课时备课的现状与新课程备课的基本要求

随着1999年新课程改革的启动,特别是义务教育和高中历史课程标准的颁布,使得备课的理念和方式等都发生了很大的变化,成为传统历史备课和新课程备课的分水岭。

---

[1] 陈辉:《历史课程教材教法新探》,中国科学文化出版社2004年版,第290页。

1. 传统的历史备课

传统历史教师备课的资源是"两本书",即历史教科书和教学参考资料。传统历史备课的观念主要表现在:

(1)强调历史教师的作用,忽视学生能力的培养。与历史新课程相比较,传统的历史备课忽视了对学生探究能力的培养;忽视了对学生实践能力的培养;忽视了对学生合作学习能力的培养。

(2)强调历史教学的预设性,忽视教学的生成性。在传统的历史教学中,所有的教学过程都在历史教师的控制之中,甚至问题的答案都是历史教师预先设计好的,学生回答出与教师不一致的答案就会被视为"调皮捣蛋"。这种历史教学看起来学生是"动"起来了,"参与"了课堂教学,课堂教学秩序很好,其实质是学生顺着历史教师的设计、顺着历史教师的教学思路、顺着历史教师的期望进行历史教师心目中的"表演",这种只重预设,忽视生成的教学观念与新课程历史教学理念相悖。

(3)强调历史知识传授,忽视激发情感。传统的历史备课强调知识的传授,而对学生学习历史的积极性的调动、情感态度与价值观的培养考虑不多。

(4)强调解题技巧,忽视生活中的运用。传统的历史备课笔记中相当部分是习题,而教材分析、学情分析、教学构思、教学反思等被忽视。

(5)强调历史学科本位,忽视课程的整合。传统的历史备课考虑较多的是历史学科本身的基础知识和基本技能,而很少注重历史课程资源的有效开发。

2. 新课程备课的基本要求

新课程强调历史教学要"面向学生"、"以学生发展为本",包含以下几层涵义:一是强调学生的素质"全面"提高;二是强调面向"全体"学生,使大多数学生都能达到目标;三是强调促进学生的个性发展;四是课程教学的设计要符合学生的心理和发展特点。因此,新课程理念指导下的历史课时备课的基本要求是:

(1)历史备课要体现预设性与生成性的统一。新课程历史备课通过由预设走向生成,能促进学生自主学习,激发学生的创新精神。

(2)历史备课要体现尊重学生个体差异的理念。历史备课要正视学生的个性差异,把学生当作一种资源去开发与利用,充分发挥每位学生的潜能,让所有的学生都积极主动地参与学习探索活动,各尽其长,各有所得,不同程度地提高他们的综合能力。历史教师只有密切关注学生的个体差异,具有个体差异意识,教学才有针对性,才会更有效。

(3)历史备课要体现生活化的理念。历史来源于生活,使历史生活化,拉近历史与现实的距离,增强历史学科的生动性和亲切感,能够激发学生学习历史的兴趣和热情。

(4)历史备课要体现课程资源整合的理念。历史新课程教学蕴涵着丰富的资源,尤其是一些具有生命价值的"生活资源"经整合后,应成为历史教师"为我所用"的资料,为教学服务,为学生的成长服务。

(5)历史备课要体现教学方式与学习方式转变的理念。历史新课程的课时备课要求把教学方式由以"教"为设计中心转向以"学"为设计中心,在学习方式上,除了在备课中考虑传统的学习方式外,还应着重体现历史新课程倡导的自主学习、合作学习和探究学习等新的学习方式。

(6)历史备课要做到"五备"。传统历史备课强调"三备",即备大纲、备教材、备教法。历史新课程课时备课则强调"五备",即备课标、备教材、备学生(重在学法指导)、备教法、备反思。历史新课程的备课方式的变化促进了历史教师的"教法"和学生的"学法"的变革。

(二)历史课时备课的基本方式

从备课的方式来看,历史教师的课时备课主要分为"个人备课"和"集体备课"两种形式。随着电子技术和信息技术的发展,如今还出现了"电子备课"和"网络集体备课"的新形式。从备课的形式来看,个人备课重在"自我反思",而集体备课重在"同伴互助"。从传统的历史备课来看,由于历史备课强调教学的预设性,因此,更注重"个人备课";而新课程历史备课则强调备课由预设走向生成,强调教学的生成性,因此,更强调"集体备课"这种方式。

1. 历史教师的个人备课

在个人备课活动中,历史教师要做到"五备":备课标、备教材、备学生、备教法、备反思。

"备课标"即备历史课程标准。如前所述,历史课程标准是国家教育主管部门统一编订和颁布的有关历史教学的指导性文件,是历史教师教学的主要依据。历史课程标准确立了教学对学生的培养目标,规定了学生在情感、态度、技能、能力和知识方面应达到的水平标准。历史教师必须努力做到熟知课程标准,并能够把课标同教材、教师教学用书有机统一起来,保证备课的科学性、思想性、全面性和准确性。

"备教材"即对新课标历史教材内容进行整合。教材是历史教与学的主要依据,离开了教材,教学只能成为无源之水,无本之木。钻研教材,吃透教材是上好历史课的前提。所以,历史教师备课时应对义务教育历史的"板块"、高中历史的"模块"中的相关内容进行整合,既做到心中有"书",又要用好其他课程资源,切忌对教材内容只看一两遍,还未深入了解,教学要求还未吃透就匆忙翻教参,仓促写教案,造成历史课堂教学中的被动。所以,历史教师"备教材"时,在吃透教材、领会教材编写意图、明确教学目标的基础上,应根据本地区、本学校和学生的实际情况,对教材内容适当调整、补充和整合,或编写出校本教材,使教学内容更适于学生的学习,从而更好地实现教学目标

"备学生"即进行学情分析,重在学法指导。一个成功的备课设计不能脱离学生实际,因为学生是教学活动的主体。因此,历史教师在备课时,必须备学生,从所教班级学生的实际出发,进行学情分析,即对学生学习历史的兴趣与动机、学习历史的基础(知识储备)、接受能力、思维特点和个性差异进行综合分析,找出历史学习中存在的问题,在此基础上,拟订课时教学目标,注重学习方法的指导。实践证明,历史教师对学生的认识和了解越多、越深,备课的内容就越切合学生实际,教学效果也就越好。另外,综合型《历史与社会》课程具有很强的体验性,它十分注重学生实践能力的培养。在教学中,历史教师必须设计相应的课内、课外活动,这就给历史教师"备学生"提出了更高要求:要备学生的活动设计。历史教师在备课中要巧妙构思,思考如何结合每一课的教学内容设计出学生喜爱的课堂和课外活动。对活动的主题、活动的目的、活动的步骤、活动的总结,历史教师在备课时都应精心设计,达到通过活动使学生增长知识,培养技能,形成健康的情感、积极的态度和正确的价值观的目的。

"备教法"即依据学情选择恰当的教学方法。教学方法是为历史教学内容服务的。要保证历史教学质量和提高教学的有效性,历史教师要在教法上下功夫,把教学方法设计纳入备课轨道,使教学水平不断提高。备课时,历史教师应根据学生的个体差异、教学目标、教学内容、教学时间来选择不同的教法。历史新课程对教法的要求更高了,历史教师备课时就必须精心设计灵活多样,能充分激发学生兴趣、调动学生积极性、有效实现教学目标的新教法。

"备反思"即对教学活动的反思。在历史新课程改革中,教学反思是这次课程改革的一大亮点,新课程把自我反思、同伴互助、专业引领作为校本教研的核心要素。一般来说,教学反思需要经历四个阶段:教前反思、教中反思、教后反思和再教学设计。在这四个阶段中,教后反思尤为重要,它是反思中承上启下的关键环节,在反思中居于核心地位。因此,本书所说的教学反思就是指教学活动后的反思,即教师在上完一节历史课后,对该节历史课教学任务的完成情况、存在问题及教学后的心得体会进行记录,对教学设计及实施进行总结,将成功的经验和失败的教训记录在教案上,以利于日后进行教学借鉴,促进教学水平不断改进和提高,同时这也是以后备课的需要。教学反思重在寻找教学预设与教学效果的差异所在;寻找自己教学与他人评价的结合点;寻找教学效果与重新教学设计的生长点;寻找新设计的可行性与学生能力发展的融合点。

 **案例 3-3**

高中历史必修(Ⅲ)《百家争鸣》(人民版)教学反思

本节课教学内容以"角色扮演"展开。全班分成四个小组,分别阅读儒家、道家、法家、墨家的相关内容,要求在十分钟左右时间内将相关部分的内容学习完毕。然后,结合课内外知识,分析掌握各家代表人物、主要主张及其实践,从历史发展的角度对其做恰如其分的评价。阅读完毕,请各组派代表进行交流阐述。这样的安排调动了学生参与的积极性,大家的情绪很高。

问题在发言过程中就比较突出地暴露出来了:有的学生过分拘泥于教材,基本上就是把课本捧起来读,没有什么课外知识的补充;有的学生在进行课外知识补充时不能很好地联系教材,抓不住要领。如学生联系电影《墨攻》讲墨家的时候,大部分时间在讲故事情节,却没能与细节中很能体现墨家思想的台词联系起来。

在学生讲完孔子之后,我做了个结合课外知识的示范:一是央视《百家讲坛》于丹说《论语》一个月,在社会上掀起《论语》热,说明孔子的思想在当今社会仍有价值;二是结合联合国教科文组织设立的孔子奖,奖励各国部长级以上官员为教育文化发展作贡献,说明孔子的影响是世界性的;三是山东曲阜孔庙被列为世界文化遗产,孔家被历朝尊奉,说明其影响,激发学生的学习热情。这个示范效果不错。

该反思案例是一个较好的教学反思。这位教师不仅反思教学中的成功之处,而且反思学生的表现和教学内容,反思了教学中暴露出的问题,这是该案例的成功之处,但是如果该教师反思出本课改进的办法就更好了。教学反思没有固定不变的模式,贵在坚持,重在落实,长此以往,历史教师的整体素质就会稳步提高。因此,教学反思是教师专业成长的必由之路。

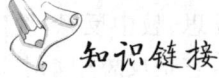 **知识链接**

"教学反思"的两个方面

历史教师写好"教学反思"主要从教师和学生两个方面着手:

教师方面:(1)总结自己的成功经验,包括教学方法、学法指导、教学手段等的设计;教学中的精彩片段;突发情况的及时处理等。尤其是教学过程中学生提出生成性问题后教师做出的即兴评价,以及对同一教案在重复施教过程中的体会、感受更应及时总结,撰写高质量的教学反思,使自己的教学水平得到提高。(2)查找自己的不足,对课堂教学中存在的不足和不尽如人意的地方及时进行总结,分析原因,寻找解决的办法和途径。(3)对今后改进教学的设想和建议,历史教师在课后，必然会有一些体会和想法，这就是教学中的灵感和教学后的收获，需要在教学后记录下来，并运用到今后的备课和课堂教学设计中去。此外，对随堂听课的其他教师和领导的意见也要如实地记录下来，作为今后改进教学的依据。

学生方面：如实记录学生对教学的反馈情况，包括学生对本课学习内容的兴趣和爱好；学生对教师教学方法、教学手段、学法指导和教学效果的评价；学生对教学内容的接受程度，所提的意见、建议、希望和要求；学生对某个问题的独特见解等。这些都会成为历史教师日后上课的第一手参考资料。同时，对于学生方面的反思，有两点需要特别指出：(1)反思历史课堂上学生提出了多少有意义的问题。对于学生的创造性思维来说，学生提出问题往往比解决问题更为重要，学生能否提出有意义的问题，这充分反映出历史课堂教学的质量。历史教师根据学生提出的问题，可以充分了解学生学习的真实状态，经过分析和归纳，抓住教与学之间问题的关键，适时适当地调整教学策略，有针对性地实施课堂教学，以促进学生的发展。(2)反思历史教师本身通过课堂教学从学生身上学到多少。在信息社会环境下，学生拥有的某方面的信息可能会超出历史教师的知识储备。在与学生平等的对话协商过程中，历史教师从学生身上会获得新知；教师在与学生互动的过程中，在思维视角和观点方法等方面也会获得新的启示。把它们记录下来，这样的反思才能体现"教学相长"的真谛。

2. 历史教师的集体备课

集体备课是在个人备课的基础上发挥集体的智慧和力量，是同学科教师间协作备课的主要形式。它是指备课组教师共同研究历史课程标准和新课标教材，在相互交流与碰撞中达成共识的基础上，集体构建课程实施方案，以形成统一的教学目标和要求，促进教师的专业成长。

(1)集体备课体现了历史新课程的理念和要求

集体备课是历史新课程理念体现的重要保证。一方面，由于历史新课程强调历史教材打破通史的编写体例，按主题(义务教育)和专题(高中)的体例编写，使得单凭历史教师个人的力量无法解决备课过程中的疑难和困惑；另一方面，历史新课程要求"一标多本"，这使得历史教师对历史教材具有很大的自主选择性，由于不同版本的历史教材的编写者对历史课程标准的解读不一，使得不同版本的历史教材对教学内容和侧重点的选择不同，这也增加了历史教师使用新课标教材的难度，需要借助集体的力量和智慧才能完成备课。

集体备课是教师专业成长的需要。新课程的实施过程是一个充满机遇与挑战的过程，需要历史教师在教学实践中不断探索、反思和总结，新、老教师需要相互学习，取长补短。老教师具有丰富的阅历和教学经验，但容易受传统观念的束缚;而年轻教师年富力强,敢于接受新事物和新观念,但在教材的处理、知识体系的构建方面不如老教师。因此,历史新课程的实施,对所有的历史教师来说都是全新的事物,需要每一位历史教师都相互学习,取长补短,促进自己更快地成长起来。

集体备课也是历史教师"减负"的需要。新课程要求历史教师独立开发历史课程资源,对历史课程资源进行有效的整合,并把这些资源运用到课程教学中。但是,历史教师还有较重的教学任务,因此,历史教师的负担很重。为了提高教学效率,需要发挥备课组的作用,分工合作,实现资源共享。

(2) 集体备课的分类

以学校为单位,历史教师的集体备课分为校内备课和校际备课两个部分。从目前历史教师集体备课的情况来看,一些学校校内集体备课重在探讨历史考试(高考、中考)问题,而对非升学的历史教学(主要是在义务教育阶段)问题的集体备课重视不够。校际间的历史教师的备课一般由县、市、区的历史教研室具体负责组织,备课的重点也放在高三历史的复习部分,以应对一年一度的高考;高一、高二的校际历史教师的集体备课则有所削弱;而义务教育阶段校际历史教师的集体备课就更少了。这既反映了我国的人才评价体系需要改革,同时也反映出历史新课程改革任重道远。

(3) 集体备课的形式

历史教师集体备课的组织形式丰富多样,如说课、评课、试讲、评价、上课、讨论、反思等。同时,还要鼓励历史教师跨学科听课、评课。历史教师集体备课的主要形式有:拼盘式——将备课的任务划分给每位任课教师,分头准备,最后综合;补充式——由一人重点准备,其余教师补充完善;畅谈式——全体教师人人准备,自由发言,各抒己见,取长补短,不做统一的结论和要求;总结式——提出一些疑惑或热点问题,大家讨论,最后总结,达成共识;请教式——有了问题,不拘于形式,随时请教,随时答疑。

(4) 集体备课中备课组的管理

历史教师集体备课需要发挥备课组的作用。在对备课组的管理上,需要做到:第一,备课组的管理应该及时到位,在确定备课小组的学科带头人后,需要学科带头人制定详细的集体备课计划,定话题、定策略、定重点、定备课的时间、定备课小组的纪律等;第二,备课小组需要把集体备课的内容落实到具体的备课活动中去,如备课的准备,备课研讨的对象,教材、学生和教法,课后的反馈;第三,在集体备课活动中应体现改革的精神,不拘形式,不搞花架子和空架子,把集体备课真正落实到日常的备课活动中去。

集体备课是一项十分复杂的工作,需要教师的敬业精神和无私奉献精神。不同的教师有不同的个性,不同的学生有不同的学习方法,只有根据具体情况,充分发挥教师的创造性,备课才能收到良好的效果。集体备课的意义在于教师之间通过探讨取长补短,提高认识,更好地发挥每个人的教学特色。

3. 历史教师网络集体备课

随着现代信息技术的发展,网络集体备课也发展起来。在网上,除了较为常见的以单项传输形式存在的"备课手册"、"在线备课系统"、"备课参考"、"备课素材"外,"备课讨论区"、"备课问题集"、"网上备课组"等也为教师集体备课提供了平台。历史教师不仅可以打破年级界限,打破校际界限,甚至可以跨越学科和国界,通过"讨论区",与其他老师共同探讨问题,寻求解决问题的办法。这种网络集体备课形式在一些学校和地区已经得到运用。

参加网络集体备课的历史教师应注意以下几点:第一,在集体备课前,认真做好发言准备;第二,提供自己备课的全部准备资料(包括教案、图片、课件等),也可是自己的课后反思,也可对别人的教案、示范课、公开课进行点评等,形式多样,不拘一格,并上传资料;第三,自觉遵守集体备课时间,按时到会;第四,选出好的备课内容,编成电子期刊,实现成果共享,同时将备课精品案例推荐给相关杂志发表。①

可以看出,网络集体备课是借助网络的力量,把全国、甚至世界各地的历史教师集中到一起,发挥集体的智慧和力量,共同参与到备课活动中。无疑,网络集体备课会成为将来历史教师备课的一种重要形式。

(三) 历史教师课时备课的步骤

历史教师课时备课主要涉及钻研历史课程标准、分析新课标历史教材、编写课时教学方案等几个环节。

1. 钻研历史课程标准

"怎么教"是以明确"教什么"为前提的,科学地制定课时教学目标是有效历史教学的基础和关键,而历史课程标准是教师探求教学目标的源头。历史教师进行课时备课的第一个步骤应该是研读历史课程标准,明确课程性质、理解课程理念、体会课程设计思路、明晰课程目标,更为重要的是根据内容标准去建构每一课教学内容的具体目标,即"教学目标"。

如前所述,历史课程标准是国家规定的标准和要求,是编写历史教科书的基本依据,同时也是学生需要达到的最基本的要求,因此,课时备课时,历史教师应深入钻研课程标准,尤其是课标中的"课程目标"。目前,在历史新课程的实施过程中,在历史教师的备课过程中,对"教学目标"的制定存在着一些问题,主要表现在以下几个方面:

---

① 　佚名:《高中历史教师网络集体备课方案(草案)》,中国历史课程网 2005－10－25。

第一，将历史课标中的"课程目标"等同于"教学目标"。历史课程目标是对历史这门课程学习的总体要求，以及要达到的预期目的和效果，它反映了国家和社会对历史这门课程的教育宗旨和要求。历史课标明确提出了"知识与能力、过程与方法、情感态度与价值观"的课程目标，而课程目标是要通过具体的课堂教学目标来实现的。历史教师在备课中设计新课程课时教案时，应针对不同的教学内容，在细化课程目标的基础上确定一节课的具体课堂教学目标，即"三维目标"。

例如，要确定高中历史教材《古代中国的政治制度》一课（岳麓版）的教学目标，历史教师应根据历史课标中的课程目标："了解宗法制和分封制的基本内容，认识中国早期政治制度的特点"①，来拟定具体的课时教学目标：知识与能力——识记西周分封制和宗法制的内容；理解宗法制与分封制的关系；认识中国早期政治制度的特点。过程与方法——通过对西周宗法制和分封制基本内容的学习，掌握分析政治制度的方法。学会运用各种资料，包括文字资料、地图、古代文物图像来分析历史上的政治现象。情感态度与价值观——通过了解中国早期文明起源的知识，理解中华民族的历史源远流长，加深对祖国文化的热爱之情；通过宗法制度相关内容的学习，体会中华民族的亲情之爱。

第二，对课时"教学目标"的内涵认识不足。"教学目标"是相互依存的整体，不可割裂而存在。

例如，一位历史教师在备《全面内战的爆发》（川教版，八年级上册）一课时，所拟的知识与能力目标为："了解《双十协定》的主要内容；理解由于国民党发动内战，使和平建国的希望破灭"；所拟的过程与方法目标为："学习从材料中提取信息，并能处理、分析各种材料得出结论，养成'史由证来、论从史出'的意识；尝试制作文摘卡，学会对史料的筛选、整理和储存"。从"过程与方法"目标中，我们看不出实现"知识与能力"目标的任何操作痕迹，两者之间找不到任何联结点，是相互游离的。

第三，目标表述难以体现"以学生为主体"的理念。"以学生为主体"强调课堂教学中不仅要关注教师怎样教，更多、更重要的是关注学生的学，教学目标是学生学习结果的预期效果。因此，目标表述中行为主体应明确为学生，且应力求使目标适合于学生的现有认知水平；而行为动词则要力求准确，以使目标达到明确、具体、可操作的效果。如果对这些内容认识不足就很容易出现三维目标行为主体、行为指向、行为条件不明或混乱的情况。

例如，一位历史教师在备《鸦片战争》（川教版，八年级上册）一课时，将教学设计目标表述为：知识与能力——通过本课的学习，使学生了解鸦片战争爆发的

---

① 教育部：《普通高中历史课程标准（实验）》，人民教育出版社 2003 年版，第 6 页。

原因,战争的经过以及影响;培养学生应用历史唯物主义的观点分析历史问题的能力。过程与方法——以史实创设情境,让学生活跃起来,培养学生合作探究的能力,广开思路,活跃气氛。情感态度与价值观——通过讲述鸦片输入的危害,对学生进行热爱生命、远离毒品的教育;通过对鸦片战争爆发背景的讲述,使学生认识到"落后就要挨打"的道理;并树立学生的爱国主义情感和培养适应社会变化、与时俱进、面向世界的人生态度。这一案例中,"通过……培养……"的目标表述,是站在教师的角度来设定的,没有体现学生的主体地位。同时,对于树立学生爱国主义情感的目标过于笼统,缺乏必要的界定,导致情感态度与价值观目标流于形式。

第四,对课标、教材和学生研究不足。课程标准对学生应掌握知识达到什么水平层次都有明确界定,历史教师应对照课标要求研究教材、研究学生才能界定教学目标的水平层次。如果对课标研究不足、认识不清,制定的教学目标水平层次也是不清的。

例如,一位历史教师在备《明清的对外经济文化交流》(川教版,七年级下册)一课时,将所拟的"知识与能力"目标表述为:"通过运用'郑和下西洋的路线图',培养学生的观察能力、识图能力;通过对郑和下西洋与欧洲航海家远航的比较,提高学生归纳、分析问题的能力;通过'议议'这个板块,培养学生的口头表达能力、思维能力。"这一目标完全属于"过程与方法"目标,与其设计的"过程与方法"内容重复。

如何在备课中有效地表述历史课堂的教学目标?历史教师必须弄清楚自己所拟的教学目标,究竟能使学生学到什么知识,具备哪些能力,有怎样的学习态度,培育哪些情感,如何养成健全的人格。这是历史备课必须解决的核心问题。因此,历史教师在拟订教学目标时,目标表述的主体应是学生,而不是教师;目标所涉及的行为动词必须是可以操作的,具体而明确的(例如,写出、说出、列举等)。

2. 分析新课标历史教材

分析新课标历史教材,要求历史教师做到以下几点:

(1) 弄清本课(板块、模块)在整个通史或专题史中的地位和作用;弄清课与课之间,即板块(主题)与板块(主题)之间、模块(专题)与模块(专题)之间的关系;弄清板块(主题)、模块(专题)中子目与子目之间、大小字之间的关系;弄清课文中文字系统与课文辅助系统(如课文中的插图、史料、测评等)之间的关系。

(2) 注意细化课时教学目标。新课程历史教学目标分为"知识与能力"、"过程与方法"、"情感态度与价值观"三个维度。在依据历史教材和学生心理拟订教学目标的过程中,要注意教学目标的细化,即教学目标不是大而空的,而是可以把握的,一般使用行为动词来具体界定,如"知道"、"说出"、"了解"、"列举"……同时,课时教学目标要注意"情感态度与价值观"的具体体现。

(3) 拟订本课教学的重点、难点。在重点、难点的拟订中,历史教师可以借鉴他人拟订的重点、难点,但也需要根据授课对象的不同对他人拟订的教学重点、难点加以改编和修正,而不能完全照搬。

(4) 对历史教材内容的处理。备课中处理教材内容的方式,主要有整合、取舍、增补、校正、拓展、调序等。在处理教材内容时,历史教师必须确立新的教材观,即教材是国家课程方案和课程标准的主要载体,是学生在校学习的主要资源(非唯一资源),是教师进行课堂教学的依据(仅是依据),是"教学的工具"和教学的抓手。因此,历史教师在备课中要创造性地使用教材,灵活地利用教材,使教材成为一种动态的、生成性的资源。

(5) 教学方法的选择。在选择教学方法时,要考虑教学内容和目标、教材内容性质的特点、教师本人的特点,同时,还要考虑教学时间、学校条件等一系列因素。要注意将传统的讲授法与新型教学方法有机结合,并双向设计课堂教学活动,既有教法,更有学法;既有教师的活动,同时有学生的活动。师生互动、师生互补,使学生在这样的氛围中,积极思考、自由交流、主动探究、大胆质疑,学得轻松,学有所获,学有长进。

(6) 教学媒体的选择。在选择教学媒体时,应注意传统教学媒体(如电化教学媒体等)与现代化教学媒体(如多媒体等)的综合应用。历史教师在研究将多媒体运用于教学时,要在提高学生的参与性上花功夫,特别要尽量创造条件进行网上的历史教与学,带领学生到网上去收集信息资料,去分析问题、解决问题。

3. 编写课时教学方案

编写课时教学方案(即教案)是教师备课的最后一道程序,是备课信息完整体现的过程。应当说,一份完整的教案是历史教师教育思想、智慧、知识、修养和艺术性的体现。它具有两个显著特点:一是超前性。教案是对历史课堂教学的效果做出超前的设想和预测,是使理想的效果化为现实的方案和措施。二是创造性。教案设计是对课堂教学要素,如教师、学生、教材内容和教学媒体等进行创造性的组合,形成合理的结构,从而产生更好的课堂教学效益。

一般来说,教案包括教学目标、教学的重点难点、学情分析、教学媒体、教学方法、教学过程及时间分配、课堂小结及作业的布置、板书设计、教学反思等。另外,教案有详案和略案之分。一般来说,教龄三年以内的新教师都要求写详案,而三年以上的教师则可以写略案。

从历史新课程改革所倡导的"促进教师发展"的评价理念出发,历史教案可分为通用型和个性化两种:

(1) 通用型教案的设计。通用型教案由中学历史学科备课组统一印制,约占页面的 2/3；另留空白，备做教学设计的修改之地，约占页面的 1/3。通用型教案可以采用活页形式，由历史学科备课组组织历史学科的骨干教师分工、分头、分期进行设计，然后筛选出优秀历史教学方案打印并装订成册，任课教师人手一册。

通用型教案在内容和结构上切不能像剧本那样，把教师要说的每一句话，甚至学生应怎样去回答等设计得面面俱到，要给任课教师留下再改进、再创造的空间。通用型教案的设计可避免教案衍变成照本宣科的"剧本"，教学设计成为机械的文本复制，同时，也将历史教师从整天疲于抄写教案，单纯应付常规检查中解脱出来，专心形成个性化教案。

（2）个性化教案的形成。历史教师在使用通用型教案时，必须做到两点：一是课前通教案、做修订，即以通用型教案为牵引，明确教学目标，把握教学重点难点，理顺教学思路；二是备学情、做修订，即依据班情、学情对通用型教案实行个性化修改，写出具有个人教学风格的教案来，形成个性化教案。

个性化教案重在教学反思，历史教师应及时对通用型教案的设计和实施情况进行回顾和反思，可以点击精彩之举，提炼经验，可以查找教学失误，反思病因，并以此撰写教学后记，及进一步改进和完善教案。一个好的个性化教案应该在动态中生成，努力做到：符合历史课程标准的要求；为学生的学习创造民主、平等和和谐的学习环境；教师的教学应充分关注学生的学习过程；采用灵活的教学方法；为学生的思考与探究预留足够的时间和空间。

实践练习

请你在中学历史教材中任选一课，编写一个教案。

三、历史教师的教学设计

教学设计是备课的核心。教学设计是指为了实现一定阶段预期的课程目标，运用系统观点和方法，遵循教学过程的基本规律，对教学活动进行系统的规划和安排。[①] 我们所说的教学设计一般是指课时教学设计。历史新课程改革，使得教学设计的基本理念发生了根本性的变化。

（一）教案不等于教学设计

教案不等于教学设计，两者的区别见表 3 - 4。传统教案是对"具体的教材教法的研究"，现代教学设计是对"促进学生学习的有效教学策略的研究"，传统

---

① 贾荣固：《教师"五课"功》，辽宁师范大学出版社 1999 年版，第 18 页。

的教案逐步会被新课程提倡的教学设计所取代。教学设计包括教学任务、教学（学习）目标、教学重点和难点、教学过程、教学策略（教法和学法的设计）、教学媒体、教学评价等因素。

表 3-4 传统的教案与现代的教学设计比较①

设计要素	传 统 教 案	现代教学设计
设计理念	知识观：知识是客观的，可以传递给学生 学生观：学生只是接受知识的容器 教学观：教学是课程的传递和执行，是教学生学的过程	知识是学生与外在环境交互过程中建构起来的 学生是有生命意识、社会意识、有潜力和独立人格的人 教学是课程创生和开发、师生交往、积极互动、共同发展的过程
教学目标	以教师为阐述主体，使学生掌握"双基"和培养能力	以师生为双主体，在"双基"、过程与方法、情感态度与价值观方面都得到发展
教学分析	教材教法和教学重点难点分析	对任务、目标、内容、学情等做分析
策略的制定和作业的设计	传授的策略和帮助学生记忆的策略 以传统的媒体为主 以技能训练、知识（显性）记忆和强化作业设计为主	学法主导、情境创设、问题引导、媒体使用、反馈调控等策略 对媒体教学设计 根据不同的需要（如知识、技能、方法、态度、能力的培养）来设计作业
教学过程	传授知识，鼓励学生模仿记忆的以教为中心的教学过程设计	创设情境，鼓励学生在体验、探究、发现、思考、问题解决的过程中获得自身提高和发展的教学过程设计
效果评价	掌握知识技能，解决问题	知、情、意都得到发展，为终身可持续发展奠定基础
教学参考	教学辅导参考书为主	多方面整合学习资源

（二）备课与教学设计的关系

每位历史教师在上课前都要备课，广义上的备课是指为了进行历史课堂教学而进行的一切准备活动。我们通常所说的备课，即传统意义上的备课，主要包括钻研教材、选择教法、编写教学方案（教案）、熟悉教案等环节，其中编写教案是备课工作的集中体现，大体包括确立本节课的教学目标和要求、教学重点和难点、教学方法和手段、教学过程、小结反思、练习和板书设计等内容。教学设计以

---

① 鲁献蓉：《从传统教案走向现代教学设计》，《课程·教材·教法》2004 年第 7 期。

系统方法为指导,把教学过程各要素看成一个系统,分析教学问题和需求,确立解决的程序纲要,使教学效果最优化。可以说,教学设计属于广义的备课范畴,但它与传统的备课又有所不同。

(三)历史新课程教学设计的基本理念

1. 教学设计要以"学生的发展"为主旨

新一轮的历史新课程改革把"学生的发展"作为基本的理念,体现了历史教师的教学设计要"以学生为中心"设计学与教的过程;"学生的发展"就是指全体学生的发展,学生的全面发展、持续发展与和谐发展。因此,在历史教学设计过程中,要改变传统的以教师的"教"为中心的教学设计理念,建立以学生的"学"为中心的新的教学设计理念。在此理念的指导下,历史教师的教学设计要"为每一位学生的发展"提供合适的学习条件,要尊重学生的个体差异,让不同层次的学生都有参与课堂教学活动的机会,同时激发学生的兴趣和参与的主动性、积极性和创造性,使每一位学生都能愉悦地学习。

2. 教学设计要以"三维目标"为导向

传统的历史教学目标注重学生对历史知识目标的掌握,在能力的训练上,注重学生对历史知识的记忆能力的训练。而历史新课程标准将教学目标设计为"三维目标",即"知识与能力"、"过程与方法"、"情感态度与价值观"三个维度。在具体的历史教学目标的设计过程中,历史教师要改变历史课程过于注重知识传授的倾向,强调学生形成积极主动的学习态度,使获得知识与能力的过程成为学生学会学习和形成正确价值观的过程;使历史教学过程不仅是一个知识的学习过程,还是一个蕴涵丰富情感的人格养成的过程;培养学生健康的心理素质、高尚的审美情趣和科学的世界观、人生观与价值观,使学生成为社会主义的合格公民。

3. 教学设计要为学生学习预留足够的空间和时间

历史新课程教学设计要为学生的自主学习、合作学习、探究学习等学习方式提供足够的空间和时间。

传统的历史教学模式是教师"讲",学生"听",学生完全处于被动、从属地位。历史新课程强调学生是教学中的主体,同时提倡学生学习方式的转变,即"历史课程改革应有利于学生学习方式的转变,倡导学生积极主动的参与教学过程,勇于提出问题,学习分析问题和解决问题的方法,改变学生死记硬背和被动接受知识的学习方式","以转变学生的学习方式为核心,注重学生学习历史知识的过程和方法,使学生学会学习。鼓励学生通过独立思考和交流合作学习历史,培养发现历史问题和解决历史问题的能力,养成探究式学习的习惯"。[1] 因此,历史教

---

① 　教育部:《全日制义务教育历史课程标准(实验稿)》,北京师范大学出版社 2001 年版,第 2 页、第34 页。

师在教学设计的过程中,应更多地提倡自主学习、合作学习、探究学习等一些历史新课程改革倡导的学习方式,转变学生学习历史的方式。对于新课程倡导的学习方式,历史教师在教学设计中要有具体的时间上的安排和部署,在学生的学习过程中要留出足够的空间,以利于历史新课程的学习方式能够展开和持续。

4. 教学设计要处理好预设与生成的关系

在历史新课程教学设计中,由于教学过程涉及多种教学资源的整合,需要历史教师在教学设计中多些准备。可以说,教学设计是预设的,教学设计不是一成不变的僵化的模式,它需要在实际的教学过程中做出调整。在"一切为了学生发展"的前提下,教学设计可以因学生的实际发展需要而改变,从这个角度上说,教学设计是一个动态的过程,是在实际教学过程中生成的一种模式。所谓生成性,就是"社会性"和"开放性",指的是师生都以内容的体验方式参与到教学活动中来,在创新潜能开发的理想性和创造性活动的现实性之间保持一种必要的张力,为学生主体创造一个自我否定和超越的空间,实现知识的增值和学生潜能的掌控的过程。教学设计的生成模式意味着教学由"师教生学"向"共生互学"转变;由"传授知识"向"促进学习"转变;由"教案剧"向"创造剧"转变。① 教学设计中,历史教师既要做好必要的预设,又要为实际教学过程中根据学生的实际发展而生成的教学设计留有足够的空间。因此,教学设计是一种预设与生成的统一,历史教师在实际教学中要处理好两者之间的关系。

(三) 新课程理念下的历史教学设计应注意的问题

1. 教学设计强调运用系统方法

这里的系统方法是指教学设计首先要从"教什么"入手,对学习需要、学习内容、学习者进行分析;然后从"怎样教"入手,确定具体的教学目标,制定有效的教学策略。教师应采用恰当的教学媒体,具体直观地表达教学过程各要素之间的关系,对教学成绩做出评价,并根据反馈信息调控教学设计的各个环节,从而确保教学获得成功。

2. 在对学情分析上,应增加对学习者已有经验的分析

历史新课程强调体验式学习。历史教育不在于学生学习了多少知识,而在于感受到什么,体验到什么。因此,为了贴近学生的学习和生活经验,满足学生的生活和学习需求,历史教学设计需要充分考虑和分析学生已有的相关经验。

3. 在教学目标的分析上,强调教学目标的生成性

教学目标的确立,除了依据历史课程标准外,还要依据学习主体的认知结

---

① 吴永军:《备课新思维》,教育科学出版社 2004 年版,第 98 页。

构、兴趣、经验、学习风格等,同时还要结合地区差异和个体差异,还要注意课堂教学环境和课堂氛围,使教学目标处于一个动态的过程。

4. 教学设计强调操作性

整个教学设计过程可分为"互动对话共存"、"预设教学模式(方式)"和"撰写教案"三个部分。[①]　其中,"互动对话"不仅指师生之间的对话,也指教师与课本的对话,教师与教学环境的对话等。这样的教学设计过程可以使教学设计更容易转化为实际操作的结果,能够将教学策略、教学方法等的选择融入教学方式中,符合日常教学经验。

5. 在评价方式的设计上,用新的学习评价或教学评价来代替传统的"知识测验"

在评价的过程中,要求学生参与到教学效果的形成性评价和总结性评价中。"历史教学评价应以学生为中心,要注意学生的个体差异,让学生了解《标准》的要求以及评价方法与过程,并引导学生参与评价过程⋯⋯还要注意考察学生历史学习的过程与方法,避免将历史知识的掌握度作为唯一的评价内容,评价应以《标准》为依据。"[②]教师对学生进行评价时应更注重对学生的发展性评价,学生既可对教师的教学进行评价,也可以自评。

值得注意的是,在对学生学习历史的评价过程中,历史教师自身也要反思、评价自己的教学,这就要求历史教师必须写好"教学后记"。所谓"教学后记",是教案的重要组成部分,是指历史教师在教完一节课后,对教学过程的设计和实施进行回顾和总结,将经验和教训记录在教案上,作为完善教案、改进教学、总结经验和探索规律的依据。写"教学后记"能帮助历史教师迅速接收反馈信息,找出历史教学方案(教案)在具体实施过程中的成功和不足,为调整教学建立可靠的依据,从而促进教学过程的不断优化,促进历史教师素质、教学水平、教研能力的不断提高。一般说来,历史教师的"教学后记"可以记历史新课程的成功之举、记失败之处、记教学机智、记学生见解、记再教设计等。总之,历史教师写"教学后记",贵在及时,贵在坚持,贵在执著地追求。一有所得,及时记下,有话则长,无话则短。以记促思,以思促教,长期积累,必有所得,必见成效。

第四节　历史教师的教学研究

21世纪的历史新课程教学,需要大批高素质的历史教师来实施,即需要大

---

① 付有根:《基于新课程理念需要的历史教学设计初探》(硕士论文),第26页。
② 教育部:《全日制义务教育历史课程标准(实验稿)》,北京师范大学出版社2001年版,第43页。

量专业化的历史教师。这些历史教师除了具有广博的历史学科知识和相关知识、较强的教育教学能力等专业素质外,还需要"不断提高自己的教学研究和科学研究水平,能把总结出的教学经验提升为教育理论"①。因此,提高历史教师的教学研究能力,改进或解决新课程历史教学中遇到的问题或困惑,是提高历史教师素质的重要环节。

一、历史教师开展教学研究的意义

(一) 教学研究是历史教师专业成长的必由之路

长期以来,我国的教学活动与研究活动是彼此分离的。人们往往存在一种偏见,把历史教师与教学研究相互分离,把理论和实践的联系也相互隔离。广大历史教师被认为只需要教学,而教学研究仅仅是专家学者、各级教研员的事情;或者即使要研究,也仅仅需要研究教学内容,而不必研究教学理论、教学策略、教学模式等方面的问题。

事实上,历史教师常年处于中学历史教学的第一线,可以从教学中及时发现许多问题,发现许多亟待解决的问题。历史教师成为"研究型"的教师,不仅可以提高新课程历史教学研究的针对性和研究结果的可行性,而且能弥补以高校为教学研究基地不能关照具体情境性的缺陷。历史教师成为"研究型"的教师,既是信息时代培养创新性人才的必备条件,又是教师专业成长的必由之路。这是因为,"没有教师的生命质量的提升,就很难有高的教育质量;没有教师的精神解放,就很难有学生精神的解放;没有教师的主动发展,就很难有学生的主动发展;没有教师的教育创造,就很难有学生的创造精神"②。苏霍姆林斯基告诉我们:"如果你想让教师的劳动能够给教师带来乐趣,那你就应当引导每一位教师走上从事研究这条幸福的道路上来。"③联合国教科文组织也曾在一份报告中指出:在今天,从教师在教育体系中的作用看,教师与研究人员的职责趋向一致。这是21纪教育发展的必然趋势,新课程改革越来越需要"研究型"教师、"学者型"教师。只有让历史教师真正成为"研究者",才能唤醒历史教师的主体意识,才能激发历史教师的创造力。

目前,有学者提出要走"校本教研"之路,即使教学研究向学校回归,向教师回归,向教学实践回归。④ 历史教学研究不再只是大学历史教授、历史学科专家的专利,中学历史教师也应该而且能够开展教学研究。教学研究成了历史教师

① 朱汉国、王斯德:《普通高中历史课程标准(实验)解读》,江苏教育出版社 2003 年版,第 297 页。
② 叶澜:《教师角色与教师发展新探》,教育科学出版社 2001 年版,第 3 页。
③ 转引自陈向明:《在行动中学做质的研究》,教育科学出版社 2003 年版,第 5 页。
④ 余文森等:《探索以校为本的教学研究》,华东师范大学出版社 2005 年版,第 3 页。

作为专业人员的一种专业生活方式,他自己创造着自己的专业生活质量,这是历史教师在专业工作中自主性和自主能力的最高表现形式。历史教师要成为新课程历史教学的"研究者",成为"反思性实践者",隐含着一个基本的理念,就是要求历史教师重新审视教学研究与专业发展的关系,就是要有机整合历史教师的教学研究和专业发展活动,让课改一线的历史教师理解教学研究和专业发展是可以融为一体的,是可以主导教师的专业成长行为的,两者不能割裂开来。所以,教学研究是历史教师专业成长的必由之路。

(二)新课程改革要求历史教师将教学与研究融为一体

一名教师的成长,只有经历了从单纯教学到教学与科研相结合才是一个完整的过程。历史新课程改革要求历史教师将教学与研究融为一体。

历史新课程以独特的"板块＋主题"(义务教育 7～9 年级)、"模块＋专题"(高中)的课程结构,为历史教师集教学与研究于一身提供了空间,使历史教师成为"研究者"变成了现实。例如,高中历史新课程的"模块＋专题"通过整合学生的经验及相关内容而形成,教学过程中,历史教师应以模块内容为"基点"开放思维,不仅关注模块本身知识的学习,而且结合学生的经验,同时关注知识与技能、过程与方法、情感态度与价值观三维目标的实现。这些关注必然需要历史教师在历史课堂做出自己的判断,找到适合自己的课堂教学策略。这些判断、策略不可能被"告诉",而需要历史教师亲身去"探究",即做自己历史教学实践的"研究者"。在新课程大力倡导历史教师的校本研究的背景下,历史教师将从原来教学中的"教书匠"转变为"研究者",历史教师将在"研究"状态下工作,"研究"将成为历史教师的生活方式。如果历史教师持续地关注新课程历史教学中的某个有意义的"问题",想方设法在教学"行动"中去解决这个"问题",并且不断地回头"反思"解决这个问题的效果,那么,历史教师的教学工作就同时具备了教学和研究的性质,教学质量和水平的不断提高就有了坚实的基础。

(三)探究性学习促使历史教师成为"研究者"

新课程改革倡导探究性学习,并增加了探究性学习课程,倡导培养学生进行自主学习,养成探究问题的习惯,掌握基本的探究性学习的方法和技能。如果历史教师自己都不会搞教学研究,怎么指导学生的探究性学习呢? 一位历史教师曾这样发出感叹:"我教的高一实验班上有几个学生进行探究性学习时,拟订了他们自己感兴趣的两个课题——'玛雅预言还有没有现实意义'和'我们中学生眼里的中国电影',请我指导。说实话,我除了提供一般性史学论文写作和方向性的指导之外,在相关专业知识方面,几乎就是门外汉。倒是学生探究的成果给我提供了学习的机会。"由此可见,历史新课程倡导的探究性学习促使历史教师成为"研究者"。

二、历史教学研究的对象

作为"研究者"的历史教师在进行历史教学研究前,必须明确所研究的对象。我们可以从以下五个方面进行划分:

(一) 把学生作为历史教学研究的主体

从受教者的角度,我们可以把学生作为历史教学研究的主体。长期以来,传统的历史课堂采用以学生被动接受、死记硬背为基本特征的学习方式,采用以"教师讲授为主,学生聆听为主"的教学模式,忽略了学生在历史课堂中的主体地位,导致了历史教学效率低下和学生对历史学习兴趣的丧失。

依据建构主义理论,新课程体系下的历史课堂,更加注重唤醒学生的主体意识,增强学生的主体地位。那么,如何实现学生历史学习方式的根本性转变呢?这就需要广大历史教师从历史教学的实践经验出发,依据建构主义理论,依据学生的学习心理,对学生的学习展开研究,改革历史教学方法,促进学生的有效学习。

在建构主义理论下,有的历史教师以学生为教学研究的主体对象,对课堂教学的方法进行了反思,认为"授之以鱼,不如授之以渔"。一位历史教师通过课后反思,认为如果历史课只是传授知识,教师只要口若悬河滔滔不绝、学生只要死记硬背就可以了,那么这样的知识学生装不了多久就会还给教师,而这样的学生于社会没多大用处。于是,这位历史教师从"怎样教给学生学习历史的方法"角度出发进行了探讨,得出教师可以通过故事兴趣法、学生动手制作法、课堂参与法、各种活动设计法等来培养学生学习的积极性和主动性,激发学生学会学习的兴趣;教师在课堂教学中有意识的鼓励,能够培养学生的自学能力等。重庆巴蜀中学的郑锋老师,根据教学中的实践经验,从学生的学习动机、学习兴趣、方法指导等方面出发,认为对学生进行记忆能力的培养,可以提高历史教学水平。他从四个方面展开了研究,认为动机的诱发是培养学生记忆能力的基础,兴趣的培养是提高学生记忆能力的前提,方法的指导是提高学生记忆能力的关键,而加深理解则是提高学生记忆能力的捷径。

(二) 以教师自身作为历史教学研究的对象

从施教者的角度出发,教学中历史教师可将自己作为研究的对象。教师是历史新课程的主要实施者,是使学生掌握历史知识,激发学习兴趣,培养历史思维能力,具备历史学习的基本方法,形成科学的历史观与价值观的指导者和合作者。因此,历史教师是完成历史课程教育、教学任务的最活跃、最积极的因素,对历史新课程教学有着关键的影响力。历史教师以自身作为历史教学研究的对象,是提高历史教师自身素质的主要途径之一。

　　一位历史教师认为,教学语言的运用是历史教师最基本的教学技能。于是,他结合自己的课堂教学语言的运用,就历史课堂的语言技巧展开研究,并写成《浅谈历史教师如何运用语言技巧》一文,总结出历史教师的课堂语言必须准确严谨,要力求精炼简洁、要生动、要充满感情色彩、要富有时代气息、要关注体态语言。① 此外,历史教师可结合自身的课堂管理,从分析传统历史课堂管理存在的弊端入手,探讨新课程体系下历史教师的课堂管理策略,即坚持课堂管理的目标原则,应根据学生的认知能力和心理特点来确定课堂管理目标;努力构建平等、民主的管理机制,让学生成为课堂学习的真正主人;注重过程管理,进行有效的学法指导和有效的动态管理。无疑,以教师自身作为研究对象,对于提高历史课堂教学的有效性,发挥学生学习的主体性,构建民主平等和灵活互动的历史课堂具有不可替代的作用。

(三)从课程论的角度开展历史教学研究

　　历史教师可以从课程论的角度入手,从历史课程标准、历史课程的设置、课程实施、课程评价及课程管理等方面进行研究。

　　《全日制义务教育历史课程标准(实验稿)》、《普通高中历史课程标准(实验)》是 21 世纪基础教育历史新课程改革的重要组成部分。就其内容而言,它密切联系了史学研究的最新进展,反映了世界各国历史教育发展的趋势和基础教育历史新课程改革的精神。作为历史教师,有必要也有责任去研读历史课程标准,了解及领悟新的课程理念,并贯穿于新课程历史教学实践中。如有的历史教师通过对课程标准教育理念的研读,结合多年从教经验,探讨了新课程标准下如何提高历史课堂教学效益,并提出通过搭建学习平台、创设问题情境,给学生提供亲自参与的机会;拟定讨论课题,创设民主氛围,给学生提供自我评价的机会;巧设活动课,增强学生的自我组织能力;活用史料,增强历史课堂的直观效果四个方面来发挥学生在教育过程中的主导作用。②

　　我们再以历史课程的实施为例:一名历史教师在给七年级上《西汉的民族关系》一课时,采用了《汉武大帝》中的相关片段,希望以此提高学生的兴趣,强化他们对和亲政策的感受。但是,在完成第一个班的课堂教学后,这名历史教师听见学生的议论是:"昭君出塞为什么这么悲伤? 要是我的话,就高高兴兴地去。虽然远嫁匈奴,离别亲人会一时伤心,但毕竟是到强大的国家去做皇后啊! 实在想家了,就回来省亲嘛,再多带点牛马羊回来孝敬父母……"面对这样的情景,这名历史教师及时进行反思,并改进了后面的教学。他删掉了影视片中的一些镜头,

---

① 安安:《浅谈历史教师如何运用语言技巧》,http://hist. cersp. com/xspd/200610/4237. html。
② 常登攀、张秋萍:《新课程标准下的高中历史课堂效益》,http://hist. cersp. com/xspd/200703/5779. html。

在第二个班级的教学取得了预期的效果。课后,通过对前后两堂课的对比反思,这名历史教师对影视材料的开发与运用有了更深入的理解,并总结出开展影视教学需要注意的三点:第一,要确定哪些教学内容需要运用影视,能够运用影视。一般来说,那些只依靠讲授学生无法理解、难以理解或者容易产生误解的重大的历史事件需要运用历史影视来辅助。第二,影视情境有很多,采用哪个片段,在什么时机呈现,要根据教学内容、既定的教学目标和学生的实际情况来选择和决定,不能为"影视"而影视。第三,教师的及时引导是学生与情境连接的关键。

(四)从教材论的角度进行历史教学研究

从全球各国基础教育课程改革的整体趋势看,在课程内容的选择上,传统的以百科全书为范式的价值取向时代已经结束,越来越多的国家在课程内容的选择上也都逐渐由"囊括式"向"精选式"转变,因为它有利于培养和提高学生在日益激烈的竞争社会中所需要的学习能力。这就要求课程内容必须适应学生的认知水平、符合学生的需求。历史新课程增加了大量的社会史、文化史、科技史等人类文明发展过程中的内容。以新课标高中历史教材为例,采用了"模块+专题"的新模式,在教材结构方面,不仅采用"古今贯通、中外合编"的方式,而且在内容选择上更是推陈出新,增添了史学研究新成果,增加了欧洲古代史、社会史方面的内容。如历史必修(Ⅰ)专题六——古代希腊的政治文明的三部分内容,许多教师,特别是老教师对此内容几乎不了解,对相关的希腊、罗马的法律条文更是一无所知。所以,这就更需要广大一线历史教师从教学实践出发,以教材为研究对象展开教学研究。

(五)以史学问题作为历史教学研究对象

历史知识是进行历史教学的主要依据。历史教师以史学问题作为研究对象,不仅可以深化和补充新课标历史教材中的某些问题,而且可以对新课标历史教材中的某些问题提出质疑并进行修正。但是,历史教师以史学问题为对象的研究选题,应尽可能选择新课程历史教材涉及的、历史课堂教学中要讲述的具体历史问题来进行。这样一来,历史教师的史学研究体会和成果就可以充实和丰富新课程历史教学内容。

三、历史教师教学研究的方法

中学历史教师的教学研究与专业研究者有很大区别。成为"研究型"的历史教师,并不意味着历史教师要成为专业的学科理论工作者,也不代表历史教师一定要像专业史学研究者那样去进行历史科学研究。中学历史教师的研究是具有实践取向的,不是为了建构高深的历史学科教育教学理论,而是为了解决历史教学过程中遇到的实际问题,通过将教育教学理论创造性地运用于实践而提高教学实践的水平。

历史教师在实际的研究过程中,选择哪一种或哪几种方法进行研究,要由研究者根据课题需要和主客观条件等实际情况来确定。以下的历史教学研究方法,如教育反思、教师叙事研究、案例研究、在线研讨、课题研究、校本论坛等,是值得推广和运用的。

(一)历史教师的"教育反思"

"区分一个教师是感性的实践者还是理性的研究者,其根本标志在于教师是否能够对自己的教育教学行为进行持续不断的反思。"[1]"教育反思"是一种批判性思维活动,贯穿于历史教师教学研究的始终,教育日志、教育案例、教育叙事等教育研究形式中无不包含着教师的教育反思。此处对于历史教师的反思概念,主要从其狭义进行理解,即历史教师的教育反思是以体会、经验总结等形式对自身教育教学行为进行批判性思考。

美国心理学家波斯纳给出了一个教师成长的简洁公式:教师成长=经验+反思。历史教师对自身教育教学行为的不断反思,既是历史教师的学习过程,又是找到针对即时情境问题的解决方案的有效途径。从研究的时效来看,历史教师既可以在教育教学活动结束后立即对活动过程中出现的问题或活动的成效等进行反思(即时反思),又可以通过长时期对于某类相似事件的观察进行挖掘、整理和分析(延迟反思)。

从教学研究的时间布局上看,历史教师的教育反思可以贯穿教学的全过程。历史教师的教育反思可以分为课前反思、课中反思与课后反思。历史教师的课前反思,是历史教师在备课时思考是否对学生的"最近发展区"估计合理、是否联系现实生活、对于教材的二次开发是否合乎学生的学习心理、课堂上可能会遇到的突发性问题等。历史教师的课中反思,是历史教师在上课过程中思考师生或生生互动是否积极、课上是否发生了没有预设到的事情、如何根据课堂现实情境改变原有的教学设计进程等。历史教师的课后反思,可以根据课堂的实际教学效果,反思存在哪些需要进一步改进的问题、需要关注的地方、存在的困惑等等。

(二)历史教师的"叙事研究"

"叙事研究"是指研究者对本人在日常生活、课堂教学活动中参与的(曾经发生或正在发生的)教育事件所作的叙事陈述。这一研究的基本特点是研究者以讲故事的方式表达对教育的理解和解释。当研究者开始叙述时,他在叙述的过程中已经在思考或反思。叙事研究不是直接表述教育应该怎么进行,而是通过给读者讲一个或多个教育故事,让读者从故事中体验教育是什么或应该怎么进

---

① 郑金洲:《教师如何做研究》,华东师范大学出版社 2005 年版,第 193 页。

行。通常情况下,这种叙事研究以第一人称的方式"我"进行讲述。这样,使得它显得更真实、更亲近读者或听众,更容易"使有类似经历的人通过认同而达到推广"①。

对于历史教师而言,"叙事研究"有三种方式:一是可以写历史教材研究的故事,相当于历史校本课程开发过程的讲述;二是可以写历史教学研究的故事,包括教学事件或者某节历史课的"课例研究",相当于历史校本教学研究;三是可以写人的故事,要么是学生的故事,要么是历史教师同事的故事,也可以写历史教师自己的教育故事,相当于学生个案研究或教师个案研究。历史教师什么时候有可能讲述自己的"教育故事"呢? 这取决于历史教师的行动。当历史教师以研究者的眼光打量自己的教育实践和教育观念而发现"教育问题"时,就意味着教师已经开始为自己积累"教育故事"。当历史教师针对某种问题开始想方设法予以解决且不断回头反思解决问题的效果时,也就踏上了一条由"问题→设计→行动→反思……"铺设的"叙事研究"的旅程了。

(三) 历史教师的"案例研究"

随着"教师即研究者"理念的逐步深入和普及,案例研究,即个案研究日益成为"研究型"教师开展历史教学研究的一种重要方法。所谓"案例",是指一个历史教育、教学中教师自己和学生亲身经历的情境故事;在叙述这个故事的同时,常常还发表一些自己的看法——点评。所谓"案例研究"是教师的一种定性研究方法,是指历史教师在具体描述案例(即典型教育事件)的基础上,对案例进行深刻反思,从而概括出具有普遍性的结论。

历史教师的"案例"应提炼出一个鲜明的主题,它通常应关系到历史课堂教学的核心理念、常见问题、困扰事件。主题要紧扣案例,具有新意,符合历史教育规律,适合历史课程改革的需要,且具有指导意义,能引起其他教师对历史新课程课堂教学中某些带倾向性的问题的关注,并能促使这些问题得到解决。

一个好的案例,就是一个生动、真实的故事加上精彩的点评。因此,一个完整的教学案例一般包括情境描述、案例分析两个部分。

(1)情境描述。情境描述是对案例的客观描述。案例描述应该以一种有趣的、引人入胜的方式来讲述。历史教师对教学案例的情境描述应注意以下几点:

首先,案例情境描述不能杜撰。案例应来源于历史教师真实的经验(情境故事、教学事件)、面对的问题。对于事件原貌,不允许进行夸张,更不允许歪曲。为了表达的需要,可以在尊重事实的前提下,适当增删一些细节、场景等;为了保护正当的隐私权,可以虚构地名和人名,并在文末注明虚构的部分。

---

① 陈向明:《王小刚为什么不上学了》,《教育研究与实验》1996 年第 1 期。

其次,案例情景描述要完整。教学案例一要写出事件发生的背景,即写出特定的时间、地点和条件,如教师、学生的基本情况、教学条件、教学环境等。二要写出解决一个问题的全过程,要有一个从开始到结束的完整情节;故事要具体,要真实感人,一般是把历史新课程课堂教学活动中的某一片段像讲故事一样原原本本地、具体生动地描绘出来。描述的形式可以是一串问答式的课堂对话,也可以是概括式地叙述,主要是提供一个或一连串课堂教学疑难的问题,并把教育理论、教育思想隐藏在描述之中。

最后,案例情景描述要恰当取舍。教学案例通常篇幅较短,因而要求文字简练:情景介绍的主次要分明,在写作时要恰当取舍;要尽量写好主要事件,尽量精简那些与主题关系不大的内容。写作时叙述要客观。对于所写的教学案例,历史教师必然有自己的观点。但是,在案例写作中,历史教师只能客观地介绍典型事例,不能直接地提出问题、表述观点,不能流露感情的褒贬。要让读者仔细品味,悟出其中的道理。

(2)案例分析。案例分析是对教学案例中所述问题、事件等的分析和多角度的解读,是针对描述的情景谈一些个人的感受或理论的说明,可包括对历史课堂教学行为做技术分析、历史教师的课后反思等,案例研究所得的结论可在这一部分展开。这里的分析要有针对性,提倡讲关于这个案例的具体的"小道理",不要讲永远正确的空洞的"大道理";不要热衷于抄录教育理论的条条,而要将教育理论的观点自然地融会于分析之中;立意要新,论述要突出重点,把问题点明,把道理说清,把主题揭示出来。分析方法可以是对描述中提出的一个问题,从几个方面加以分析;也可以是对描述中的几个问题,集中从一个方面加以分析。案例分析可以请他人写,也可以由老师自己写;可以从一个当事者的角度进行分析,也可以从一个教师的角度进行分析。

(四)历史教师的"在线研讨"

历史教师的"在线研讨"是指借助于博客平台开展历史教学研究工作。Blog是 Weblog 的简称,常被意译为"网志",音译常为"博客"。Blogger 则指写网志的人,Blogging 指写网志的过程和行为。Blog 近几年风靡互联网,日益成为一种主流的网络交互形式,被称为继 E-mail、BBS、ICQ 之后的第四种网络交流方式。

对于历史新课程所借助的教学研究平台而言,目前较有影响力的历史博客群组有:

中国历史课程网博客群组 http://blog.cersp.com/4006/forum.aspx;

广东历史教育博客 http://eblog.cersp.com/userlog/6353/index.shtml;

历史教学中学版博客 http://blog.cersp.com/userlog2/61822/index.shtml;

北师大初中版博客　http://blog.cersp.com/userlog7/87156/index.shtml
中学历史教学参考博客
http://blog.cersp.com/userlog6/80343/index.shtml；
浙江高中历史博客　http://blog.cersp.com/userlog/5980/index.shtml；
温州高中历史博客　http://blog.cersp.com/userlog/678/index.shtml；
素质教育报的博客　http://blog.cersp.com/userlog15/153208/index.shtml；
上海历史二期课改　http://blog.cersp.com/userlog/6865/index.shtml；
历史远程研修博客
http://blog.cersp.com/userlog9/102455/index.shtml；
乌鲁木齐教师研修平台
http://blog.cersp.com/userlog22/143266/index.shtml；
南海中学历史科组　http://blog.cersp.com/userlog6/80382/index.shtml。

历史教师该如何建立属于自己的博客呢？当前，大多数博客是免费的，只要教师有一台能够上网的电脑，一个有效的邮箱，一个 ID 就可以了：首先在众多的 Blog 服务商提供的免费网站中申请一个用户名，即 ID（根据百度公布的统计数据显示，中国名列前茅的 Blog 服务商排名为：MSN Spaces spaces.msn.com、博客网 www.bokee.com、天涯博客 www.tianyablog.com、中国博客网 www.blogcn.com、中华部落阁 www.mblogger.cn）；申请完用户后，用新申请的用户名重新进入该网站主页面。一般，网站里有醒目的"博客使用手册"，点击后按照页面提示操作，申请新的 Blog，输入自己喜欢的博客日志标题和网志描述。最后，为自己的博客选择一个标准版。这是体现自己博客风格的第一个步骤。但是一般网站提供的页面模板大多比较单调，如果要有自己的风格，可以自己或请专业人士为自己的博客设计一个独一无二的、别具特色的页面。这样，属于自己的博客网页就建成了。

Blog 特别适合历史教师结合自己的教学研究工作撰写教育叙事、进行案例研究。Blog 使得历史教师的教学研究工作的开展更容易，它将高校专家资源与中学历史教师的实践经验紧密地联系在一起，使得历史教师的"行动研究"更快捷。Blog 让历史教师的教学研究工作从理论走向实践，从实际走向理论。

 案例 3-4

历史博客，我该怎么谢谢您？①

当我遇到教学难题，冥思苦想时，我多么渴望得到别人的帮助；当我撰写教

———

① 选自 waterlover 的博客。

学论文，无法打开思路时，我多么奢望得到高手的指点；当我在教学上取得成功时，我多么希望有人跟我分享……然而，我是孤军作战的，孤芳自赏的。我是一只井底之蛙，整天困在井底。我用蛙眼来看教学，越看越窄。我害怕，我彷徨，我困惑，何时，我才能跳出井底，看到一片广阔的天空？

某天，我在图书馆看《中国教育报》时，看到这样一个网址：http://hist.cersp.com（中国历史课程网），说是为高中历史新课程的改革而开的，对高中历史教师有指导意义。当时，我的眼睛一亮，立刻把网址抄下来。晚上，我打开网址观看时，内容之丰富，思想之新颖，让我惊叹不已！在高中历史新课程改革的风口浪尖上，它对于我，无疑是一根"救命稻草"呀！我迫不及待地在中国历史课程网下面的广东历史教育博客上注册，注册时间是 2006 年 9 月 30 日，起名为waterlover，昵称为小牛。这是一个重要的日子，我把"家"安在了中国历史课程网，我是历史博客大家庭中的一员了！

有了"家"，就有了一份责任！每天，我都会挤出时间回"家"看看，有时顺便带一些"礼物"回来。回"家"次数多了，"礼物"也多了，心情就备感舒畅了。

有了"家"，就有了精彩。我常把课堂教学中的体会带回"家"，把平时苦苦思考的论文放在"家"里……"家"因为我的努力而更加精彩，"家"因精彩而更加得到世人的重视！你看，放在"家"里的论文：《拯救初中历史教学，谁能妙手回春？》被羽扇纶巾周瑜（中国历史课程网的负责人）看中，把题目改为《初中历史教学现状亟待关注》发到中国历史课程网的首页，点击数达到 1122 次，后来此文被《中学历史教学》录用。2006 年 12 月 31 日，《中学历史教学参考》的任鹏杰主编发来信息：大作《我们都来忏悔吧》，好！祝你新年快乐，万事如意！

有了"家"，就有了友谊！在历史博客大家庭里，我认识了很多好博友，他们经常来我"家"串门，还带来诚挚的问候……

如果把历史博客比喻为"大家"，那么小牛就是"小家"。"小家"的发展离不开"大家"的帮助，因为"大家"提供了丰富的资源，为"小家"的发展奠定了基础。

在历史博客上，我获取了丰富的资源，这些资源丰富了我的教学底蕴，开阔了我的视野，是我写作的源泉。……如今，我的"家"不断繁荣富强，我高兴、我自豪！我的"家"不断繁荣富强，离不开"大家"的帮助和支持！俗话说：受人滴水之恩，当涌泉相报。那么，历史博客，我该怎么谢谢您？

该老师的反思足以说明：博客具有促进教师专业成长，提供开展网络教学研究平台，创设开放、互动、民主的教育教学环境等功能。博客满足了一部分教师"理解、尊重、认同、欣赏"的需求，满足了教师专业成长过程中的一部分动力需求，为教师专业成长搭建了一个宽阔的平台。

对教师个体来说，基于博客平台能共享自己的教育故事、教学反思、教案设计、教学课件、生活感悟等,在进行知识梳理、思考、学习与积累的同时,实现相互交流、智慧共享,在分享和交流中不断展现自我、激发灵感、开拓视野、获得业务支持,促进自身的成长和专业发展,提升自我生命的质量和价值。

(五) 历史教师的"课题研究"

课题研究是历史教师教学研究的重要形式,是教师专业成长的阶梯。课题研究离不开历史教师的教学实践,历史教师在选择课题时,应充分考虑自己现有的知识储备和能力水平,了解自己的研究领域,并关注史学研究动态和历史教学理论研究动态的发展,关注历史新课程理论研究,尤其是新课程历史教学研究中的前沿问题、热点问题。历史教学研究的课题不在于"深",能"实"则灵。

历史教师应在进行课题论证、设计课题开题报告的基础上,展开行动研究,完成课题研究,最终写出课题研究报告或论文。

1. 课题的名称

课题通常是对所研究的问题及其影响因素之间的关系的一种探究,并用一个陈述句把它表示出来。课题名称是课题最高度的概括,课题名称限制了历史教师的研究内容。它一般应包括课题研究的对象、研究的范畴和研究的方法三部分,简称课题名称三要素。

2. 课题的提出

课题的提出主要是回答"为什么要进行该课题研究"的问题。

(1) 说明与本课题紧密相关的社会问题、国家教育政策法规等,以及对当前学校、学生发展中存在的问题的点评。

(2) 说明历史教师的新观点、新视角、新措施对于当前历史教学的价值,说明为什么要研究、研究它有什么价值:一是说明教育科学的价值,即历史教师形成的新认识对于教育学领域的补充、更新等作用,在教育学、心理学、教学论、学科教学论等方面的理论体系的完善;二是说明教育改革的价值,即实践意义,指研究对改善历史教育活动有实际意义,能落实到历史新课程教学中去,且对历史新课程教学活动有正面的推进作用,重在体现课题研究对当前正在实施的历史新课程教学活动所发挥的指导作用。

3. 课题研究的目标

课题研究的目标也就是课题最后要达到的具体目的,要解决哪些具体问题。确定课题研究目标时,一方面要考虑课题本身的要求,另一方面要考虑课题组实际的工作条件与工作水平。

需要特别指出的是,课题研究目标与教育目标有密切联系,但又有不同。一般来说,教育目标是培养人才的目标,落实到学生的身上,表现为学生的发展和成长,而研究目标是指通过研究希望使学生获得知识的目标;落实到知识产品上,表现为教育知识的增长,教育经验的丰富,教育方法的创新,教育理论的发展。课题设计当中要注意避免两者混淆,或以教育目标替代课题的研究目标;这样不仅课题设计思想不明确,而且也影响研究的进行。

例如,《讨论式教学培养学生历史思维能力教法研究》设计的研究目标是"通过讨论式教学,使学生掌握基础的历史知识,受到初步的辩证唯物主义和历史唯物主义观点教育、爱国主义和国际主义教育、革命传统和道德情操教育,培养其历史责任感,掌握记忆、分析、综合比较、概括等方法"。这些作为教育目标是完全正确的,但通过研究,希望获得什么教育知识则不明确,可改为"探索通过讨论式教学培养学生历史思维能力的教育意义,以及如何组织开展讨论活动的方法,总结有效开展讨论活动的经验"。

4. 课题研究的内容

课题研究的内容应当依据研究目标展开。并且一个目标可能要通过几方面的研究内容来实现,它们不一定是一一对应的关系。例如,《讨论式教学培养学生历史思维能力教法研究》必须研究讨论模式的一般方法:教学组织方法,如精心设计问题情境、创造自由轻松平等的教学环境、引导思考、置疑诘问等等;指导学生准备、参与讨论的方法,如指导学生怎样明确问题、选择论点,怎样收集资料、提供论据,采用何种方式表达自己的见解,怎样抓住别人言论的中心等等;启发引导学生积极思维的方法,如启发学生变换角度考虑问题,引导学生反思前面的讨论是否偏题,启发学生发现别人的长处,引导学生如何评价历史人物或事件等等;引导学生认识自我,了解发展自我的方法,如指导学生填写自测情况表,引导学生用自己的思考方式进行反思,教会学生如何沉静下来、反复思考问题等等。

5. 课题研究的方法

研究方法通常是指教育科研的常用方法,如观察法、自然实验法、教育测量法、比较分析法、问卷调查法、个案研究法等等。表述要具体,具有可操作性。研究方法应写明在研究过程中此种研究方法用在哪些方面,这种方法要解决什么问题,如何使用等。

6. 实验研究活动设计

(1)课题研究的对象和周期。研究的对象可以是学生,也可以是教师、教材教法或管理方式等。研究周期要说明课题研究从什么时候开始,到什么时候结束,周期较长的课题要说明分几个阶段及每个阶段的安排。如果是集体课题,要说明如何分工及职责。

(2)研究活动的设计。设计研究活动时,应当把每次重大活动作为一个研究步骤,安排活动时间、地点、目的、内容、主持者和参加者。重大活动主要包括:举办专题讲座、组织专题理论学习活动、外出参观访问、进行教育调查、开展教育实验、组织现场观摩、说课听课评课、展览实物图片、播放录音录像、专题研究讨论、交流典型经验等等。

7. 预期研究成果和效果

（1）课题研究成果。历史教师在进行课题研究时，在科学假设的前提下，获得了对教育现象的规律性的认识，也即获得了课题研究成果。课题研究成果是成功的研究结果，是达到的研究目标，是验证过的科学假设，是探索到的教育规律。研究成果的形式主要有研究报告、经验总结、论文、专著、自编教材等，它们是针对原课题设计目标做出的回答。

（2）课题研究效果。历史教师在进行课题研究时，学生得到发展、教育者水平得到提高、教育质量获得提升、教育事业获得发展，也即获得了课题研究效果。

（六）历史教师的"校本论坛"

校本论坛就是通过观念、思想的碰撞，促使历史教师受到多方面启发，教育思想得到不断升华。论坛的形式应多样化，如历史特级教师、历史骨干教师、历史学科带头人、历史任课教师等轮流主讲，或历史教研组内、历史教研组和其他学科教研组之间联合展开讨论。论坛内容的立足点应放在历史课改实验中所遇到的实际问题上，着眼点应放在历史新课程理念与历史新课程教学实践的结合上。如，如何评价历史教师的课堂教学；如何看待历史课堂上的"活"；如何处理历史新课程倡导的尊重学生；在关注历史新课程教学的情感态度与价值观目标的同时，如何注重知识与技能的教学等等。在论坛上，历史教师围绕学习的体会，教学中的困惑，联系实际，发表自己的看法和意见，仁者见仁、智者见智。同时，积极营造"论"的氛围，鼓励和支持教师之间、师生之间、领导和教师之间随时随地展开讨论和争论。

四、教学研究报告和论文的写作

（一）历史教学研究报告的撰写

教学研究报告将历史教学研究成果以书面的形式公诸于世。当一个历史教学研究课题的研究工作按计划结束，并将有关的材料和数据整理完毕之后，需要对整个研究过程及结果进行分析、总结，并用文字表述出来，这就形成我们通常所说的历史教学研究报告和教学科研论文。撰写研究报告既是研究者对整个历史教学研究工作的全面总结，又是历史教研工作完成后的理论深化，具有一定的社会价值。

撰写历史教学研究报告是研究工作的最后一环，反映了教学研究工作的全过程。"一着不慎，全盘皆输"，如果历史教学研究报告写得不好，很可能会影响整个教学研究成果。这是因为,撰写研究报告的目的在于让更多的人能比较全面系统地了解,并评判、接受或应用这一研究成果。一篇水平较高的历史教学研究报告,不仅可以充分表明研究者的态度、观点和方法,而且可以反映研究者的专业水平、教育理论水平和创造力。一篇好的历史教学研究报告,理论上不仅能站得住脚,实际运用中也能得到推广。

反映历史教育科研成果的研究报告形式多样,有在调查研究、经验总结的基础上撰写的"调查报告"、"总结报告";还有在案例研究、历史课改教学实验研究以后撰写的"个案研究报告"、"观察报告"、"综合研究报告"、"课改实验报告"等。研究报告一般都包含以下几个方面:

(1) 标题、署名:符合学术论文规范。

(2) 前言(引言):提出研究的问题,即调查或实验的目的是什么,问题是怎样提出的;"引言"可以作为同其他部分并列的独立部分,也可不另加标题,放在文章的开头;"引言"比较短,要开门见山,简明扼要。

(3) 研究方法及过程:包括调查或实验对象的选取,实验变量的确定和控制,调查或实验的实施过程等;这部分要讲清研究对象的情况、人数,在什么时候研究,控制哪些条件等,目的是让读者了解调查或实验的过程及使用的方法,以考察所用资料是否可靠。

(4) 研究结果:这部分要反映研究者的论点,写作时可以用简明的语言提出自己对问题的看法,做到论点鲜明。

(5) 结论:结论的得出要与已有的材料吻合。

(6) 参考文献:其引用符合学术规范。

必须以严谨、科学的态度来撰写历史教学研究报告,要力求做到观点与材料相结合;要实事求是,力求客观,不带个人色彩。同时,撰写历史教学研究报告要避免功利倾向。不管教学研究报告是否能公开发表,都一定要尽量在历史新课程教学实践中加以应用,并且在应用中不断总结,使历史教学研究工作不断深入。

(二)历史教学论文的写作

1. 史学研究论文与教学论文的区别

史学研究论文,是史学研究专门工作者或史学爱好者针对某个历史事件、历史人物、历史现象、历史问题进行深入探讨的学术论文。

教学论文,属学术论文的范畴,是专门探讨教学问题的学术论文。历史教师的教学论文写作主要是指历史教师对历史教学过程中发现的问题进行研究,属于反馈性的理论思考。撰写教学论文的条件为:要有需要研究解决的教学问题;要针对这些问题开展研究工作;要对研究的结果进行分析。从教学论文的形式上看,可以有论述性质的论文、调查报告性质的论文和课改实验报告性质的论文等。一般的教学工作总结或教学经验介绍不属于教学论文的范畴。

从论述的范围来看,史学研究论文研究的只能是史学研究范畴的问题;历史教师教学论文研究的只能是历史教学(教与学)领域的问题,其中包括教学思想、教学方法、教学内容等方面的问题。历史教学论文是对教学活动的分析、认识,是历史教师对教学活动(或某一侧面)的深层次思考。它要回答以下四个问题:要解决的问题是什么?你是如何研究这个问题的?研究中发现了什么结果?这些结果有什么意义?此外,史学研究论文更多的是从历史现象中把握历史规律,解读历史现象,使历史认识不断趋于真实的历史事实;而历史教学论文则是把历史教学活动中的实践情况上升到理论的高度,并加以推广,运用到更多的教学活动中。

2. 历史教学论文的具体写作及格式

撰写历史教学论文离不开教学实践,需要在历史教学实践中不断发现和积累研究的问题。历史教师在撰写教学论文时,应主要从五个方面入手:

(1) 选题。历史教学论文的选题来源有三:一是注意在历史教学实践中积累资料,经常总结,从中发现问题;二是从历史教育、教学文献中发现问题;三是参加课题研究工作。历史教师所确立的教学论文选题,应是自己熟悉的,自己有能力、有条件进行相应的研究,且题目宜"小"不宜"大"、宜"新"不宜"俗"。教学论文选题"小",是指所论及的研究内容要具体而单一,每篇文章都力争围绕一个具体问题,能给人启迪。切忌给自己选择一个大而无当的论说范围,洋洋洒洒几千言,似乎面面俱到,却一个问题都没有说清楚。教学论文选题"新",是指论文要写出自己的独到见地、崭新体会,表现出人人意中皆有,而人人笔下皆无的观点。

历史教学论文选题常涉及的问题有:历史教材分析与组织研究、每课教案设计研究、课堂教学设计与管理研究、各种教学方法研究、板书设计与运用研究、教学手段的运用研究、教学策略研究、教学模式的实践与研究、教学效果检测研究、课外教育活动研究、学生学习辅导与指导研究、公开课的听课与评课研究、教学试验总结研究、教学改革实验研究等。

这些选题既有对历史教学内容的研究,又有对教学形式或教学方法的研究;既有一个具体问题一节课的教材教法研究,又有一个单元一本教科书的整体结构研究;既要对某些教学重点、难点进行深入浅出的说明阐释,又要认真总结自己在课改教学中积累的经验、在探索中遇到的问题,也要积极学习和吸收其他历史教师的教学方法、技巧和经验,还要会分析评估所授课程的优劣,从而帮助自己更好地进行教学。

(2) 材料的搜集。历史教学论文的写作离不开材料的运用,没有足够的材料支撑,就无法使自己的观点站住脚。历史教学论文的材料来自以下三方面:

一是从文献资料中获得材料。目前,可以利用的文献资料有:历史教育学专著、历史教育发展史料、历史教育教学专业刊物上的经验介绍和工作总结文章、自己或其他历史教师的教案、学生的作业和考卷、其他学科对历史教学研究有启发的资料，以及从互联网上下载的与自己论文选题相关的资料。

二是历史教学调查。教学调查是通过考察历史教学现状进行的研究工作，通常是为了系统地了解历史教学中的某些事实，在调查中获取的资料是第一手资料。调查的方法有许多种，常用的有：问卷法，问卷即使用事先印制好的调查表与被调查者进行书面形式的谈话；谈话法，谈话是一种通过与调查对象面对面交谈获得客观事实材料的方法；观课法，观课即课堂教学观摩，这是历史教师获得教学研究第一手资料的常用方法；测试法，测试法应用的对象一般是学生，调查者通过让学生完成精心设计的活动内容，达到获取所需资料的目的。

三是历史课改教学实验。历史新课程改革实验是教学研究的重要组成部分。进行历史课改教学实验已不单纯是改变当前历史教学的现状，而是历史教师将自己对历史新课程中的某一教学问题的设想付诸实践，以验证自己的假设。

（3）选择恰当的写作手法。除采用调查报告式和课改教学实验式的论文写作方式外，更多的历史教师则采用论述性论文的写作方式。论述性教学论文可分为三部分：提出问题、理论分析、结论。与调查报告或实验报告不同，这里的结论有时与"引言"一起放在文章的开头。论述性教学论文在选择论点、论据和论证过程中，要把握简洁、明晰这个原则。

（4）观点与材料相呼应。在阐述历史课改教学体验时，要举一些历史新课程教学案例来加以佐证，做到观点与材料相统一，但切忌案例过多、重复罗列。一篇历史教学论文写好后，必须反复修改，使文字简明、清晰。

（5）注意学术规范。历史教学论文属于学术论文的范畴，其写作要严格依照学术规范的要求，在引用资料文献时一定要注明来源。

历史教学论文的基本格式内容应包括：论文标题、作者、内容摘要、关键词、正文、参考文献等部分。

论文标题：应简明扼要，字数一般不超过 12 个字，最多不能超过 14 个字。

标题要内容明确，符合语法规范；语言要经过锤炼，要具有概括性，能全面概括文章的中心思想，要引人入目。

作者：写清楚姓名及隶属单位。

内容摘要：字数一般在 200 字以内。摘要应具备文章的所有要素，写法要既简练又完整，容易吸引读者。

关键词：一般由 3～5 个概括全文的词组组成。

正文：正文分为引论、本论和结论三个部分。

参考文献：参考文献是正文中引用、参考有关各类文献的指引，一般采用脚注或尾注的方式放在论文的页尾或论文的末尾。引用的文献可能是图书、期刊论文、专利文献、会议文献或从不同载体文献中析出的文献。

历史教学论文"参考文献"的著录方式(国家标准)如下:

实践练习

1. 查阅历史教学类期刊中有关历史教学方法改革方面的论文,列出作者、论文题目、发表的期刊、发表的日期。

2. 归纳一下目前历史教学方法改革取得了哪些成果。

3. 自己写一篇关于历史教学方法的论文。

▲ 图书的著录格式

序号　作者.书名.版本(第一版略).出版地:出版者,出版年.起止页码

① 王蔷.小学英语教学法教程.北京:高等教育出版社,2003.38

② 刘少奇.论共产党员的修养.修订2版.北京:人民出版社,1962.10～16

③ 钟启泉,崔允漷.新课程的理念与创新.北京:高等教育出版社,2003.59,82

④ [美]×××.心理学原理.×××译.南京:江苏教育出版社,1998.76

⑤ Borko H, Bernier C L. *Indexing concepts and methods*. New York: Academic Pr, 1978.12～15

▲ 期刊的著录格式

序号　作者.题名.刊名,年,卷(期):起止页码

① 李四光.地壳结构与地壳运动.中国科学,1973,4(3):400～429

② 陶仁骥.密码学与数学.自然杂志,1984,7(7):527

③ 姚振兴,郑天愉,曹柏如等.用P波波形资料测定中强地震震源过程的方法.地球物理学进展,1991,6(4):34～36

④ 赵秀珍.关于计算机学科中几个量和单位用法的建议.见:中国高等学校自然科学学报研究会编.科技编辑学论文集.北京:北京师范大学出版社,1997.125～129

C. 报纸的著录格式

序号　作者.题名.报纸名,年-月-日(版次)

① 赵均宇.略论辛亥革命前后的章太炎.光明日报,1977－03－24(4)

注意:序号后不加标点;连续页码用波浪线,间断页码用逗号分隔;两个及两个以上的作者用逗号分隔,三个以上作者只注录前三个;外文书名用斜体;页下注格式同参考文献,并需具体到页码。

第四章 历史教学评价

第一节 教学评价概述

教学评价是教育教学活动中的一项重要内容,是一种动态的价值判断过程。一般是先制定出相关的价值标准,然后进行教育测量或者采用其他方法,全面、准确地收集资料,根据制定的价值标准判断所收集资料的价值,最后,依据有价值的资料做出相应的价值判断。

一、什么是教学评价

教学评价的内涵随着时代的发展而发展,各个时期研究者对它的认识及侧重点不尽相同。现代教育教学从多个角度对教学评价进行了研究,概括地讲,主要包括广义与狭义两个方面。从广义上分析,教学评价可以包括学校教学管理、教师的教学工作、课堂教学、教学方法、教学模式与内容、教学资源的利用与开发,以及学生的学业成就、一般智能发展、个性发展、思想品德状况等方面的内容。从狭义的角度看,教学评价一般只包括教师教学、学生学习评价两个方面。著名教育评价学研究者陈玉琨先生也指出:"教学评价在中小学通常可以在两个层面上理解,一是包括学校教学管理在内的教学工作评价,一是教师教学(主要是课堂教学)的评价。"[1]本章所研究的教学评价主要是指狭义层面的教学评价。

教学是教育的主体部分,是实施教育的基本途径,在整个教育体系中居于中心地位,发挥着不可替代的作用,在评价史上,早期的教学评价就是教育评价的几乎全部内容,教学评价的功能比较单一;现在,教学评价的功能才逐渐被重视和得以开发实施。

---

[1] 陈玉琨:《教育评价学》,人民教育出版社 1999 年版,第 185 页。

二、教学评价的功能

从现代教育管理和教学理念的发展趋势看,积极开展科学的教学评价,对于提高教育质量、加强教育研究、培养高素质的人才有着很重要的意义和作用。具体来看,教学评价的功能主要有以下几个方面:

(一)导向功能

教学评价的导向功能是指评价本身所具有的引导评价对象朝着理想目标前进的功效和能力。换句话说,教学评价评什么、怎么评,必然引导被评者做什么、怎么做。教学是一种有目的、有计划的活动,教学评价能够保证教学目标的实现。评价必须为教师和学生指明教与学的努力方向,必须为教师和学生确定明确的达成性目标,使之不断地逼近目标,最终实现目标。如果方向确定有偏差,教师的教和学生的学就会出现不良的效果。以前,教学评价仅仅局限于对学习者的分等和选拔,这严重影响了教育的发展和人才的培养。其实,教学评价应充分发挥评价的导向功能,端正教育思想,培养全面发展的人才,使教育真正适应社会发展的需要,更好地为现实服务。

(二)激励改进功能

这一功能是指教学评价对教师、学生具有一种激发情感、鼓舞斗志、反思改进、积极向上的功效和能力。评价本身不是目的,提高和改进才是评价的真正意图。这一观点,国外研究者早已提出:"评价的最重要意图不是为了证明(prove),而是为了改进(improve)。"[1]教学评价的激励和改进功能可以激发教师与学生的内部动机,使两者有意识地把注意力集中在教和学上,可以提高他们教学和学习的积极性与效果。激励和改进功能提倡发现和肯定教师与学生的教学成绩和优点,激励他们进一步改进和完善相关的教学活动和发展计划,使教师的工作得到充分的尊重,使学生始终感到"我能行"。

发挥教学评价的激励、改进功能,应通过评价创设向上、创新的心理气氛,激励教师研究教学、改进教学、争取最佳的教学效果;激发学生努力改进学习方法,端正学习态度,提高学业成绩。在具体的教学中,应对教学过程和学习过程的重要问题进行深刻分析,做好前后比较。促使教师认真备课、上课和辅导;鼓励学生努力学习,专心听课,独立认真地完成作业,加强思想修养。

(三)反馈、调节功能

从信息论的角度说,教学过程是一个信息输入、转换、输出、反馈和调节的过程。其中,反馈和调节实际上也是教学评价的一个重要组成部分。教学评价的

---

① 转引自黄光扬:《教育测量与评价》,华东师范大学出版社 2002 年版,第 6 页。

结果为教师和学生了解教学、学习状况提供了大量的反馈信息,使教师、学生根据反馈信息对原来的教学设计、学习方式做出必要的、适当的、及时的调节,以取得最佳的效果。通过教学评价可为教学活动提供反馈信息,以便调节教学活动,使教学能够始终有效地进行。从教学评价活动中,我们可以获取教师和学生对教学内容结构、教材处理、教授方法、教学语言和技能等各方面的反映,由此让他们了解到自己的教学能力和学习水平。另外,还可以从领导、同行、同学的评价中,了解自己、认识自己,知道哪些是自己的强项、哪些是自己的弱项,以便进行自我调节,加强自我修养。通过教学评价提供的反馈信息,可以进一步明确教学目标,了解教学目标的实现程度和教学活动中采用的教学方法、教学策略、学习方式是否有利于教学目标的实现。

(四)鉴定选拔功能

教学评价的鉴定选拔功能,伴随着评价活动的产生而同时出现,直到今天仍然是教学评价的重要功能。

教学评价的鉴定功能主要表现为:第一,进行认可鉴定,指对教师某一个阶段的教学或学生的学习做出认可性的评定,以此判断学生或教师已达到的水平,是否能够进入或胜任高一级学校的深造和教学;第二,资格鉴定,指判断被评者是否具有某种资格,比如是否可以作为某学科的教师,以及对教师级别的评定;第三,选拔评优,指主要通过对被评者的鉴别进行相互间比较;它不同于一般的认可鉴定和资格鉴定,教学评价的选拔评优更注重个体在群体中的位置,测评结果的分布要求尽量拉开档次,便于甄别和筛选,例如各种形式的竞赛活动及高考。

值得一提的是,传统教学评价非常重视鉴定、选拔功能,这使得评价功能过于单一,伴随着教育学、心理学、教育心理学、教育评价学等学科的发展,教学评价中的鉴定、选拔功能的重要性正日渐削弱,代之而起的是其他各种功能。但我们不应该非此即彼,彻底否定教学评价鉴定选拔功能的积极作用,而是应该对其进行批判和革新。

三、教学评价的类型

(一)按评价的功能分类

按评价的功能分类,教学评价可以分为诊断性评价、形成性评价和总结性评价。

1. 诊断性评价

这种评价也称教学前评价或前置评价。一般是在某项活动开始之前,为使计划更有效地实施而进行的评价。通过诊断性评价,可以了解学习的准备情况,也可以了解学生学习困难的原因,由此决定对学生的适当对待。诊断性评价的主要用途有三个方面:一是检查学生的学习准备程度。评价常在教学前,如某课程或某单元开始前进行测验,可以帮助教师了解学生在教学开始时已具备的知识、技能程度和发展水平。二是确定对学生的适当安置。通过安置性诊断测验,教师可以对学生学习上的个别差异有较深入的了解,在此基础上经过合理调整使教学更好地适应学生的多样化学习需要。三是辨别造成学生学习困难的原因。在教学过程中进行的诊断性评价,主要是用来确定学生学习中的困难及其成因的。

2. 形成性评价

形成性评价是指在教学活动过程中,评价教学活动本身的效果,用以调节教学活动过程,保证教学目标顺利实现而进行的评价。形成性评价的目的在于了解被评价者在活动中形成或获得了哪些品质、知识和技能,还存在什么问题,总结经验教训,及时改进工作过程。形成性评价,又称"及时评价",使整个评价工作处于动态之中。如在教学中,当每一单元或一个章节学习告一段落时,进行一次测验,以检查学生学习的进展情况,调整和改进整个教学工作,对学生进行及时指导,以帮助学生完全达到预期学习目标。

3. 总结性评价

这种评价又称事后评价。泰勒对其定义为:"这是在一项教育活动或一门学科教学、一个学年结束时所进行的评价,其目的是评价这一活动或这一学科,在这一学年达到预定目的的程度;或者是为了评价一种方案的总体效益。"总结性评价一般是在教学活动告一段落时为把握最终的活动成果而进行的评价。例如学期末或学年末各门学科的考核、考试,目的是验明学生的学习是否达到了各科教学目标的要求。总结性评价注重的是教与学的结果,借此对被评价者所取得的成绩做出全面鉴定,区分等级,对整个教学方案的有效性做出评定。

这三类教学评价之间既有联系又有区别,主要可以从评价实施的时间、评价的目的及评价的方法等方面进行分析,详见表4-1:

各抒己见

请你谈谈考试和评价有什么区别和联系。

表4-1　诊断性评价、形成性评价和总结性评价的对比

内容＼类型	诊断性评价	形成性评价	总结性评价
实施时间	教学之前	教学过程中	教学之后
评价目的	摸清学生底细以便安排学习	了解学习过程,调整教学方案	检验学习结果,评定学习成绩
评价方法	观察、调查、作业分析、测验	经常测验、作业分析、日常观察	考试或考查
作用	查明学习准备情况和不利因素	确定学习效果	评定学业成绩

四、21世纪历史教学评价的新进展

新世纪初教育部制订的初、高中历史课程标准专门列有"评价建议"部分,对历史教学评价的要求进行了较为详细的阐述,尤其是对学生的学业评价认识有了质的改革。总体而言,新世纪的历史教学评价呈现出一些新进展和特点:重视发展性评价,以质性评价模式取代量化评价模式,评定的功能由侧重甄别转向发展,重视评定中的个性化发展方式,强调评定问题的真实性、情景性。历史教学评价朝着主体多元化、方法多样化及结果人性化的方向发展。具体来看包括:

第一,学生历史知识的学习方面,由以前重视三大任务的完成转变为落实知识与能力、过程与方式、情感态度与价值观三维目标。课程标准从记忆、理解、运用三个层次,对学生学习的结果用清晰的行为动词进行了描述。其中知识目标一般使用"知道"、"了解"、"简述"、"概述"、"列举"等行为动词;能力目标一般使用"解释"、"分析"、"评价"、"设计"、"制作"、"编演"等行为动词;情感态度与价值观目标一般使用"增强"、"激发"、"理解"、"欣赏"、"体会"等行为动词。与历史教学大纲相比,历史课程标准的行为主体已经由教师变为学生,学习及评价目标的表述也显示出层层递进的关系,而且操作性更强。

第二,建立过程性历史教学评价体系。过程性历史教学评价体系具有这样一些特征:一是评价时间贯穿于整个历史教与学的始终,比如对学生学业评价应该在学生的每个学习阶段不断地进行。这样,评价可以使我们综合考虑偶尔出现的分数过高或过低的现象,从而更真实地展示学生的学习情况。二是教师和学生在评价中应该积极地参与并自创评估工具和方法,比如学生在学习过程中也可以自行命制试题等。三是评价的功能旨在促进学生的全面发展,而非功利的学业选拔和淘汰,评价应对学生人格形成与发展带来积极的影响。

案例 4-1

如何组织高中历史过程性评价①

为确保"高中历史过程性评价"课题的研究进程,现在拟定初步的研究方案。

一、历史学习评价的目标

《普通高中历史课程标准(实验)》中指出:"历史教学评价应以学生综合素质为目标。"新的评价体系不再只是关注学生历史知识的积累和掌握,更关注学生掌握历史知识、提高历史思维能力的过程与方法,以及与之相伴随的情感态度与价值观的形成与发展;不再只是为了选拔和甄别,更重要的是发挥评价的激励促

① 引自中国历史课程网:http://hist. cersp. com/clpj/gkyj/200610/4026. html,作者唐年华。选摘时略有删节。

进作用,关注学生在历史学习中的成长与进步。因此,历史教学评价的目标就是要运用灵活多样的评价方法来促进学生全面发展。

二、历史学习评价的内容

在新一轮的课程改革背景下,从历史学科本身来看,对学生进行评价的内容要紧扣课程三大目标——知识与能力、过程与方法、情感态度与价值观。

1. 从知识与能力目标来看。高中生必须积累一定的历史知识,包括历史概念和历史史实,历史发展基本线索、人类社会发展基本规律,历史唯物主义基本理论,在此基础上让学生掌握分析、综合、比较、归纳、概括的能力。

2. 从过程与方法来看。主要包括学生的历史知识感知、积累的过程,历史学习各方面能力的获得、提高过程,历史学习方法的掌握、运用过程,情感态度与价值观的体验、形成过程等。对学生学习方法的评价,主要考察学生能否做到论从史出,能否与别人进行交流合作,能否善于从多个角度提出问题和解决问题等。

3. 从情感态度与价值观来看。历史学习内容中包含着丰富的情感态度与价值观的教育因素。所以,这一方面的评价主要集中在爱国主义情感,人文素养和科学精神、科学态度,积极进取的人生态度和健全的人格,国际意识。

三、历史学习评价的方法

历史学习评价方法应结合具体的评价内容,体现出科学性、灵活性和实践性的特点,避免仅采用单一的量化评价方法。下面介绍一些评价方法:

1. 学习档案。高中阶段应为每个学生建立完整的学习档案。历史学习档案一般由教师、学生及家长共同建设。档案内容主要包括:考试成绩、历史习作、调查报告、历史制作、历史学习过程中的各种表现、师生和家长的评语等。建立历史学习档案,有利于对学生的历史学习进行长期、稳定的综合考察和较为全面的评价。

2. 历史材料收集整理。依据本模块的学习内容,要求学生先确定收集的主题,可以是某一人物、事件等。资料形式可以多样,如集邮、集报,整理图片,编写论文书目索引、相关网站目录等,并且要准确注明资料的来源、出处,然后能够按照一定的思路对资料进行归类整理,而且能够简明地解析论证资料与主题的关系。

3. 家乡历史古迹调查。调查主题应该与本模块的学习内容相关。要求学生写出考察报告、介绍文章,或者用书信的方式表现(如向远方亲友介绍自己家乡的名胜古迹)。内容要详实,能够反映自己在参观或考察后的真实感受(完全照抄别人的文字说明资料不予评分)。

4. 撰写历史小论文。写作内容必须结合本模块的学习来进行,可选取本模块学习中出现的历史人物、历史事件和历史现象来研究。要求写出的论文必须论点明确、论据充分、论从史出、史论结合。如果观点客观、科学、有新意的，并且能够自圆其说，可酌情加分。

5. 历史小制作。要求选材必须从本模块的学习内容中寻找，制作形式可以多种多样，如模型、地图、ppt、flash 等，但必须注明作品的创作背景、功能、思路。

6. 创作历史文学作品。可以选举本模块中的历史人物、事件进行文学创作，文学体裁可以多种多样，如小说、传记、杂文、诗歌、剧本等。要求作品主题要鲜明，弘扬正气，鞭挞邪恶，对作品的人物、情节可以做合理的虚构，但不能凭空想象，胡乱编造。

7. 历史小报编制。主题以本模块的学习内容为主，要求主题鲜明，内容丰富，形式生动，版面美观，图文并茂，标题醒目，语句通顺。

8. 历史小话剧演出。主题应该与本模块的学习相关，题目可由教师确定，也可由教师和学生共同商定。各小组收集资料、创作剧本并合作进行表演。要求剧本情节完整，表演认真、投入，有简单的舞台背景或服饰道具的，酌情加分。

9. 历史讨论、辩论、演讲。主题应该与本模块的学习相关，题目由教师确定或师生共同商定，各小组学生分工合作，收集资料，撰写发言稿，并推荐出发言的代表。

10. 考试。按照解答方式可以分为笔试和口试两种。笔试方面，可以对考试内容和考试的方式进行改革。考试内容多考察与社会实际、学生生活经验紧密相联的，多考一些能够体现综合运用历史知识、需要创新思维的内容，少考一些记忆性的东西。考试方式倡导灵活多样性，如可采取开卷考试。口试方面，比如要求主题以本模块的学习内容为主，能生动、完整地讲述历史小故事，或者能恰当解释自己进行某一专题历史考察的原因，或者进行历史小论文答辩等。

四、研究进度（略）

五、小结（略）

第三，历史教学评价的方式更加多样化。以前历史教学大纲背景下的历史教学评价方式比较单一，主要以书面考试为主。历史课程标准颁布后，不仅评价理念发生变化，而且对评价方式也有巨大影响。比如现在常见的评价方式有：教师评价（书面描述、口头评价）、自我评价、学生互评、教师观察、档案袋评价、情景测验及标准化测验等。

案例 4-2

学生为我评历史课①

2004 年 10 月在我校的校本教研大会上，我作为教师代表发言，提到一个大

---

① 引自中国历史课程网：http://hist.cersp.com/kcjs/200602/1693_10.html，作者周彩秀。摘录时进行了删节。

胆设想——请学生当评委为我打分。在 11 月 28 日我把这个设想变成了现实。而这是我首次公开学生为我的历史打分记录。我并不回避自己的不足,也只有面对不足,才会有长足的发展。

回想当初,在一个班上我宣布了这项决定,有好多同学举手,我说,明天早上谁把今天的评课意见交到我的办公桌上,谁就成为历史课的评委。第二天早上,我的桌上有 6 张纸。和我的期望值相差不多。如果没有,我的设想就落空了,如果太多,我也应付不过来。之后我就买了 6 本本子,请这 6 位学生为我打分。

11.28

主要内容:回顾二战

课堂形式:利用多媒体让学生们看有关二战的课件

打分:7 分

讲评:

1. 课前没有充分准备,使计划被打乱,课件没有及时给学生看,减 2 分。说明:软盘的质量太差。

2. 课堂形式新颖,利用多媒体。加 1 分。

3. 利用课件请同学做题,提高自身水平。加 1 分。

4. 课堂气氛不活跃,致使题目无人回答。减 1 分。

5. 留的作业在全班范围内只有一本书,每个人都做不现实,这属于老师的问题。减 1 分。

6. 正式上课前没有学生发言,打破以往规矩。减 1 分。

建议:今天打分较少,主要是我觉得本课没有新意,气氛死板,没有同学回答问题。老师应该学会去调动学生的兴趣。加油!希望您下次能得满分。

老师评语:没有满分,只有更好!谢谢!

11.30

主要内容:二战后社会主义国家

打分:10 分

讲评:

1. 给"战争之我见"获奖文章的作者颁奖,激励了同学们进步。加 1 分。

2. 整堂课充分利用多媒体,生动、活泼。加 1 分。

3. 课前学生发言只有 2 分钟,且老师没有提前通知,致使同学们听不懂该同学在说什么。减 1 分。

总评:我真的挑不出什么错误来,但总觉得这节课离我的要求有一点距离,所以总体再减 1 分。课前发言是不是可以再完善一点,既不影响老师讲课又让学生自己很满意,我们应该怎么办呢?继续努力,我的满分标准是 15 分。细心,耐心,决心。

老师回复:谢谢!相信我有,给我时间!

12.2

主要内容：欧洲、日本经济的恢复和发展

打分：11分

讲评：

1. 讲课形式丰富多彩，既利用了多媒体，又写了板书，扩展了知识面。总体上加1分。

2. 整堂课中采用"南北战争"的方式，"战斗"激烈，气氛活跃，达到预期的效果。加1分。

3. 课前为同学们总结上节课的内容。讲课时锻炼了学生的思维。加1分。

4. 板书还是不符合要求。减1分。

5. 老师讲课速度太快，有的同学跟不上速度，有的内容根本就没掌握。鉴于老师做了弥补。减2分。

总体上认为老师这节课比以往有所突破，有很多可取之处。加1分。

总评及建议：下节课老师是否可以把速度调慢一点？虽然这次课较成功，但是不是因为有老师听课？以后有待老师的真正实力。

老师回复：一方面老师每节课都有自己的教学任务，不能太慢；另一方面你们也要尽快适应老师。让我们双方都不断调整，大家同舟共济。

12.4

主要内容：第三世界的兴起和亚洲经济的发展

打分：11分

讲评：

1. 板书有很大进步，设计非常合理，下一步就是练字。加1分。

2. 能够凭借书本上的材料做练习。加1分。

3. 课前为什么没有人演讲？如果总是老师参加活动，那还有什么意思，这是学生自己的舞台。减1分。

建议：如果回答问题要挨个说，定式教学，怎么叫做学生的课堂？课堂要靠老师的精彩讲演和学生的积极配合。如果课堂上没有学生回答问题，是双方的原因，不是一方的原因。而这种情况是不能靠定式教学去解决的，请老师慎重考虑。你是好样的！

老师回复：定式是没人回答的无奈之举。我会注意定式与灵活相结合，适当做出调整。

学生的历史评课记录本写到最后一页时，我做了一次小结：评课26次，谈心36次，读后感12次，建议13次，名言14次。每一个参与评课的学生都在记录本上写下了自己的感言。

这学期，评论小组依旧。我只是给学生更大的自由。我发现6名同学，6种

风格。更多的同学,不仅仅关注老师的表现,也开始关注自己的表现,也为自己打分。真正的教育是自我教育。这句教育名言在他们身上得到了体现。这是我意料之外的。……

第二节　学生历史学习的评价

一、评价的类型

学生历史学习的评价,按照不同的标准可以分为许多类型,本节选取了目前在实践中比较普遍的几种历史学习评价类型进行简单的分析和阐述。

(一)档案袋评价

档案袋评价(portfolio assessment),又译为"卷宗评价"、"案卷评价"、"成长记录袋"等。简而言之,就是学生的作品集,学生每个人都有一个属于自己的资料夹,有目的地收集自己在某个(些)领域的作品,传达出学生的努力、进步和成绩。

档案袋评价的过程一般包括四个阶段:第一,资料准备阶段。这是档案袋评价实施的前提,资料准备可以包括学生动员工作、档案袋数量、档案袋评价的整体实施方案等。资料准备阶段的充分与否将会直接影响档案袋评价后面几个阶段的展开和效果。第二,小组划分阶段。档案袋评价一般以小组为单位,一方面是因为许多学习内容不是单个个体能够在短时间里完成的,另一方面因为小组成员间的分工、合作可以更多地锻炼学生的能力。当然,除了小组为单位的档案袋外,学生个人也有只属于自己的档案袋,需要完全靠自己去建设的档案袋。这一阶段的工作包括:教师帮助班集体确定小组的数量、大小,小组成员确定自己小组及自己档案袋的名称,小组成员对档案袋的封面进行设计,小组档案袋内容建设的初步分工等。第三,档案袋内容收集阶段。小组和个人的档案袋内容是不能完全一样的,其侧重点应该有所差别,前者适合收集难度较大、需分工合作的作品,后者则可以收集个性化鲜明的作品。内容的收集需根据具体的教学情况而定,也可以采取多种方式,比如文本资料、电子资料、音像资料等。第四,档案袋的展示及评价阶段。档案袋的展示可以使小组、学生个人的作品在其他小组和个人间进行交流,有利于学生比较学习,展示的时间可以分为定期和不定期两种,地点一般在班集体内部为宜。档案袋包括教师的评价、学生自评、同学评价等。评价一是在档案袋建设的过程中进行,一是在其完成后进行,评价的原则主要是以激励性为主,通过评价来促进学生进一步发展。

档案袋评价的标准及方式需要根据具体的情况而定,表4-2是我们初步设计的一张档案袋评价表,仅供参考。

表4-2 档案袋评价表

姓名_____ 小组_____ 日期_____

档案内容		学习反思	课堂练习	单元考试	探究体验	观摩感受	论文写作	交流心得	评价总结	自愿上交作品
量化等级	自评									
	同学评									
	教师评									
质性评语	自评									
	同学评									
教师评定									综合等级	

注:评价等级采用 A、B、C、D、E 五级制;其中 A 为优秀,B 为良好,C 为中等,D 为合格,E 为不合格

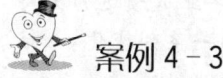

案例4-3

档案袋评价与历史课改①

历史课程改革已走进课堂三年半了,我由衷地感到,历史课变了,变得鲜活而富有生机,同学们对历史课的兴趣增强了,学习积极性提高了。我知道这是历史教学评价改革带来的巨大变化。教学评价,其主要目的是了解学生实际的学习和发展状况,以利于改进教学、促进学习,最终实现课程宗旨,即提高每个学生的科学素养和学生的可持续发展。档案袋评价是指在学生学习过程中为达到促进其发展目的所收集的相关资料集合,通过这些资料或材料,可以展示事情的进展过程或者个人的成长经历。档案袋评价是一种持续的、自然的评价形式,可以鼓励学生成为一个能意识到自己的学习与个人发展的主动学习者。通过承担学习结果的责任和对过程进行自我评价,可以激发学生改变自我、不断成长的内在动力。

一、学习档案袋评价的操作

建立学生学习档案袋的要求:设计有个性的封面;评价的目标要明确;确定

---

① 引自中国历史课程网:http://hist.cersp.com/kcjs/kcyj/200709/7498_2.html,作者邓永辉。

评价的内容和技能；确定评价的对象和评价时间；确定要收集的内容；调动学生积极参与；确定评分程序。下面分别加以说明：

1. 封面设计

在学习档案袋封面的设计上：学生根据自己的兴趣爱好设计图案，包括学生姓名、年级、班级、档案袋编号。

2. 内容和形式

学习档案袋的内容主要包括：与探究活动相关的成果或过程性资料；学生学习行为记录，如上课参与回答问题、角色扮演、与同伴合作等的次数、效果；书面作业（主要是开放性作业）；平时测验；学生对自己的学习态度、方法与效果的反思评语。

3. 应用

在评价过程中，开学之初，教师就档案袋评价的目的和意义与学生进行沟通，就具体要求和操作形式做出说明。在评价过程中，主要从学生的课堂行为表现，学生对知识的理解、疑难问题的解答，说、写能力等方面，采取多种形式进行评价。随时关注学生的学习方法和策略。在档案评价的应用上，为了在评价中容易操作，请课代表记录课堂行为的次数，包括回答问题的次数及正确率、学习的状态、学习的情感等内容；到期末时，由学生、教师、学生代表、班长、学习委员等一起对全班同学进行综合评定，之后将学生平常的各种资料装入到各自的档案袋中。

二、档案袋评价的原则

档案袋评价不同于传统的评价——单纯由教师对学生的学业成绩进行分等排队的做法，势必引起评价主体、评价内容、评价方法等方面的一系列变化：

1. 评价主体的多元化

学生将参与教学评价，反思自己的学习状况，并对教师的教学状况提出自己的看法；教师在教学评价中仍将发挥重要作用，但是不再充当裁判员的角色，而是学生科学学习的伙伴和激励者，同时又是自己学科教学的调控者。

2. 评价内容的全面化

评价既要考察学生对学科概念与事实的理解，又要评价学生在情感态度与价值观、科学探究的方法与能力、科学的行为与习惯等方面的变化与进步。

3. 评价方法的多样化

单纯的书面测验和考试已经不能适应学科课程的发展，运用多种方法对不同目标、不同内容进行教学评价势在必行。

三、取得的成绩

经过一年多的试行，学生学习档案袋的建立为教师最大限度地提供了有关学生学习与发展的重要信息，帮助了教师检查学生学习的过程和结果，使得教师在教学过程中自觉地、主动地参与到学生中去，也为教师全面了解学生提供了机会，师生关系大大改进；学生上课的基本情况要纳入到学生的评价中，互评中增加了同学之间的了解,加强了班集体的建设,因而学生的学习积极性、主动性增加,大家更加重视过程,学习效果明显,学习情感与态度进步大;教师在这一过程中,不自觉地在行为上实践着新课程理念,激发了教师的创新精神,增强了教师对教学的自我意识,为教师的自我完善和持续发展提供了机会,提高了评价的效度,促进了新课程理念在历史课堂上的实施。

档案袋学习评价既有优点,也有较多不足。比如:如何优化档案袋内容的管理,减少教师的工作量。档案袋评价受争议的一个主要问题就是其带来的工作量太大,太耗时间,在基础教育中,老师的任务繁重、时间紧张,往往容易将档案袋评价流于形式。因此,教师在采用这种学习评价方式时需要考虑各方面的条件和做好充分的准备。

(二)表现性评价

表现性评价,最早运用在心理学领域和企业管理领域。如在非语言的心理测试中,要求被试者通过动手操作具体的实物而对被试者的某种技能进行评价;在工厂里,主管人员通过观察受雇者在完成一项特殊工作任务时的表现来对工人的工作做出评价。

表现性评价在 20 世纪 90 年代美国的教育改革中代替了原来的客观性测验,逐渐成为美国、加拿大等国学校学业评价的主流形式。表现性评价具有如下一些特点:一是评价以学生为中心;二是评价表现需要透过实际操作;三是评价着重学生高层次思考能力的运用。历史学习中表现性评价运用得比较多,比如历史小论文的写作,历史小话剧的表演,历史实物、地图的制作等。下面结合一个具体的表现性评价案例来看一看:

 案例 4-4

我布置给学生的寒假作业:编写历史大事年表①

每次寒假作业都是发放练习给学生,通过做练习巩固学过的知识。但本学期的寒假作业,我们尝试了新的形式,具体要求如下:

1.组织原则:建议寒假以六人一组进行协作,共同完成这项作业。小组自由组成,并要明确各自任务,做到分工合理,分总结合。

2.材料依据:以三本必修教科书为主,辅助材料可以参考初中历史教科书与选修教科书。

有条件的学生可以参考下列书籍:《中国大百科全书》之中国历史卷和外国

---

① 中国历史课程网朱正标老师的博客:http://blog.cersp.com/userlog/115/index.shtml。摘录时进行了删节。

191

历史卷;《辞海》历史分册;翦伯赞主编的《中外历史年表》;中国社会科学院历史研究所主编的《中国历史年表》;杰弗里·巴勒克拉夫主编的《世界史便览》。

3. 大事年表的体例与结构。大事年表以时间为纵向轴,实行中外历史合编,并将政治、经济与科技文化分开编写。举例如下:

年代	政 治	经 济	科技文化
1861 年	洋务运动 1861 年俄国改革 美国南北战争 ……	中国民族资本主义产生	

4. 小组分工明细表

姓名	任 务 一	任 务 二
A	中国古代史	政治史
……	……	
组长	分工、统筹、汇编、校对	

5. 评价:开学时上交,交流,以年级为单位评选优秀成果,并组织学生精加工,定稿,印发全年级作为学习资料。

该老师让学生在寒假期间编写历史大事年表,然后在开学时以年级为单位评选优秀成果,这种学业评价方式就是一种侧重学生表现的评价。编写历史大事年表对学生来说难易适中,学生只要肯花时间,认真去对待、分工合作,就能较好地完成任务。在这个过程中,学生不仅需要进行准确的思考,还需要积极地投入到实践操作中去。任务有明确的分工明细表,每个人完成内容的情况在最后都要面临老师和同学的评价,在实践过程中的表现将直接影响自己和小组的成绩,但最后的结果并没有任何的淘汰意味,更多的是奖励优秀成果,用激励性的评价来促进学生的发展,这符合表现性评价的评价原则和精神。

案例 4-5

新式寒假作业①

放寒假的时候,学校要求布置寒假作业,可是布置什么作业呢? 还是老套

---

① 引自中国历史课程网:http://hist. cersp. com/Remotestudy/recommendsrc/200711/8399. html,作者王俊伟。摘录时进行了删改。

路,做一套题,或每天读几页书?这些太乏味了,容易招学生烦,再说也与过年的气氛不符,学生胡乱应付怎么办?所以我决定,要一改以往的做法,结合时下开展的研究性学习,搞一次创新,布置一次新型的寒假作业。我设想,这次作业要体现以下几点要求:得利用过年的题材,因为这接近学生的生活实际;能提起学生的心劲,要有兴趣;量不能过大,难度不能太高,得有完成的可能性;得注重乡土特色,体现历史的人文关怀;突出历史学科的学科特色,不能成四不像;最关键的一条,要体现历史教学的三维目标。

根据这六点原则,我设计了两道题,让学生任选一题做:一是家乡、家庭史研究,比如村名变迁研究,家庭收入变化研究等;二是搜集家乡的年节材料,透过这些材料的演变折射沧桑历史。

我本想从网络上下载一些示范作业展示一下,可又怕学生一味地模仿,限制了创新思维。为此,我专门抽出一节课的时间又具体做了两方面的工作:一是讲解这些题目的做法和意义,并强调了几条原则,以定规矩;二是深入学生中间,利用我的历史知识诱导学生关注身边的历史,进行"点火"工作……

通过我的诱导,同学们的兴趣来了,思维也活跃了,三三两两,热火朝天地谈论着,从学生的表情可以看得出,学生对这次寒假作业相当重视,抱有相当的兴趣。

新学期开始了,寒假作业一交上来,我就乐得心花怒放,作业做得太好了。这些作业有的搞村名探源,有的研究村貌变迁,有的研究置办年货多寡、品类的变迁问题,有的研究春节期间人们出行交通工具的变迁问题……不仅范围广,而且研究的深度、材料的搜集也非同寻常,虽然还存在缺漏和问题,但就中学生而言已经是难能可贵了。

三(15)班的王亚飞同学和张博同学的作业可算是其中的佼佼者。王亚飞同学的研究课题叫"春联见证百年沧桑",他的文章思路清晰严密,史料搜集充分,谋篇布局独具匠心,还充分运用教材知识分析史料。

王亚飞同学平时学习成绩并不突出,我觉得这是一个好机会,一定要对王亚飞同学提出特别的表扬,或许,这正是他转变的开始。可是怎样表扬呢?在历史课上说他怎样聪明,他的寒假作业有多好?这不是不可以,但这样的好作业,仅仅表扬两句然后就束之高阁,那样太可惜了。把文章印发给全体同学?同学们看得不一定深入,对他们的促进作用不大,也不行。思前想后,我终于想了一个绝招:把王亚飞同学的成果编成一道历史材料解析题,然后让学生做。

说干就干,当天晚上我就忙碌起来了。首先,研究考纲中关于四项基本能力的考核要求;其次,找来历年高考历史题,尤其是上海试题,认真研读;再次,思考命题立意和视角及其思考问题设置和赋分策略;最后,再次研读这篇寒假作业,并重新阅读教材,思考如何使它们有效连接。思考完毕,赶紧动手,终于把题编

了出来,题目如下:

春联是中国特有的文学艺术形式,百年来农家百姓对联内容的演化折射出了近现代历史的沧桑巨变,据此回答下列问题。(20分)

材料一:民国初年某地农村百姓家中春联:"帝德乾坤大,皇恩雨露深。"

1. 该春联反映了什么历史问题? 这个问题在当时是如何解决的? (2分)

材料二:20世纪20年代湖南某农村春联:"和为贵,三民主义指导革命;斗则胜,一切权力收归农会。"

2. 指出此处"三民主义"的具体含义,指出该春联反映的历史现象。(4分)

材料三:20世纪40年代初某地农村百姓家中春联:"新四军拼命抗日,老百姓安心过年。"

3. 从该联可得出什么历史结论? 指出此时国民政府的政治举措。(2分)

材料四:1946年某农村百姓家春联:"抗战胜利一元复始,和平建国万象更新。"

4. 指出出现该春联的历史背景,结合历史事实说明春联的愿望是否能实现。(2分)

材料五:下列几条是建国以来某地农村百姓家盛行的春联集锦。

①四海翻腾云水怒,五洲震荡风雷激。②食堂巧煮千家饭,公社饱暖万人心。③生意兴隆通四海,财源茂盛达三江。④万里山河归人民,五亿群众庆新生。

5. 请以时间先后为序重新排列这几副春联并简要说明理由。(10分)

……几天之后,我把试题发给学生,同学们以羡慕的眼光看着王亚飞同学,因为试卷醒目的写着:命题人:王俊伟 王亚飞。由此我想到,张博同学的寒假作业是不是也可以用同样的方式处理? 于是,另外一道题展现在我的眼前……

事后,王亚飞同学给我写了一封信,信中说:"王老师,非常感谢老师给我的鼓励,我觉得我的作业做得还不够好,以后一定会再努力的。通过做这次作业,我学到了很多。首先,我知道了处处留心皆学问的道理;其次,在这个过程中我又把历史书翻了几遍,掌握了很多知识;第三,我找到了自信,别人对我的看法改变了,这是最重要的。以前我可能有点毛病,希望老师不要介意,今后我一定努力学习历史,因为学历史太有乐趣了,希望你能监督我、指导我。最后,希望老师多布置点这种作业。"在这次做寒假作业过程中获益的何止王亚飞一人? 很多同学都写下了类似的感言,我相信通过这次作业他们学会的东西远远超过了课堂上所讲授的。

实际上,我也通过这次寒假作业学到了很多东西……

(三)总结性评价

总结性评价指对学生学习活动的效果进行的评价,它侧重于对学生学习活动的成果做出评定,并将评定结果反馈给学生,一般在课程或一个教学阶段结束后进行。总结性评价主要考察学生对本课程知识的掌握、运用情况及分析问题的水平,能较好地测验学生认知能力的变化和发展。总结性评价的功用是诸如"过程性评价"、"档案袋评价"等质性评价所不能代替的,这类评价能证明学生掌握知识的程度,从而为确定学生在后面的教学中的学习起点,为制定新的学业目标提供指导。

总结性评价有其特定的功用,是别的评价所不能替代的。但是,新时期的总结性评价可以在评价方式上有所改变,比如传统的总结性评价主要以书面考试为主,并且教师是书面考试内容的决定者,学生比较被动,其实,学生可以有一定的主动权,学生也能够命制试卷,关键是要改变传统的教师中心、教材中心的观点。总结性评价一般采用书面考核的形式,学生通过完成一定量的试题来实现知识、能力的考核。教师需要对学生做题的情况进行认真的总结性分析,找出大多数学生在某个知识点、知识面上的掌握情况,对难点问题要从多个角度进行分析,这样才能达到总结性评价的目的。

二、评价的程序与方法

程序是指事物发展或活动进行的先后次序。学生学习评价的程序一般包括三个层次,即评价的准备、评价的实施、评价的总结。

(一)学生学习评价的准备

学业评价是一项技术性很强的活动,科学地开展学业评价对提高评价的质量会有很大的帮助。根据评价学和历史学科的特点,学习评价可以分为几个方面:

(1)确定学生学习评价的总体目标,预测各种可能出现的非预期的负效应。历史课程学习评价的总体目标首先应该从"知识与能力,过程与方法,情感态度与价值观"三维目标着手,然后再根据历史学科的实际情况来制定学习评价指标体系。当然,在这一过程中学生有可能会在交流合作、自学能力等方面有较好的发展,而这些非预期效应同样会进入到学业评价体系中。

(2)把学生学习评价的总体目标转化为具体的作业目标,设计不同的学习内容和评价量表,将总体的学业评价目标细化。

(3)设计获得学业评价信息反馈的途径。评价在学生学习的过程中进行,因此建立有效的反馈和交流途径非常重要。在实际操作中,可以通过多种渠道实现学生与教师的沟通与交流,如面谈、电话联系、通过学习委员将信息传达给教师;还可以借助先进的现代信息技术进行,如发送电子邮件、登陆老师或班级的主页、博客、MSN 联系等等。

（4）准备各种学业评价所需资料，如在档案袋评价中需要的两种档案袋，制定学习评价量表等等。

（二）学生学习评价的实施

学习评价阶段，就是指实际进行评价活动的阶段，它是整个学习评价程序的中心环节，也是评价组织管理工作的重点。在学习评价实施过程中，需要根据学习评价方案的要求对学生开展全面的调查研究，以便收集客观的、真实的、完整的信息、资料、数据。收集学习评价信息是进行评价的客观依据，是做出科学结论的必要条件，对学生学习评价的有关信息占有的越多，越能使评价进行得准确无误。否则，学习评价就会陷于主观片面性、随意性，甚至无法进行。收集评价信息应注意以下几点：一是要注意评价信息的全面性。所谓评价信息的全面性，是指评价信息要全面反映学生学习的全貌和全过程，不能有某一个环节或某一方面的遗漏。二是要保证评价信息的准确性。学生的学习活动内容复杂，各种现象很多，可收集的评价信息也很多。但这些信息并非全部都是"真"信息，很可能有"假"信息的存在，因此，在收集评价信息时，应该根据学习评价指标体系中的指标，收集那些最准确、最能反映学习活动实际的信息。三是要开辟多种途径，取得足够的信息量。信息的准确性能反映信息的质，质以一定的量为必要的条件。因此，反映学生学习活动的信息，必须有足够的量，从而在其基础上对量的质量做出准确客观的价值判断。学习评价信息收集完成后需要对信息进行整理。信息的整理，主要是指将收集到的全部学习评价信息，反复加以核实，对评价信息的全面性、准确性、适应性以及收集评价信息的可靠性，认真进行检查、分析和整理，以便为评价所用。信息的整理一般包括归类、审核及建档三种方法。

（三）学生学习评价的总结

学业评价实施的总结一般有两种类型：一是在学生学习的过程中进行，这主要是基于形成性评价、档案袋评价等学习评价类型的特点而定的。与总结性评价不同的是，形成性评价等评价类型主张将"评价纳入到学生学习的过程中"，学生在每一个学习活动环节中都要接受来自教师、同学及自我的评价。二是当课程结束时，通过对学生实施量性的、质性的评价后进行的总结。这样的总结应该是对学生在学习中所体现出来的学习状态的全面分析和记录。这两种类型的总结都是有必要的，前者可以及时了解动态过程每一环节的学生学习效果，以便及时调控教学计划、修改过高或过低的标准；后者可以全面了解学生学业情况及存在的问题，也可以对照学业评价指标和评价标准判断评价目标达到的程度及与理想目标的差距。

学业评价总结主要侧重分析"评价"对学生学习进步和能力提高的促进作

用,彰显"评价"在学生学习过程中的激励和发展功能,同时通过总结发现问题,吸取经验教训,为以后的教学提供借鉴和参考。

学习评价方法,是指在学习过程中确定评价指标权重和收集、整理、分析与解释评价资料的办法和手段。它在学习评价中起着重要的作用。进行学习评价必须要有一套科学的、适宜的评价方法,才能保证学习评价的顺利进行和取得良好的评价效果。一般来说,学习评价方法包括:确定评价指标权重的方法;学习评价信息的收集、整理方法;学习评价的分析方法。

权重(权数)是指指标体系中各指标在完成、实现整体目标中的贡献程度。确定权重的方法主要有专家意见平均法、层次分析法等,具体内容可参见教育评价学中的相关章节。学习评价信息的收集、整理方法包括:测验法、问卷法、观察法、访谈法及个案研究法。测验法是通过编制一定的试题或设置某种情景,向测验对象获取资料的方法。测验法是平时用得比较多的一种方法。问卷法是评价者根据评价指标的要求,提出一些问题,制作题目和表格,以问卷的形式进行调查。问卷调查需要根据学习活动的不同时期设置相应的问卷调查,比如在学习开始时,设计问卷调查了解学生的学习动机;在学习过程中,设计问卷调查了解学生学习的收获和困惑;在学习结束时,设计问卷调查了解学生对课程的意见和建议等。问卷本身需要反复修改,以保证一定的信度和效度。观察法、访谈法也是教师用得比较普遍、比较常见的两种方法,在此不再赘述。个案研究法,是指选定一个有代表性的教育团体、机构(或个人)为研究对象,以其变化发展的过程为研究内容,收集有关这个研究对象的一切资料,进行全面、深入、细致的分析研究,探索产生某种特殊状况的原因,揭示其发展变化规律的方法。[①] 个案选取有一些需要注意的原则,主要包括:第一,根据研究目的确定研究对象的原则,通过用"学业评价"来促进全体或大多数学生各方面的发展。第二,选取的个案必须具有代表性的原则。使用个案的分析,是为了说明学生中存在的普遍问题,因此,选取的个案首先要能够代表大多数学生在学业过程中的情况和特点,否则最后的结果只能说明个案本身的情况,违背了个案调查的初衷。第三,根据学生自身的特点选取个案的原则。如具备良好的口头表达能力、利用现代信息技术的能力等。第四,提供最大信息量的原则。个案在学业评价过程中提供的相关信息越多,调查的可靠性就越高。

教师可以借助相关计算机软件,采用统计分析法对学生学习评价信息进行分析,也可以自己根据经验或者与同行进行交流分析。

---

① 丁念金:《研究方法的新进展》,教育科学出版社2004年版,第145页。

第三节 教师历史教学质量评价

教师历史教学质量的衡量,是考察教师工作水平的重要指标,同时也是关系到广大一线教师切身利益的大事。进行教师教学质量评价是提高教育教学质量、促进教师成长和学生发展的重要手段,也是新课程顺利实施的重要保证。我们可以从哪些途径去评价教师的历史教学? 教师历史教学质量评价应该采取哪些方法和具体的标准? 传统的评价方法、标准与现在的评价方法、标准又有什么区别?

一、教学质量评价的方法

(一)教师历史教学评价的途径

教师历史教学涉及的对象包括学生、同行、领导及社会相关人士,学生的考试成绩是教师历史教学的一种表现形式,传统教学评价将其视为唯一标准,这是不合理的。课程改革背景下,教师历史教学评价的途径有多种,包括学生评价、同行评价、教师自评、领导评价等。

1. 学生评价

学生是教师历史教学的直接体验者,因此理应成为其评价的主要参与者。通过学生对教师历史教学的评价,可以反映教师在学生心中的地位、威信及受欢迎程度,尤其可以反映出教师的教学态度、教学方法、教学内容、教学进度等是否符合学生的身心发展水平。从教育评价角度看,学生评价教师教学自 20 世纪 70 年代以来一直为世界许多国家所重视。阿里莫里(Aleamoli, L. M)提出如下观点:首先,学生是教学过程的主体,他们对教学目标是否达成,师生关系是否良好,都有较深刻的了解,对学习环境的描述与界定也较客观;其次,学生直接受到教师教学效能因素的影响,他们的观察比其他突然出现的评价人员更为细致周全;再次,学生参与评价有利于师生沟通,从而有助于提高教学水平;最后,学生评价的结果可作为其他学生选课的参考。[1]

事实上,学生评价教师历史教学不仅方便,而且在统计的意义上具有较大的稳定性。研究也表明,学生评价这一方法既花费不大且有相当的信度,它的信度范围通常在 0.8—0.9 之间。[2]

学生评价教师历史教学需要开发出具体实在、切实可行的评价工具,这既

---

[1] 转引自陈玉琨:《教育评价学》,人民教育出版社 1999 年版,第 139 页。

[2] 参见陈玉琨:《教育评价学》,人民教育出版社 1999 年版,第 139 页。

是重点又是难点,目前有研究者提出"供学生评价用的基本指标"①,其内容包括:教师提问富有启发性,激励学生思维方面;教学思路;用普通话教学和授课语言表述方面;授课通俗易懂和重点突出方面;授课时的答疑和质疑方面;作业量合适和认真批改方面;学生听懂和掌握的程度;学生对与课程内容相关问题探究欲望的程度。另外,学生评价教师教学可以通过"调查问卷"或"座谈会"的具体途径来实现。比如就评价教师的课堂教学来说,可以设计如下的问卷调查,让学生填写(见表4-3)。

表4-3　学生学习情况调查表

学科＿＿＿＿＿＿	讲授内容＿＿＿＿
任课教师＿＿＿＿	填表人＿＿＿＿
填表时间＿＿＿＿	

1. 你对本堂课教师所讲的内容:全懂;不全懂;全不懂
2. 你认为本堂课教师讲授的内容:太多;合适;太少
3. 本堂课教师在授新课前是否简单复习了旧的知识:是;否
4. 你认为本堂课教师布置的作业:太多;合适;太少
5. 你对本堂课教学内容的兴趣:原来有兴趣,课后仍然有兴趣;原来无兴趣,课后有兴趣;原来无兴趣,课后仍然无兴趣

　　上述学生评价教师教学的理念和途径完全可以运用到历史学科领域,学生在评价教师历史教学体系中占据着非常重要的地位和作用,评价必须充分考虑到学生的因素。

2. 同行评价

　　一般来说,同行评价比较切合实际,这是因为同行评价既是相互评价的过程,又是相互学习的过程。从理论上说,在各种评价信息源中,同行评价的信度和效度较高。这是因为同行较为熟悉本行情况、工作和发展方向,评价失真度小。20世纪80年代起,教师同行评价在美国受到比较广泛的关注、运用和研究。同行评价是一种形成性评价。它建立在经常性的听课、课堂观察和分析反馈的基础上,对教师是长期的关注和监督,对教师的评价是动态的、客观的,增强了有效性和权威性。同行评价在教师历史教学质量评价中有很大的潜在价值,而且对在历史教师中创造一种专业发展的气氛也有很重要的意义。

　　同行评价在教师历史教学质量评价运用中对评价者的要求比较高。首先,评价者要经常性的听课与观摩被评价者的历史教学情况。听课一般可以分为随机听课和选择性听课两种。比如,教师不给任课教师提前打招呼而在上课前10

① 吴钢:《现代教育评价基础》(第2版),学林出版社2004年版,第253—255页。

分钟到教室听课等就属于随机听课,随机听课可以听常规的教学课,与公开课、竞赛课比较起来,这种常规课更能反映教师历史教学的真实水平和实际效果。事实上,有许多历史老师都非常赞成随机听课的方式,这不仅使教师掌握的信息具有较高的信度,而且有助于教师之间取长补短,共同提高。选择性听课是教师提前和任课教师联系、确定听听课时间、地点,或者是选择性地听取一些公开课、竞赛课。一般来说,选择性听课反映的是教师历史教学的较高水平,因为任课教师提前已经知晓,因此可以花费较多的时间和精力对教学进行准备。

同行评价在教师历史教学质量评价的运用中要注意几点:第一,评价者绝对不能凭感情办事,应尽量保证评价的公正性;第二,评价者最好有一定的教学经验,并且熟悉历史学、教育学、心理学、教育心理学等相关学科知识,如果还能掌握良好的评价学知识和评价技术则更为理想;第三,评价要在长期的听课或观摩实践基础上进行,要确保评价教师历史教学呈现动态、发展的特征。

3. 教师自评

学校重视教师对自我历史教学质量的评价意味着对教师的尊重和信任,这有助于增强教师的主人翁意识及鼓励教师积极参与评价过程,提高教师评价结果的可信性和有效性,使教师历史教学评价的过程成为一个连续的自我改造、自我教育的过程。教师历史教学自我评价可以通过三个途径来实施:

第一,根据别人对自己的评价来评价自己。自我评价大多数都是以别人对自己的评价作为参照系的。现代心理学强调及时提供肯定性的反馈信息,即"强化"在形成人的预期行为中的作用。处在一定社会关系中的群体和个体,总是从他人对自己的评价中,看到自己的形象,这种形象便构成了自我评价的基础。

第二,通过与他人的对比来评价自己。自我评价并不是孤立进行的,还需通过与自己地位、条件相类似的个体与群体进行比较而获得。例如,假设我们把教师历史教学质量分为三个等级,即优秀、一般和较差。一个教师的历史教学质量比较高,但在学校历史教研组内,大多数人在这方面的水平或质量比他更高的话,那么,他就有可能把自己的历史教学评价为一般;而如果在另一所学校的历史教研组,一个教师的历史教学质量一般,但他周围人的历史教学水平或质量都比他差,那么,他就很可能将自己的教学质量定为一般甚至优秀。

第三,通过自我分析来实现自我评价。这里要先介绍两个概念:外在价值尺度和内在的价值尺度。前者主要是指为社会各界大多数人所认可的价值标准,后者主要指自身的发展目标和愿望等。自我分析就是把自身的行为及结果,用这些外在的、内在的价值尺度进行比较的过程,在这一比较的基础上,就形成了人们的自我判断,得到自我评价的结果。自我分析还包括教师对自己的历史教学进行积极的反思,它是实现自我评价不可缺少的一环。

当然,这三种方式都有可能得出一些不准确的结论,因而在教师历史教学质量自评中误差同样是难免的。因此,教师根据别人的意见自评时,要判断他人评价的准确性及价值尺度;与他人对比时,要正确选取可比对象,并全面、客观地进行比较;在自我分析时,要把握好价值尺度,善于抓住主要问题和主要因素。

4. 领导评价

领导评价是指领导班子而不是某一位领导的个人评价,这是领导集体对被评教师所进行的评价。这种评价影响较大,有一定的权威性。主要由学校领导、历史教研组长、年级组长等通过听课、检查学生作业和教师的教案,召开师生座谈会等形式了解教师的历史教学质量,做出评价。

(二)教师历史教学评价的方法

就其内涵来说,教师历史教学评价方法就是评价者(一般是学校)为了完成历史教学任务、实现历史教学评价目的所采用的办法和手段。它直接影响着教师历史教学评价结论的信度和效度。任何一项历史教学评价活动,在明确评价任务后,都必须采用适当的评价方法。否则,要完成任务就是一句空话。因此,教师历史教学评价必须探讨和采用科学的评价方法,目前常见的有:

1. 观察法

观察法是收集教师历史教学质量的基本方法。它是学校领导、年级组长等根据历史教学评价指标的要求,有计划、有目的地直接对历史教师进行观察,从而获取相关的评价信息的方法。观察法是以"听"、"看"为手段直接获取信息,主要收集不易直接量化的评价信息,如教学指导思想、教学中的非智力因素、教师的态度等。观察法又分为自然观察法和选择观察法两种,前者是一种不加任何控制的自然状态下的观察,如对历史教师平时的备课、上课、辅导、作业批改和教学态度等进行不通知本人的观察,这种观察容易发现被评价者内心的真实状况,但不易把握重点;后者指在某一时间或特定场合对评价对象有目的地进行观测,如对历史教师在上课前几分钟的准备进行观察。

2. 调查法

调查法是对评价对象有计划地获取有关评价资料的一种常用方法。调查可分为全面调查和非全面调查两种类型,同时,调查所面对的对象可以是学校、家庭或社会的人群,主要是学生和教师同行。在实际操作中,调查的方法又可分为谈话法、问卷法和自我汇报法等。

(1)谈话法。这是一种通过评价者和被评价者交谈的方式获取评价资料的方法。这种方法适用于对教师教学态度、教学设想、教学安排和有关教学问题的认识情况的了解。

(2)问卷法。这是调查者根据评价指标的要求,提出一系列的问题,设计一套问卷,要求被调查者在正常状态下答卷,用以获取评价资料的一种方法。问卷设计要注意处理好信度和效度的问题。

（3）自我汇报法。这是评价者采用听取教学参与者的口头报告或浏览他们所写的书面汇报，以获取评价资料的方法。

3. 查阅文献资料法

查阅文献资料法是根据评价目标和评价指标的要求，通过查阅有关文字资料获取评价资料的方法。教师历史教学中有许多文献资料，如教师的教案和教学研究会议记录、教学反思、教学总结等，这些资料反映了历史教师的教学改革和教学研究成果，尤其是通过教学反思能够发现教师的内心体验，促进教师的发展。

除了上述三种方法外，教师历史教学评价的方法还包括测验法、竞赛法、个案研究法等等，在此不一一赘述了。

 **知识链接**

教师教学质量评价的内容和评价标准①

评价内容	评价标准
教学目标： 教师要把全班学生培养成推理缜密、思想方法与行为以及社会价值观念都有助于学习的学习者	① 要对所有学生的各种不同见解、技能和经验都有所尊重 ② 要使学生在决定应该教什么和应提升什么学习环境的时候都有真正的发言权 ③ 要在学生中培养协作精神 ④ 要将学生的技能、思想方法、行为方式和价值观念作为重点加以培养
教学设计： 教师要为学生制定合理的教学方案	① 为学生制定一个包含年度目标和短期目标的计划 ② 要针对学习内容修改与设计课程，使之适合于学生的经历、兴趣、知识水平、理解力和其他能力 ③ 选择教学和评价方案，以提高学生对知识的理解，把学校变成学生积极参与学习的场所

① 钟启泉等：《为了中华民族的复兴　为了每位学生的发展》，华东师范大学出版社 2001 年版，第 318 页。

评 价 内 容	评 价 标 准
管理教学环境： 教师要营造和管理好学习环境，为学生们的学习提供必要的时间、空间和资源	① 要安排好可以利用的时间，使学生们有机会参加扩展性研究 ② 要创造一种灵活的、有助于学生学习的环境 ③ 要确保学习环境的安全性 ④ 要使可以利用的设备、学习教材、视听媒体能够为学生所利用 ⑤ 要能鉴别和利用校外的学习资源 ⑥ 要使学生参与学习环境的设计
促进教学： 教师要学会引导学生学习，会将学习活动化难为易	① 要组织好学生围绕学习问题进行讨论 ② 要设法使学生认识到并担负起他们在学习中所应承担的责任 ③ 要认识到学生们存在的巨大差异，并能采取相应的做法和措施，鼓励全体学生人人都参与到学习之中 ④ 要利用学生的数据、有关人员对教学工作的评议以及与同事间进行的交流，总结和改进教学
对学习的评价： 教师要对学生学习的整个过程进行不断的评价	① 要使用多种方法，系统地收集关于学生的理解能力与其他能力的数据 ② 要分析评价数据，指导教学 ③ 要指导学生进行自我评价 ④ 要向学生、教师、家长、决策人员以及广大公众报告学生的学习过程和学习结果

二、教学质量评价的标准

（一）历史课堂教学评价标准

教师历史教学的一个主要方面是历史课堂教学。但不同的教学背景和学生有很大差异，因此，教师历史教学质量评价必须适应多种评价背景，要考虑到年级、教学风格、学生特点、地域文化等。正如著名历史教育专家于友西教授所言："决定历史课堂教学质量的变量是十分复杂的，影响的因素极多，因此要找出一个公式、一种评价标准和模式来说明什么样的课才是一堂好的历史课，是非常困难的。"[①]教师教学质量评价不能将标准整齐划一。相反，应根据教师、学生、教学目标、教学环境的特点，通过评价突出显示其标准的多重性和

---

① 　于友西：《中学历史教学法》，高等教育出版社 2003 年版，第 271 页。

差异性。

评价标准是据以测定、评量教学工作质量水平的标尺。在评价方案中，一般以明晰具体的规定性语言描述出各项指标的理想水平和预期水平，然后按照距离标准的差异程度划分出若干等级。教师历史教学质量评价标准通常包括绝对标准和相对标准两种。

评价教师历史教学质量过程宜采用绝对标准。即以国家的教育方针、政策、教育教学的权威指导文件，教育科学的基本理论原则，长期教学实践中形成的规范化模型作为依据来进行描述。教学过程反映出的是教师的主观努力和能动行为，这方面的预期水平和理想标准不应降低要求。下面这份教学质量评价方案采用的就是绝对标准：

表 4-4　教学质量评价方案

A 级	B 级	C 级（期望评语式）	甲	乙	丙	丁
教学	教学计划	符合课程标准，切合实际				
		进度合适，措施具体				
		认真实施，灵活调整，按期完成				
	教学设计	单元（章节）教学设计、课时教案齐备				
		吃透教材，内容完备，注重操作性				
		地图等教具课前准备妥当				
过程	教学内容	教学目标明确具体、重点突出				
		无科学性、知识性错误				
		教学结构完整、紧凑、合理				
		教学方法灵活，注重启发式教学，师生配合默契				
		教学语言清楚、流畅、简洁、准确，用普通话教学				
		板书设计精要，书写工整				

评价教师历史教学质量成绩则宜于采用相对标准。具体的做法是：结合本校或同类学校的实际情况，以校或同类学校已经达到的或可能达到的最优水平作为理想水平，设置首级标准。也可以以本校或同类学校的平均成绩为基准来分等，超过该水平的为优（首级），末级的为差。评价教师历史教学成绩采用相对标准的依据是：第一，达到什么水平才是教学的最优成绩？事实上没有也不可能有绝对的标准，即绝对标准是无法描述的。第二，各地、各校由于经济、文化背景的差异和办学条件的不同，难以提出一个大家必须达到的标准。第三，采用相对标准，教师眼前有具体可比的标准和实践证明努力可以达到的目标，

既有利于肯定成绩,也有利于找出差距,这就有利于调动教师的工作积极性,发挥评价的激励功能。

(二)历史教师教育科研评价

教育科研是教师历史教学评价中另一项重要内容。20世纪80年代以来,"教师成为研究者"已经成为一个新的响亮口号,在欧美教育界广为流传。教育科学研究,既是现代教育改革和发展的需要,又是现代教师职业素质的要求。处于中学教学一线的历史教师既是教育者,又应该是研究者。华东师范大学的聂幼犁教授对此有很深刻的阐述:"从信息角度来说,历史学科的教育科研过程就是教师对各种历史信息(史料)进行发现、选择、获取、描述、储存、加工、分析和处理的过程,这就大大促进了其掌握和利用历史信息(史料)的能力,而这又是现代中学历史教师的一种非常重要的素质。"①现代教育理论认为,教师应该走出传统的藩篱,从单纯的知识传递者走向研究者。只有当教师的教学与研究交融在一起,教学才有更富理性的呐喊。

历史教师教育科学研究评价应该具有怎样的评价标准呢? 我们认为没有必要要求教师每年拿出多少科研成果,而是应该采取多样的评价标准,评价应结合教师具体的实际情况(地域、学校等方面)。总的来说,可以从下面三个方面来评价:

第一,教师的实际科研成果。实际的科研成果不是评价的唯一标准,但属于一项重要内容。教育科研成果是教师对平时历史教学中相关问题的理性思考,如对历史教师教学设计、学生学业评价、教材内容的认识和分析。新课程背景下,实验区的历史教师通过对课程标准、教材、教学手段、教学环境以及学生进行研究,并将这种研究用文本的形式反映出来,一方面可以提高实验区历史教学的质量,另一方面对非实验区的历史教学也有非常重要的指引作用。比如,上海历史课程改革一直都走在全国的前列(现在已经推进到二期阶段),改革中出现的许多成功经验通过老师们发表在全国各种历史教学刊物上的文章,从而使其他实验区的历史课程改革有了宝贵的借鉴,避免进行一些无谓的探索,既节约了大量的人力、物力,又使历史教学改革能够稳定、健康推进。当然,非实验区的一些改革经验也可以通过这样的形式被实验区所运用,这是一个互动互利的过程。同时,教师通过科学研究可以对自己在历史教学的某一个或某几个方面进行较系统的知识梳理,如教学方法、史学理论修养、现代教育技术等等,从而加快教学成长的步伐。实际的研究成果也能够给教师带来一定的成就感和较大的精神享受。

---

① 聂幼犁:《历史课程与教学论》,浙江教育出版社2003年版,第389页。

　　第二,教师参与教研活动的情况。教研活动是中学历史教学中较常用的一种教师间进行交流的方式。历史教研活动的形式很多,主要有集体备课、听课、说课、评课、经验交流和教学实验等,条件较好的学校还可以邀请外地优秀教师、专家来本校讲课、讲学,放映优秀的教学录像等。教师参与这些教研活动是否自愿、积极,有没有认真的记录和深刻的反思及问题意识和交流对话的情况将是评价的主要标准。

　　第三,教师对教育教学活动的反思。其实,教师日常生活中对教研教学活动的反思情况也是评价的重要标准。教师对自己历史教学中出现的问题是否进行过较深刻的思考,是否通过各种途径进行加深理解和认识,条件较好的学校是否积极利用现代网络技术进行探索,都是应该考虑的因素。如,目前许多历史老师通过中国历史课程网这个网络平台积极与全国各地的历史教师进行交流和对话,中国历史课程网中的历史论坛开设的在线讨论就已经有一大批较固定的历史教师参与其中。历史教师对教育教学中的问题进行的反思和对话,虽然没有形成正式的科研成果,但这些思想火花同样是历史教师对历史教育的较理性的认识,同样应该是评价的主要标准。

实践练习

请你查阅20世纪80年代到现在的历史教科书,看看教科书的课后习题,列表对比不同时期的课后习题有什么不同,谈谈产生这些不同的背景。

　　《基础教育课程改革纲要(试行)》指出:建立促进教师不断提高的评价体系,强调教师对自己教学行为的分析与反思;建立以教师自评为主,校长、教师、学生、家长共同参与的评价制度,使教师从多种渠道获得信息,不断提高教学水平;建立促进课程不断发展的评价体系。历史新课程实施的主阵地在课堂,教师是历史课堂教学的重要组成部分,是本次课程改革成功与否的核心和灵魂。因此,评价者应该坚持用"发展性评价"理念对教师的历史教学质量进行评价,真正做到用评价促进教师历史教学和学生学习历史的作用。

第五章　历史教学资源

第一节　历史教学资源概述

一、什么是历史教学资源

关于教学资源,有多种表述:"教学资源是指配套教学活动开展,保证教学顺利进行所用到的相关资源。"①"所谓教学资源是指各种各样的媒体环境与一切可用于教育教学的物质条件、自然条件以及社会条件的总和。"②有学者认为教学资源从广义上包括社会制度、社会风气、科技水平、家庭条件、社区文化及设施等等;从狭义上(即从学校教学工作的角度来看)包括了教学活动场所、教学时间、学校设施、仪器设备、师资配备、图书资料、社会信息、校风班风、师生人际、精神品质等。这一理解尤其强调文本资源、智能资源、实物资源、时空资源、现代媒体资源、设施资源、社会信息资源和人际与情感资源等都是教学的可用资源,突出了对无形的、隐性的教学资源的利用问题。《教育大辞典》在"教育技术学"之"教学设计"类别里对教学资源做如下界定:"支持教学活动的各种资源,分为人类资源和非人类资源。人类资源包括教师、学生学习小组、课外活动小组、旅行小组、课外辅导员、家长、社会成员等。非人类资源包括各种媒体和各种教学辅助设施。传统媒体有粉笔、黑板、印刷媒体、实物及实物模型、挂图等。现代媒体包括投影设备、幻灯片、影视、计算机及计算机多媒体系统。此外还有各种社会教育性机构,例如公共图书馆、博物馆、青少年活动中心、少年宫等也是教学资源的组成部分。"③根据上述教学资源的定义,我们可以把历史教学资源概括为:在

---

① 王丽娜、梁虹:《浅谈立体化教学资源的建设》,《化工高等教育》2004 年第 3 期。
② 王曼文、丁益民:《浅议远程教育教学资源的建设与应用》,《河南广播电视大学学报》2004 年第 3 期。
③ 顾明远主编:《教育大辞典》(增订合编本),上海教育出版社 1998 年版,第 723 页。

历史课程目标指引下,能够支持、服务并且保证历史教学活动顺利地朝着课程目标进行的一切条件和资源。

阅读思考

教学资源与课程资源是两个既有联系又有区别的概念,阅读下面关于课程资源概念的短文,比较课程资源与教学资源的异同。

关于课程资源有众多的界定,主要有:"是形成课程的因素来源与必要而直接的实施条件"[1];"是课程设计、实施、评价等整个课程编制过程中可资利用的一切人力、物力以及自然资源的总和,包括教材以及学校、家庭、社会中所有有助于提高学生素质的各种资源。课程资源既是知识、信息和经验的载体,也是课程实施的媒介"[2];"是富有教育价值的,能够转化为学校课程或服务于学校课程的各种条件的总和"[3];"指在课程实施过程中对学生进行学校教育的一切素材"[4]。以上界定基本都包含两层意思,即课程资源是保证课程目标实现和课程实施顺利进行的基础,是课程因素的天然来源和课程实施的条件。《教育大辞典》对"课程资源"的界定是:"为设计课程和制定教学计划服务的各种可资利用的途径、方法。包括:(1)目标资源,如通过社会调查,探明有效参与社会生活所应具备的知识、技能和素质;探究学生的身心发展特征,了解他们所需的以及已经具备的知识、技能和素质。(2)教学活动资源,如调查并且研究学生的兴趣、需求活动,从而总结能够唤起学生强烈求知欲的方案、活动、问题;运用多种现代化教学手段辅助教学或组织学生外出参观实习、观察所学知识在现实中的作用或在实践中的应用,从而使学生牢固掌握教学内容。(3)组织教学活动的资源,如加强各种教学活动的横向联系,相互渗透、相互补充;调查整理各种教学活动中具有通用价值的技能。"[5]

二、历史教学资源的分类

历史教学资源包括与历史教学活动相关的诸多要素,一般分为人类资源和非人类资源。就人类资源来看,包括历史教师、学生、课外辅导员和社会成员。非人类资源除了学校基本的教学设施如教室、图书资料、计算机多媒体系统外,还有校外的教育机构与公共设施如博物馆、档案馆、历史遗迹、历史纪念馆等。

[1] 吴刚平:《课程资源的开发与利用》,《全球教育展望》2001 年第 8 期。

[2] 徐继存、段兆兵、陈琼:《论课程资源的开发利用》,《学科教育》2002 年第 2 期。

[3] 范蔚:《实施综合实践活动对课程资源的开发利用》,《教育科学研究》2002 年第 3 期。

[4] 褚惠玲:《重视课程资源的开发和利用》,《中小学管理》2001 年第 3 期。

[5] 顾明远主编:《教育大辞典》(增订合编本),上海教育出版社 1998 年版,第 902 页。

在人类资源中,学生是特别重要的教学资源,他们已有的知识、生活体验、思想认识等,是教学得以有效展开的基础,其他资源只有与之结合,才能发挥作用,课堂教学的设计要以此为依据。此外,学生在教学过程中的言行,如发表的意见、提出的问题甚至错误的回答等也与其他必备的教学设施一样,关涉教学的成效和质量。因此,要将学生已有的认知水平和教学过程中的师生、生生互动表现出的认知状态视为教学资源,从而最大限度地支持历史教学活动的有效进行。这就是叶澜教授所讲的"教师不仅要把学生看作是'对象'、'主体',还要看作是教学资源的重构者和生成者"①。在历史教学的人类资源中,被忽略的实际上特别具有历史学科意义的是课外辅导员和社会成员,他们往往拥有鲜活的历史知识、深度的历史经验和对学生讲述历史的热情,例如历史见证人的历史讲述,专业历史研究者的专题讲座,历史爱好者的资料展览等都有着学校历史教师所不具备的某些优势,其对历史教学的辅助作用特别是对学生学习历史的心理辅助作用是有特别的意义的。

历史教学资源还可以按存在的空间范围分为校内资源和校外资源(或者是学校资源、家庭资源和社区资源)。学校范围之内的历史教学资源未必比学校之外的资源丰富,但是在课堂教学的条件下,它是最主要的。学校之外的历史教学资源,例如历史遗迹、革命历史纪念馆(纪念碑)、历史遗址、博物馆、名人故居、爱国主义教育基地等,它们呈现出多元丰富、直观生动的特点,但是往往空间分布比较分散,资源本身缺乏系统,对学校的历史教学而言,在利用方面受到较多限制(包括教学管理制度层面的限制),需要教师着意安排、开发和整合。

由于分类标准不同,历史教学资源的类型表述也不同。就历史教学资源对于教学活动的作用和我们使用的习惯来说,一般将教学资源分成三类:第一类是校内、校外教学资源,例如常态编班下的教室和历史专用教室、校外教育基地和社区资源等;第二类是印刷媒体和电子媒体类的教学资源,例如教科书、历史挂图和远程教学、影视网络里的历史等;第三类是动态的人类资源和静态的场馆资源,例如教师、学生、专家学者和历史文物、历史纪念馆等。其实所有的分类都只是分类而已,在实际的历史教学过程中,这些资源都是交叉使用的。

各抒己见

你认为在各类历史教学资源中,有利于激发学生历史学习兴趣的资源主要有哪些?

以下对一些主要的历史教学资源做一简单的说明:

1. 历史教科书

历史教科书是历史教学资源的核心,是进行历史教学的基础。目前的历史教科书呈现的是"一标多本"的状态,而且在内

---

① 叶澜:《重建课堂教学观》,《教育科学研究》2002 年第 10 期。

容选择和编排设计方面也已超越了过去那种追求学科体系完整性的做法,而是力求做到历史学科体系与教学体系的和谐,注重图文并茂、史料呈现和人文精神。学校依据本地区的特点和自身的要求,可以在教育行政部门的指导下选择适合自己的教科书。历史教科书是支持教学活动最重要的资源。

2. 图书馆

图书馆是历史教学资源的一个重要组成部分。历史学科是一门综合性很强的人文学科,图书馆的相关资料是历史教学最重要的辅助资源。图书馆的相关资料包括:历史文献、通俗的历史读物、历史期刊、历史小说以及考古、文学和旅游等方面的读物,这些书籍资料能够丰富学生的社会、人文知识,加深他们对历史课程内容的理解与掌握。我们可以依托课题研究,组织学生进行研究性学习,从而引导学生用好学校图书馆,并在学校图书资料不足的情况下,积极利用校外的图书馆,以扩大史料来源,打开历史认识的视野。

3. 乡村和社区

在充分利用校内历史教学资源的同时,校外尤其是学生身边的社区资源也是我们必须积极发展的。这些资源包括:社区中丰富的历史人力资源,如历史学专家、历史教育学专家、阅历丰富的长者等,他们能够在不同的层次,多角度地为学生提供历史素材和历史见解;家庭中的历史资源,如家谱、不同时代的照片、实物以及长辈对往事的回忆与记录等;本乡本土的遗址、遗迹和历史人物都与教科书所反映的"大历史"有千丝万缕的联系,即所谓历史在我们的身边。这些资源服务于历史教学活动,不但能够增强学生历史学习的兴趣,进行基于经验的历史建构,而且能够从不同层面和角度为学生提供学习和理解历史的素材,增强其历史意识——例如沧桑变迁、证据说话等。

4. 音像资料和网络技术

这是支持教学活动的电子媒体,在信息社会,电子媒体作为一种现代化的教学资源,越来越明显地跃上历史教学的舞台已经成为事实。这些资源包括:真实的历史记录片、录音;历史题材的影视作品;历史教学软件、自制的历史教学课件、网络流传的各种历史资源和历史教学资源等。[①] 这些资源可以有力地支持历史教学的生动性、思想性,加大教学的容量和密度,对于集中学生的注意力和增强学生的历史理解能力有莫大的教学价值。在教育现代化进程里,电子设施、信息技术显然是值得常态化使用的教学资源。

5. 历史遗迹和各类博物馆、纪念馆

悠久的历史给我国留下了丰富的历史遗迹、遗址、博物馆、纪念馆以及蕴涵丰富历史内容的人文景观和自然景观,它们不仅是历史,是非纸质的历史,而且

---

① 聂幼犁主编:《历史课程与教学论》,浙江教育出版社 2003 年版,第 142 页。

是文化,是历史教学的辅助资源。它们对历史教学活动的支持在于,将教学活动的场地移到学校之外,将历史的文字碎片与实物链接起来,给学生直观的历史感受,引导其展开想象。这类资源在城市要相对充裕一些。当然,这些实物性的静态的教学资源,不能走马观花地参观一下就了事,否则就失去了教学的活动性质,就浪费了教学资源,这属于开发和利用历史教学资源的问题。

6. 教室、粉笔、黑板等

前面提到的五种历史教学资源是普通意义上的教学资源,基本上属于物化的教学资源,得到普遍认同。其实传统意义上的,也是教学最基本的物化资源,还有教室、黑板和粉笔。我们日日面对的教室是历史教学得以展开的基本设施,它不是没有文章可做,而是我们太不在意,太缺少发现了。例如教室的墙壁上是否可以悬挂历史地图?或者像教科书封面那样设计出经典的历史图片悬挂在墙壁上?教室后面的板报区是否可以有"历史园地"?教室前面是否可以让值日生做一项"今天的历史和历史的今天"之类的"值日工程"?可以营造历史氛围的教室作为历史教学的存在条件。如果学校有条件开辟专用历史教室,也是很好的。再如,教室里学生座次的排列,是否也可以因不同的历史教学的需要(讨论、表演、汇报等)而有所不同?教室是值得开发的空间资源。随着新课程的推进和现代多媒体的使用,传统的黑板、粉笔被闲置的现象越来越普遍。使用课件教学当然有优势,但也有两个明显的弊端:一是教学内容频繁变换、教学场景频繁晃动,会使学习内容瞬间消退,学生的注意力难以集中;一是有一定文字阅读量和图片观察长度的教学内容因为"片子"的切换,而失去了理解和思考的可能性。课上完了,感官的视听享受结束了,历史往往会随着电脑的关机而还给老师。板书的价值和板书的考究是开发和利用教学资源的重要课题。

7. 教师、学生、学习风气等

随着课程改革的推进,教师、学生、学风等创生性的资源被日渐发现和强调。其实,从教学资源的本义和教学活动的本意来看,它们从来就是相辅相成的统一体。这是无需证明的结论,即使是远程教学,也不可能没有师生共同体,否则就免谈"教学"二字了。不过,当我们在此提及历史教师作为教学资源时,我们要的是历史教师的专业素养和主体觉醒。所谓专业素养既指历史学科的本体涵养(广博的历史知识、深刻的历史认识和分析、追求历史真实的科学精神等),也指教学层面的专业成长(将学科知识合理有效地转换为教学知识的能力、人文素质与教学反思等)。所谓主体觉醒,最主要的是认识到自己在教学中的地位和作用并且加以充分发挥,而不要做消极的贩运者或督战者。学习风气当然是支持历史教学活动的要素,而且在历史学科边缘化或准边缘化的学校,学习风气尤其是支持历史教学活动展开和有效展开的一种特殊资源。师生及其学风作为教学资源既可被视为静态的客观事物,更可被视为动态的主观存在,不管怎么分类,它们作为配套历史教学活动,保证历史教学顺利高效进行的环境媒介,即历史教学的资源,却是无可置疑的。

最后,在新课改的进程中,作为印刷媒体的历史教学资源——课程标准和依据课程标准编写的教科书是最重要的教学资源,说它们处于引领、主导和主流地位,当不为过。

实践练习

请你列出互联网上可以利用的历史教学资源网址,并浏览、归纳各网页内容的特点。

第二节 历史课程标准

一、历史课程标准的作用

在新课程改革中,教育部组织制订了九年义务教育历史课程标准和普通高中历史课程标准。在历史教育教学实践中,历史课程标准始终起着指挥、调节历史教学的重要作用。

历史课程标准,既是历史教科书编写的依据,也是历史课程实施(教学)的依据,还是历史学科考试评价的依据。

历史课程标准,不仅规定了历史课程的性质,强调了历史教育的理念,并从知识与能力、过程与方法、情感态度与价值观等维度明确了历史课程目标。在教学内容的安排方面,九年义务教育阶段的历史课程标准以主题的形式呈现历史内容,高中历史课程标准则以专题的形式呈现历史内容。历史课程标准还对历史教学、评价、教科书编写、课程资源的开发与利用等方面提出了实施建议。

从这个意义上说,历史课程标准本身就是重要的历史课程资源,并在各种历史课程资源中居于核心地位。

二、历史课程标准与历史教学大纲的区别

建国后,历史教学大纲作为我国历史教育的指令性文件,对我国历史教育的发展、人才的培养发挥着至关重要的作用。然而,教学大纲在我国四十多年的发展演变过程中,其自身建设虽渐趋完善,但仍有着难以克服的缺陷。正因如此,新一轮课程改革中,教育部以"课程标准"取代了现行的"教学大纲"。它不仅有着深刻的理论背景,同时也是迈向新世纪之际适应我国社会经济文化发展和人的发展的需要。它还反映了我国的教育正在融入世界教育发展的主潮流之中。

各抒己见

你认为用课程标准取代教学大纲有必要吗?谈谈你的理由。

从历史教学大纲到历史课程标准的变化,是我国历史教育发展与演进的重要表现,也是历史教育转型的重要标志。这种变化反映了当代教育的理念,特别是教育的价值取向发生了重要的变化。

课程标准与教学大纲相比,在以下几方面存在着显著的差异:

第一,课程标准是国家制定的某一学段的共同的、统一的基本要求,或谓最低要求,而不是最高要求(如教学大纲)。它隐含的教育理念是培养成功者的教育,凡达到基本标准的学生都是成功者。

第二,课程标准主要是对学生在经过某一学段之后的学习结果的行为的描述,而不是对教学内容的具体规定(如教学大纲)。这种描述应该尽可能是可理解的、可达到的、可评估的,而不是模糊不清的、可望不可即的。

第三,课程标准隐含着教师不是教科书的执行者,而是课程的开发者,即教师是"用教科书教,而不是教教科书"。意在唤起教学活动的目标意识。

第四,课程标准关注作为一个完整个体发展的各个方面,而不仅仅是知识与技能。在关注学习结果的同时,更关注获取结果的过程与方法以及情感方面的体验与变化。

总之,新课程就其理念而言,它的出发点是学生,是为了每位学生的发展,为了中华民族的伟大复兴。

以下我们试以《九年义务教育全日制历史课程标准(实验稿)》(2001 年 7 月第一版,以下简称"历史课程标准")和《九年义务教育全日制初级中学历史教学大纲(试用修订版)》(2000 年 8 月第三版,以下简称"历史教学大纲"),进一步说明历史教育这种演进与发展的趋势。

首先,在体系构成方面。历史教学大纲由六个方面组成:导言、教学目的、教学时间安排、教学中应注意的问题、教学内容、教学评估。历史课程标准由四个部分组成:前言部分包括课程性质、基本理念、设计思路;课程目标部分包括知识与能力、过程与方法、情感态度与价值观;内容标准部分包括中国古代史、中国近代史、中国现代史、世界古代史、世界近代史、世界现代史;实施建议部分包括教材编写建议、教学建议、评价建议、课程资源的开发与利用。

历史课程标准作为国家对义务教育阶段历史教育的基本规范和要求,比历史教学大纲涉及的范围更广、要求更具体。宏观上,我们要注意的是:在这一轮课程改革中,国家把九年义务教育分为三段,即 1～3 年级、4～6 年级、7～9 年级。相对于初中历史教学大纲,国家制定的是 7～9 年级的历史课程标准。因此,历史课程应突出义务教育的普及性、基础性和发展性,应面向全体学生,高度尊重学生的个性,为学生进入和适应社会打下基础,为学生进一步接受高一级学校教育打下基础。在历史课程标准的总体思路中提到"使所有学生都能达到课程标准所规定的目标",体现了先进的教育理念。

第二,在课程目标方面。历史教学大纲的教学目的中,提出了基础知识、基本技能和能力、思想教育三项任务;历史课程标准则提出了知识与能力、过程与方法、情感态度与价值观三方面的目标。

主要区别在于:

历史教学大纲所描述的行为主体是教师;而课程标准强调的行为主体是学生,描述学生的学习结果,体现以学生为本的基本原则。

在知识与能力要求上,课程标准提出了要掌握基本的历史知识,在此过程中,"逐步形成正确的历史时空概念,掌握正确计算历史年代、识别和使用历史图表等基本技能"。还提出了学生要"初步具备阅读、理解和通过多种途径获取并处理历史信息的能力",形成表达能力、历史想象力、知识迁移能力,初步形成在独立思考的基础上得出结论的能力;了解一定的归纳、分析和判断的逻辑方法,初步了解人类社会是从低级向高级不断发展的、历史发展是有规律的等科学的历史观,学习客观地认识和评价历史人物、历史事件和历史现象。

在情感态度与价值观方面,课程标准比教学大纲增加了有关"崇尚科学精神的意识"和"强化民主与法制的意识"等内容。历史课程标准十分强调情感态度与价值观在历史教育中的重要价值,重视历史教育的育人功能。

课程标准强调历史学习的过程与方法。即不仅关注历史学习的结果,更关注这种结果是如何获得的。重视从体验知识、理解知识到独立判断的学习过程的完整性,改善学习方式。历史课程标准强调两点:一是"历史学习是一个从感知历史到积累历史知识、从积累历史知识到理解历史知识的过程"。二是"注重探究式学习,勇于从不同角度提出问题,学习解决历史问题的一些基本方法;乐于同他人合作,共同探讨问题,交流学习心得;积极参加各种社会实践活动,学习运用历史的眼光来分析历史与现实问题,培养对历史的理解力"。这方面的内容是历史教学大纲所未曾涉及的。

第三,课程内容方面。历史教学大纲规定的教学内容分为三个板块:中国古代史、中国近现代史、世界史。每个板块由内容概述和内容要点两部分组成,基本按历史发展的时序选择较为系统的教学内容,内容要点部分只有知识点的罗列,对知识点的掌握程度没有做出规定。课程标准在内容选择上的基本理念是:注意体现时代性,减少艰深的历史理论和概念,增加贴近学生生活、贴近社会的内容,选择符合学生心理特征和认知水平以及有助于学生终身学习的内容。避免专业化、成人化的倾向,克服重知识、轻能力的弊端,不刻意追求历史学科体系的完整性。

内容标准根据课程总体目标,规定了学生应达到的具体目标。内容标准分为中国古代史、中国近代史、中国现代史、世界古代史、世界近代史、世界现代史六个学习板块,每个学习板块又分为若干学习主题。使用学习主题的呈现方式,有利于改变"难"、"繁"、"偏"、"旧"的现象,促进学生学习方式的转变,同时可以兼顾历史发展的时序性与学习内容的内在联系,反映历史学科的特点。

第四,课程实施方面。历史教学大纲在"教学中应注意的问题"中提出了六个方面的要求和建议。历史课程标准在课程实施建议中提出了"教材编写建议"、"教学建议"、"课程资源的开发与利用"等建议。其中"教学建议"中有七个方面的要求,它相当于大纲的"教学中应注意的问题"。两者的共同之处是都对历史观、史论结合的原则、历史知识的联系、教学形式多样化、教学方法和教学手段的多样化以及学习方法的指导等提出了要求和建议。除此之外,历史课程标准还要求根据内容标准对知识与能力的不同层次要求组织教学、注重拓宽历史课程的情感教育功能、充分开发和利用课程教育资源。历史课程标准特别强调"以转变学生的学习方式为核心,注重学生学习历史知识的过程和方法,使学生学会学习。鼓励学生通过独立思考和交流合作学习历史,培养发现历史问题和解决历史问题的能力,养成探究式学习的习惯",以此改变学生死记硬背和被动接受知识的学习方式。

第五,课程评价方面。历史教学大纲在"教学评估"部分对评估的目的、原则、对象(教师、学生)以及评估的形式和手段提出了一些粗略的要求。历史课程标准则在"教学建议"中的"评价建议"部分阐明了评价的指导思想,介绍了一些评价方法,提出了评价建议。

以"教学评价"这一教育理念代替"教学评估",反映了历史教育发展的一大进步。从本质上说,评价是一种价值判断活动。"历史教学评价主要是根据《历史课程标准》,运用科学的方法,对历史教学过程、教学效果以及影响教学的各种因素进行定性和定量的价值判断。"教学评价具有导向功能、诊断功能、激励功能和促进功能,是历史教学的重要组成部分,对改进教学、提高教学质量具有重要的意义。历史课程标准要求评价应以学生为中心,引导学生参与评价过程,同时要注意学生的个性差异。评价的内容应包括课程目标所规定的知识与能力、过程与方法、情感态度与价值观,防止仅仅将历史知识的掌握程度作为唯一的评价内容。评价方法应具有科学性、灵活性和实践性。评价结果应及时反馈给学生,以便他们及时改进学习。课程标准还要求"对学生的学习成绩的评判应该采用各种评价方法,避免以笔试作为主要的甚至是唯一的评价方法"。通过评价,不仅是了解学生历史学习各方面的发展水平、存在的问题,还要激发学生学习历史的主动性和创造性。

三、历史课程标准在教学中的运用

教学实践中运用历史课程标准时需注意以下情况:

第一,历史教师在实施教学时,必须深刻领会历史课程标准的理念与要求,做到全面、整体把握，仅仅简单的对照一下教学内容与能级要求是否超标，显然是不够的。

第二，需要结合学校校情、学生学情，合理制订教学目标，使目标符合学生的实际发展水平。

从理念的角度看，历史课程标准规定的是学生学习的基本要求。但实际上，由于教科书编写者对课标的理解与课标制订者存在一定的差异，目前各版本的教科书均比课程标准规定的范围要广、难度要大。在利用教科书这一课程资源时，应根据学校的实际情况，根据不同班级、不同学生的实际情况，依据课标要求而不是教科书的要求，制订符合本校、本班实际的教学目标。

教法示例　根据学情制订《"百家争鸣"和儒家思想的形成》
一课的三维目标

历史必修（Ⅲ）（人教版）第一单元第1课教科书的安排是"百家争鸣"和儒家思想的形成。设置的子目有三："百家争鸣"局面的出现、孔子和早期的儒学、道家和法家。

课程标准对此规定的要求是：知道诸子百家，认识春秋战国时期百家争鸣局面形成的重要意义；了解孔子、孟子、荀子等思想家以及儒家思想的形成。

历史教师在制订认知目标时可以参照课程标准，但在制订"过程与方法"目标时，不妨提出："列表归纳孔子、孟子、荀子思想的主要内容，讨论孔子思想对今天的影响。"

在制订情感目标时，可以制订："谈谈继承与发展中国传统文化的认识和感受"等等。

上述目标如何把握，各校情况难以划一，均需从实际出发加以处理。

第三，依据课标，科学地安排教学内容，包括教学内容的呈现方式、顺序，学生参与的机会等。

高中历史课程标准由必修和选修两大部分组成，其中，必修部分分为三个模块，包括了政治、经济、思想文化与科技等内容，是全体高中生必须学习的基本内容。选修部分分为历史上重大改革回眸、近代社会的民主思想与实践、20世纪的战争与和平、中外历史人物评说、探索历史的奥秘、世界文化遗产荟萃六个模块。学校在安排课程内容时，应遵循先必修、后选修的基本原则。但在必修部分安排时，可以按政治、经济、文化的顺序；也可以先安排经济，再学习政治、思想文化的内容，不强求一致。选修部分的安排需尊重学生的选择，在模块顺序安排上同样不要求统一。教师在对模块内学习内容做处理时，可以按照课程标准与教科书的顺序安排教学进度，也可以对教学内容进行重新组合。

历史教学过程中,依据历史课程标准的建议,要充分发挥学生的主动性,引导学生了解和掌握历史学习的方法;要安排适当的学生参与的机会,让学生学会独立思考、交流合作,形成对历史问题的探究意识,不断提高思维品质和思维水平。

第四,依据课程标准,评价教学目标的达成度。

学生的学习评价是历史教学评价的重要组成部分。没有反馈的教学是不完整的教学。日常的历史教学评价,要依据课程标准中的各种评价方式,全面评价历史教学三维目标的达成度、结果是否具有实效,等等。其评价方法应多样化、多元化。

请你思考

对学生情感态度与价值观的评价,最好用什么方式?

总之,无论是教科书编写、历史教学,还是考试评价,均需以课程标准为依据,唯有如此,我国的历史教育才不至于偏离方向。

第三节 历史教材

一、历史教材的定义与分类

关于教材的含义,有广义与狭义之分。从广义而言,所谓教材,即教师教学所用的种种教学材料,包括教学活动中所利用的一切素材和手段。这种广义的教材观是此次新课程改革提倡的。从狭义而言,所谓教材就是指教科书,是根据教学大纲或课程标准编制的系统地反映学科内容的教学用书。教科书是学生在学校获得系统知识、进行学习的主要材料,它可以帮助学生掌握教师讲授的内容,便于学生预习、复习和做作业,是学生进一步扩大知识领域的基础。同时,教科书也是教师进行教学的主要依据,它为教师备课、上课、布置作业,以及学生学习成绩的评定提供了基本材料。由于历史的原因,当前我国中学各学校依然习惯于称教科书为教材。

二、中学历史教材的基本类型

教材类型是指各学科教学内容的不同载体和呈现形式。从不同角度我们可以将中学历史教材划分为多种类型。

按照教材的载体形式来看,历史教材可以划分为文本教材和图片音像教材,文本教材是以语言文字的形式承载历史教学内容的教材,主要包括中学历史教科书、中学历史教学参考书、中学历史练习册、地图册、填图册、历史文献资料(如官私档案、地方志、正史、日记、报刊、碑刻等)、历史著述、历史题材的文学作品等等。图片音像教材是以形象化的非文字形式承载的历史教学内容的教材,主要包括电化教材(指以现代化视听媒体所承载的教学材料,包括幻灯片、录音、录像、影视、电脑软件等)、图像教材(包括历史图片、图表、照片、表解、地图等)、文物模型教材等。

按照中学历史教材的使用状况与重视程度可以分为基干教材和辅助教材两大类。历史学科的基干教材指的是必修课和选修课的教科书,包括常规教材和乡土教材,是教师进行教学的基本依据,也是学生开展学习的主要凭借。历史必修课教材是由最基础的历史知识点和最基本的历史概念、理论体系组成的系统的、完整的教材。历史选修课教材,主要包括专门史教材、跨学科教材等。历史学科辅助教材是帮助教师教学和学生学习的材料。有的供教师使用,有的供学生使用,有的供师生共同使用。主要有:历史课外活动使用的教材、阅读材料(包括历史故事、文选、图表、图片、历史地图册、历史学科小辞典等)、音像材料、计算机教学软件、其他材料(如历史练习册、目标测试题、思维训练题等)。

三、历史教科书的编纂体例

(一)历史教科书的结构

教科书的结构是指教科书内容各要素、各成分之间的组成形式,通常包括文字的阐述(课文)、图画、图表、表解、实验、作业等。现行历史教科书主要由两部分组成,一是教科书的正文,这是教科书的主体部分;一是教科书课文的辅助部分,包括目录、课前提要、注释、地图、文献资料、图片、作业、附录等。历史教科书的辅助部分能够丰富教科书课文的正文内容,有利于学生配合课文进行历史知识的学习,巩固所学习的知识。

(二)历史教科书的编纂体例

历史教科书的编纂体例有多种形式,在我国,最常见的有章节体(章目体)和课题体等。

章节体是将古今的历史分成几个大的时代,把每一个时期分为一章;每一章中,根据经济、政治、文化等不同的历史内容设立节或目分别予以叙述,合称章节体。按这种体例编写的史书,把历史发展的线索和具体的内容,通过编、章、节、目有机地组织在一起,纵横交织,有条不紊,既是一个链式结构,又是一个网状系统,它兼顾了历史时间、空间、人物、事件诸要素,将历史的阶段性和历史现象的主次表达得非常鲜明。此外,还加有必要的注释、习题、大事年表和历史插图、历史地图等。这种一章一节的形式虽然有利于按课时进行教学,但它也存在一些缺点,如为了照顾叙述某一件事能详其首尾,有始有终,往往会割裂同一时间内各个方面史实的联系,不利于从横向方面去考察一个时代的总体特征;形式比较呆板,教师很难有发挥的余地等。我国传统历史教科书主要采用章节体的形式。

课题体是以课为单位,按照历史发展的时间顺序,以历史事件或历史现象为纲目,每课讲授一课时。与章节体相比,每课一个主题,内容集中,层次减少,老师好教,学生易学,课题设置比较自由,无论是编者编写,还是老师教学,都可以有较大的发挥。但这种体例也有一定的缺陷,如历史的阶段性不明显,历史现象的主次也表达得不够鲜明,对历史理论的阐述和历史规律的解释也都受到一定的限制。我国现行的历史教科书基本上只有初中主要采用课题体编纂体例。

课程标准颁布后,高中历史教科书的编写呈现出新的方式。以已经出版的高中历史教科书来看,它们主要采用专题式体例的形式,即在教科书中设若干专题进行编写。这一形式既可以像通史体例那样按时间顺序编写,采用中国史与世界史分类分开编写的形式;也可以跳跃式叙述,把中国史与世界史的叙述紧密结合,充分发挥中外历史合编的优越性。采用专题形式可以为师生创造性的教与学留有充分的余地,师生可以就某个专题深入地探讨,在教学中实现共同发展。

四、我国课程标准历史教科书

(一)历史教科书编纂基本要求

传统以传授知识为中心的教材,主要是通过纯文本的方式,向学生直接呈现事实、概念和原理,教科书被看作是学科知识的浓缩和反映,仅仅发挥了作为信息资源的单一功能。此次历史课程改革,试图以促进学生全面发展为宗旨,不仅重视教科书作为信息资源的功能,更强调教科书促进学生发展的功能,要求教科书最大限度地促进学生的学习和发展。

根据课程改革纲要与历史课程标准,理想的历史教科书应该凸显以下个几方面的功能:[1]

第一,能够提供学生学习的范例。课程改革要求"改变课程过于注重知识传授的倾向,强调形成积极主动的学习态度,使获得基础知识与基本技能的过程同时成为学会学习和形成正确价值观的过程"。这意味着历史课程的教学过程应成为师生之间利用各种手段积极互动、相互交流、共同探究的过程。因此,教科书不再是课堂教学的全部内容,而是为顺利展开教学活动提供的一种范例和素材,使师生能够以这些"范例"为基础,积极主动地开展教学活动,在理解和建构教材内容意义的基础上,获得知识与技能、过程与方法、情感态度与价值观的全面发展。

---

① 参见毕华林:《教材功能的转变与教师的教科书素养》,《山东师范大学学报》2006 年第 1 期。

第二，能够促进学生学习方式的转变。学习方式是指学生在完成学习任务过程中基本的行为和认知取向。学生学习方式的形成受多种因素的影响，其中教科书作为学生主要的学习资源和直接作用的对象，为学习方式的形成提供了"物质"载体，发挥着重要的作用。传统的以传授知识为中心的教材，其内容主要是以定论的形式直接呈现出来的，学习就是记忆和理解这些定论，学生参与学习活动的主要方式就是听讲、记忆、做习题，很少有积极的情感投入和高水平的思维参与。课程改革以转变学生的学习方式为突破口，倡导自主、合作、探究的学习方式，要求充分调动学生参与学习的积极性和主动性。教科书在内容的呈现上，不应拘泥于对具体事实和概念的陈述和解释，而应注重展现知识获得的过程和方法，联系学生已有的知识和经验，努力创设真实的问题情境，引发学生的认知冲突，激发学生的探究欲望，引导学生通过多种多样的探究活动，在独立思考、解决问题的过程中，通过深层次的认知参与，自主地获得知识，并学会收集、加工和处理信息的科学方法，从而促进学生学习方式的转变。

第三，有助于促进学生正确价值观的形成。所谓价值观是指一个人对自身及其与自然、社会和他人之间的关系的整体认识。正确的价值观主要表现为对自然的关爱，对社会的责任感以及善于合作、积极进取的科学态度等。传统教科书由于过分注重对学科知识的系统陈述，忽视了课程内容与社会生活的密切联系，往往使历史学科教学中的价值观教育流于形式。此次课程改革将发展学生的"情感态度与价值观"作为重要的课程目标，在课程内容选择上重视历史与社会的密切联系，让学生感受历史知识对个人生活和社会发展的贡献，树立人与自然和谐相处的观念；帮助学生理解人的内在精神和外在行为是如何作用于人类社会、文化发展的；帮助学生学会做人，养成责任心，产生社会归属感；借助丰富的历史事实、材料锻炼他们思考、理解、分析社会问题，准确表达个人的想法，形成正确的人生观、世界观和价值观，成为一名未来社会需要的合格公民。

第四，能够引导学生进行自我反思与评价。课程改革倡导以学生发展为本的评价理念，重视引导学生进行自我反思与评价，充分发挥评价对学生的激励、促进和发展功能。自我反思与评价充分调动了学生的主体性，有助于提高学生自我学习与发展的意识和能力。很难想象，一个不善于进行自我反思与评价的学生，其科学素养能够得到主动、全面的发展。

（二）当前历史教科书的几个问题

当前试行的历史新课程教科书，图画版式丰富多彩，印刷精美，结构布局有许多创新，体现了课程改革的思想。但是如果从《基础教育改革纲要（试行）》的规定与历史课程标准的有关教育目标要求来分析，历史教科书还有需要改进的地方。

第一，内容抽象，学生不易理解。学生是学习活动的主体，历史教科书是学生获得历史基础知识、发展能力以及形成健康向上的情感价值观的主要工具。历史课本一定要形象生动，切合学生的年龄特征和思维特点，激发学生的学习兴趣。历史教科书要编成"学本"，这样才能顺利地实现教学目标。但是与旧教科书相比，新课程实验本历史教科书结论性的内容依然较多，语言也不够生动，采用"浓缩"中外通史的写法，把生动有趣的历史变成"压缩饼干"，在有限的字数中塞进许多史实，致使每件史实十分简略，无可读性。当前中学历史教学开展较好的国家在历史教科书的编写方面，无一例外的是教科书的分量重，这种分量重不是教科书知识点内容多，而是史料丰富。在大量的史料面前，学生自然会激起探究历史的欲望。

第二，客观史实少，结论多，不利于探究性学习。新课程实验本历史教科书以对历史事实符合逻辑的描述，取代第一手历史资料的展示，结果既剥夺了学习主体了解历史原貌和选择重点描述历史的概括思维活动，又因省略了由事实而至结论的分析、论证，使学生主体因理解困难而发生心理建构障碍。

请你思考

你认为历史教科书是否应该为学生提供历史结论？为什么？

（三）历史教科书的发展方向

当前历史教科书改革有以下几个方面的发展趋势：

1. 由教材向学材发展，增加自主学习的材料

历史学习不是为了让学生简单地拥有知识，而是在对历史的解读中获得愉悦的精神情感、体验和道德上的进步。所以，历史教科书应让学生在与文本对话的过程中自己思考问题、寻找答案，思想受到启发，学会理解、反思、探索、思维、批判等诸多的人生优良品质。在史学论著中，只有常识和公理无需论证，其他任何论点和判断都必须有论证。史学从根本上说是历史解释学，即对史料的解读。既然只有解释才能发现历史的意义，历史教科书必须充斥大量的历史材料。历史学是一种研究或探讨，是通过对证据的解释而进行的，它不是一种结论。因此，历史解释绝不简单的是编写者对文本的阐释，而是学生、教师与文本对话后经过自己缜密的思索做出的理解，这种理解、解释离不开大量的材料。

教科书有利于学生学习的真正涵义，应该是能够引起其深入思考，有利于他们自主学习思维的展开，有利于师生在课堂上开展创造性活动。学生是学习活动的主体，历史教科书是学生获得历史基础知识、发展能力以及形成健康向上的情感价值观的主要工具，而且历史教学目标是要落实到学生身上的，历史课本一定要形象生动，切合学生的年龄特征和思维特点，激发学生的学习兴趣。因此，

历史教科书要编成"学材"，这样才能顺利地实现教学目标。

中学历史学习主要是为了获得一种分析历史、分析问题的方法，所以历史教科书引用的材料可以不拘一格，不必拘泥于第一手的史料，也可以是第二手史料或图画材料。充足的史料，尤其是正反观点的史料，更容易引起学生的思索，主动去构建问题。所以教科书的编写要注意对各种不同见解的材料的提供。

2. 进一步减少结论性的叙述，增加教师、学生自主探索的空间

教科书应以学生学习为中心设计。"学材"具有唤起学习欲望、激发思考、提示学习课题和学习方法、促进学习的个性化与个别化等特点。新课程实验本历史教科书结论性的叙述与以前教科书相比虽有改观，但没有实质上的突破，并没有给学生留下多少思维、探索的空间。历史学所关注的是一个业已成为过去，不可能为我们感官所感知的存在，要了解过去，我们只能通过文献这个中介物对历史进行间接推理。历史作为一门科学，其特征在于学习者与它的对话活动是在间接推理中进行的。历史不是一种简单的定论，而是帮助学生建构自己的理解。如果教科书选择某一所谓"定论"，直接告诉学生事件、现象发生的原因及其影响、意义，就会阻碍学生的思维。即使教师在教学中提供一些其他材料，由于首因效应的影响，也会使多数学生难以跳出教科书"定论"的束缚。所以，历史教科书的编纂要大胆地将许多事件的背景、影响的结论叙述删去，代以大量的、矛盾的史料或材料，自然地创设一个探究情境，以利于学生自行思考并推理出结论。结论的不确定，需要师生在教学中互动探究，以利于学生进行体验学习，利于学生"用一种新眼光来观看所谓的事实"，形成个人见解，逐渐内化成正确的人生观、世界观与价值观。

3. 选择范例性主题内容，淡化历史学科的学科特点

历史教科书以范例主题的形式进行编写，主要指在历史学科发展顺序的基础上，以专题的形式进行编写，这有利于创造一种历史情境和问题情境。典型范例的选择不是随意的，要遵循下列要求：范例应是历史课程标准规定的基础知识内容；范例内容中含有史学争鸣的知识，便于学生多元理解和探索学习；范例知识蕴含的教育目标与课标规定的目标大体吻合，以利于对学生进行价值观、人生观、世界观与能力的培养。以七年级下学期为例，可供教师利用的典型范例很多，例如对隋炀帝、李世民、武则天、岳飞等人的评价，中国古代的科举制、鉴真东渡、清代前期的历史地位等均可作为范例。以范例主题形式叙述，并不反对教科书对历史一般知识的概括叙述。范例性教学论强调的是让学生学到学科的系统思想，而不是系统材料，当前国外历史教科书的一个显著特点即体现了范例性课题原则。由于历史基础教育不是为高等院校、历史专业输送人才，课标明确要求教材内容淡化学科体系的完整性，内容选择应体现时代性，增加贴近学生生活、贴近社会的内容,以利于学生的终身学习。实现这些要求,不在于在原有各部分内容中简单地减缩,而应该从学生的生活经验出发,从激发学生学习历史的积极性出发,从引发学生产生问题、促进学生思考和探究出发,在历史教科书中有意识地突出某些专题或课题,通过范例性的内容和材料,为学生体验学习创造机会,将知识、能力、情感目标通过体验学习有机结合起来,以利于师生在教学中互动和合作学习。

4. 历史教科书编写要有利于学生的体验学习、感悟学习

历史学科是一门人文学科,历史教科书在编写上要体现出有助于教师采用人文教育的方式。所谓人文教育的方式是一种置身于生活中的生命体验,面对复杂的历史情境自己去感悟、思索,是对灵魂的呼唤和自省。所以,教科书的编写应有利于学生学习时应用体验学习的方式,使学生在学习时能够主动地渗透到事件内部并探测它们所表达的思想,在内心中重演、体验,用历史人物本身的眼光看问题,用历史人物的信仰和原则去评价其行为,进而形成自己对文化的理解与价值判断。

教科书编写怎样才能做到有利于教师采用人文教育的方式呢?一是教科书的编写要富有情节。抽象干瘪、毫无情节的历史教科书,显然无法使学生理解传统文化,因此,教科书的编写要注意选择一些情节性的内容,要有利于学生构建情感教育的目标与民族文化的认同。二要做到便于学生探究与创造性的体验。学习是围绕理解与沟通展开的创造性体验,“学习就是发现。它是为了获得对学习对象的更准确的理解,发现它与其他对象间的联系。这要求学习主体——学生去冒险、探索,没有冒险,就不会有创造或再创造”[1]。学习感悟历史亦是如此,尤其是中华文化源远流长,以儒家思想为例,诸如忠恕仁爱之道、四维八德的精神,都需要透过感悟历史加以陶冶,使历史知识内化成人格的特质。只有通过创造性体验,学生才会建立起一种文化上、种族上的归属感。

认同自己的祖国与传统文化不是靠背诵历史知识所能够获得的,知道点历史常识不等于对本民族文化与历史的认同。所以,教科书编写者一定要有一种意识:历史学习过程中必须要有学生的思维与思想,这是教科书编写的一个出发点。

5. 考虑当代学生的特点,努力使历史教科书符合学生的心理认知水平

世界教育改革潮流趋于综合化、认同化,不约而同地认为课程教育内容的选择必须围绕学生的生活经验、学科的特点、社会发展的需求三个方面展开。教科书设计时不能只关注课程标准的要求,还要考虑社会需求、学生的特点。越来越

---

[1] 〔巴西〕保罗・弗雷勒著,熊婴、刘思云译:《十封信——写给胆敢教书的人》,江苏人民出版社 2006 年版,第 38 页。

多的学者主张以学生的兴趣、动机和需要为中心设计课程,所以,教科书编写者不能仅从学科中心设计的方式出发来预先设计好教学内容,一定要考虑:教科书内容设计是否满足学生学习兴趣? 教科书编写是否有利于师生合作学习? 学生在学习过程中,会碰到的某些困难和障碍,教科书有没有把内容重点放在问题的解决过程上? 在帮助学生解决这些难题时,教科书是否有助于学生实现有意义的、体验性的学习? 教科书的编写是否有助于学生从多元的视角解读历史文化?

历史教科书的编写并非把历史的原貌照搬照抄到教材上来,它有一个根据学生认知、身心、年龄等实际,对大量历史素材进行选择性的取舍、加工、改造的过程,只有经过这些程序,历史才能最终成为学生历史学习的教材。教科书的编写不能只从编写者的角度出发,远离学生生活实际。同时,教科书的编写还要有助于学生在阅读文本的基础上,再进一步探讨问题;或者通过探讨问题,引起学生进一步阅读文本的兴趣。教科书不能一味地空发议论,也不能仅仅提供材料给学生,而是两者要巧妙结合,把历史与现实生活世界联系起来,选取历史事件中启迪思维、诱发真知、弘扬正气等核心镜头,使学生感受到历史知识学习的意义和作用,以提升学生的眼界,丰富他们的思维方式,增加学习的兴趣,理解学习历史的意义。

五、历史教科书的使用

(一)历史教科书在教学中的作用

在学校的历史教学当中,历史教科书的功能与作用是非常重要的。一套质量高的历史教科书,要具备多方面的教学作用和意义,大致来说,其功能表现为以下几个方面:一是历史认识的中介和客体的功能,即学生可以通过历史教科书的内容来认识历史的客体;二是提供知识范围和数量的功能,即历史教科书通过选择具体的教学材料,落实历史课程标准中规定的知识点,提供具体的知识范围和数量,规范历史教学的基本内容;三是思想品德教育的功能,即历史教科书在叙述历史现象、历史事件和历史人物时,传递着一定的思想、观点,对学生思想品德的培养有着教育作用;四是发展思维能力的功能,即历史教科书为展开学生的思维操作提供了最基本的思维材料,教科书中的材料、问题、练习的设计,应该能够促进学生的思维发展;五是主体自学的功能,即历史教科书要符合自学的规律,具有自学的特点,便于学生的自学;六是主体自我检测的功能,即历史教科书的编写和设计要使学生及时了解自己掌握、理解和运用知识的程度;七是复习巩固的功能,即教科书的设计要考虑到学习的效果,有利于学生对历史知识的复习和巩固。历史教科书的功能和作用应该从全方位的角度来认识,这既是教科书编写者应该明确的,也是教科书的使用者要清楚的。

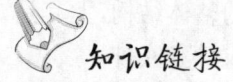

新的教材观

　　所谓教材观就是教师对教材本质及其功能的基本认识,它反映了教师对待教科书的态度和方式。教材观不仅涉及"教什么",也涉及"如何教",它从根本上影响着教师的教学方式。教科书(人们习惯简称为教材)是教学过程中教师和学生共同使用的材料,是教学活动的媒介。以往我们总把教科书看作是学科知识体系的浓缩和再现,是学科知识的载体。这种教材观的实质是"教科书即知识",教科书中的学习内容必须是定论、共识,不给学生发挥的空间和研讨的余地。教科书对教师的教学、学生的认识具有绝对的权威性。教师则视教科书为"圣旨",一切唯教科书是从,成为教科书的奴仆。新的教材观认为,教科书不再是教师教和学生学的唯一依据,只是教材的组成部分,是教师用来教学、学生用来学习的一种媒介,可以说教科书在很大程度上只是学生学习的参考书,是一种课程资源,为学生的学习提供范例和素材,促进学生学习方式的转变和科学素养的主动全面发展。课程改革要求教师转变传统的教材观,树立起新的教材观。即从"唯一课程资源"向"重要课程资源"转变,从"教教科书"向"用教科书教"转变。

　　历史教师全面认识教科书的功能,目的是在教学中把对教科书的钻研和把握,恰当地运用于教学中。一般而言,教师在使用教科书时应该注意以下几点:

　　第一,以历史课程标准为依据。历史教学不是教材内容的移植和照搬,它特别需要教师的创造加工,将教材内容变成学生学习的教学内容,变成发展学生文化素养的教育内容,赋材料以生命的活力。如何灵活运用和加工教科书的内容?应该以课程标准为依据。课程标准不仅规范性地确定了学科的教学目标、内容范围,也是教师教学工作的指南,是编写教科书的依据。使用教科书要关注课程标准的要求,分析教科书是否有利于实现课程标准规定的目标。不少老师在备课与教学中忽视课程标准的存在的做法并不可取。课程标准强调历史教学要转变学习方式,倡导自主、合作、探究的学习方式,也强调课程要为学生的发展服务。这就要求教师要深刻理解和领会课标的思想和精神,结合本地的实际情况,创造性地组织和进行教学。要改变以往教学过程中偏重讲授,机械操练,单纯模仿的被动学习状况。要确立以人为本的教育观,在教学过程中要考虑到学生是学习的主人,是知识的发现者、探究者,而不是被动的接受者。

　　第二,认真钻研历史教科书。由于教科书是课程资源中一个重要的组成部分,又是学生学习的媒介,当前教师在教学中还离不开教科书,所以组织教学内容必须认真钻研教科书。

　　要从整体上掌握教科书的框架、脉络。教师在进行教学准备的过程中,要对历史教科书的全貌进行了解，做到心中有数，搞清楚教科书的整体结构，尤其是课文内容的纵横联系，以便对历史教学的整个过程有全面的设计和安排。

全面理解教科书的基本内容、基本概念、基本观点，对教科书的每一课要有深入、具体的分析，把握每一课在全书中的地位，并对课与课之间的连接要融会贯通。

把握教科书中的重点、难点，进而考虑如何设计教学活动，采用哪些教学方法和手段，补充什么样的辅助材料，以便解决教学的重点和克服教学的难点。

注意初中与高中的衔接。历史学科的教学与其他学科的教学有所不同，其中内容的衔接带有重叠性和反复性。特别是当前高中历史教科书采用专题编写的方式，如果教师不能很好地把握初中历史教学内容，在教学中往往很难使教学深入浅出。在高中历史教学中，教师要善于利用学生的初中历史知识储备，把它们作为学生已有的知识经验，在教学中巧妙地进行联系，把它们作为讨论、探究等教学方式的切入口，以便更好地培养学生的能力，避免教学的单调重复。

第三，分析与重构教学内容。教学内容分析在不少教师看来就是教材分析，其实这是误解，教材是为教学目标服务的，按课程标准制定的教学目标才是教学内容的中心。

要根据教学目标组织、安排教学内容。教学目标是一切教学活动的中心，它对教学内容的组织起着方向性作用，只有依据明确的目标进行组织才能使教学内容具有针对性、科学性、有效性。教学目标的制定也要与教学内容相一致，因此，要把教学内容的优化与教学目标的优化统一起来。

重构教学内容，就是摆脱教科书的局限，将教学内容重新组织、加工和改写，使之形成更易于课堂教学表达的知识结构体系，这是一个对教材进行再创作的过程。根据学生的实际水平，增加或补充某些内容，删除某些学生已掌握的内容。突出教学重点，更好地实现教学目标。删改某些已陈旧过时的教学内容，引入最新文献资料，使教学内容具有先进性，解决教科书往往滞后于科技发展的矛盾。联系学生的实际和当地的实际情况，打破原来教科书的知识框架，适当调整教科书的先后顺序，对教科书的内容重新组合。

结合教学内容自身的结构和特点以及按学生的认知规律组织教学内容，使教学内容呈现方法多样化。教师要善于对教科书内容进行研究、加工、变化，通过新的形式反映出来。如叙述比较性内容可变化成图表、图解、图示的形式；规律性的内容可总结成口诀；深奥、抽象的内容可通过直观教具、投影、自制挂图等形式形象地反映出来；某些枯燥的内容可以通过恰当的举例、巧妙的比喻、幽默的语言描述出来，甚至可以对课本上的图解、图示或现有的挂图进行加工改造。教师还可以在教学中加入自己的知识积累及对历史学科某些内容独特的认识和见解。

第四节　历史教学资源的开发与利用

在中学历史教学中,除了历史教材外,还有很多资源可以开发与利用。

一、博物馆资源的开发与利用

近年来,大多数国家和地区把收藏、研究和教育列为博物馆三大基本功能,在世界各地,已有不少博物馆发展成为学生喜爱的"第二课堂"。博物馆教育是以"物"为传授知识的媒介,以对"物"的内涵、外延的认识和接触,来诱发学生的感想和思考,进一步刺激他们的求知欲望,达到教育的目的。历史事件、年份、人名是遥不可及的,但"物"是具体的,可目睹的,因此通过"物"传授历史知识,更易引发兴趣和共鸣,博物馆作为教学资源的优势正在这里。

在历史教学中,学校可以根据课程内容,选择相关的博物馆,组织学生参观。通过参观和活动,增长知识,补充和巩固在校内学习的知识,加深理解,进而把在学校所学到的历史知识进一步综合、概括并且牢固地记下来。

开发博物馆的历史教学资源的途径有:结合博物馆藏品进行文物知识的普及教育;结合博物馆藏品有选择地组织一些历史专题教学活动,例如学校所在地区的地方史教学、想象某历史时期的衣食住行;与博物馆共同组织征文比赛、历史小报制作比赛等与博物馆资源相关的研究性学习活动;与博物馆共同组织历史方面的学术报告会;抓住博物馆举办学术会议或文物展览等活动的机会,在符合学情的情况之下,组织学生参与其间,以扩大学生历史学习的视野。

案例 5-1

香港博物馆的"香港故事"与历史教学

作为历史博物馆多年搜集、整理、修复、研究工作总展示的"香港故事"常设展,就是通过馆藏文物、经考证重构的历史场景、多媒体节目,栩栩如生地推介香港历史。展览从4亿年前的泥盆纪开始,以1997年香港回归祖国作结,涵盖了地质、生物、植物、考古、民俗、史前史、古代史、近代史等多个学科,比较全面地介绍香港华南沿海之地貌、气候、生态、动植物;利用考古材料揭示香港先民生活;香港从汉到清代历朝的发展;四大族群的习俗及生活方式;香港成为英国殖民地的经过,以及其后至1997年的发展。展览摒弃了传统展柜加说明文字的单调展示方式,采用了生动活泼、寓教于乐的表达手法。同时,博物馆得到香港教育学院襄助,结集了近四十位中、小学及幼儿园的老师携手合作,编撰了一本厚厚的《香港故事常设展学习资料举隅》,让学生在参观完展览后,可通过学习活动,愉快、有效地学习本地的历史文化。博物馆成了香港史教学的"第二课堂",通过实物,并与课本上的历史相对照,一下子,原来遥不可及、死气沉沉的历史变得近在咫尺、活灵活现,大大提高了学生学习历史的兴趣。

历史教学不主张死记硬背历史知识,而要求学生懂得如何运用所学来分析问题,发展包括想象、批判性思考等在内的历史思维能力,也要求依凭实地考察活动,培养学生的社会交往能力,例如协作、沟通、自我管理、解决问题等。开发博物馆的教学资源就是途径之一。

开发利用博物馆资源的条件之一,是教师要熟悉当地博物馆的藏品及其他一些文字资料,具有必要的文物知识和一定的鉴赏能力,以便结合教学内容或课程目标,进行博物馆资源的选择和使用,以便当学生来到博物馆后能够向学生做科学的、深入的介绍,当然也可以邀请专业人士讲解,但是那毕竟是教师的缺席,这于教学来说,势必会影响历史教学的效果。在农村学校,历史教师可以尝试寻求博物馆的支持,将部分藏品和一些文字资料用电脑记录下来,做成光碟或教学素材课件,既将博物馆资源搬迁到学校和课堂,也为进一步开发和利用博物馆资源打开了方便之门。

二、历史遗迹资源的开发与利用

除博物馆外,历史遗迹也是历史教学的实物资源,是推动学生进行历史描述和想象、推断和论证的重要载体,也是提高学生学习兴趣,推动学生在生活实践中获得更多知识与能力的重要载体。开发和利用历史遗迹资源,有利于增强学生对民族文化、地区文化的认同感、自豪感,并培养团队精神,养育探索历史奥秘的良好品格。如此,历史遗迹资源的开发和利用,也就具有了课程价值。

所谓历史遗迹是指历史上人类活动中留下来的痕迹,包括遗址(例如城堡、村落、作坊、寺庙等基址)、墓葬、窖藏及其他活动痕迹。每一个人类活动的地区都有自己独特的历史面貌,都会留下一定的历史遗迹,有些已经得到了保护,有些可能还处于未被发现的荒野状态,只要有开发和利用历史遗迹资源来进行历史教学的愿望,注意调查和研究,就应该能够发现本地区历史遗迹的存在。当然,也不排除个别地区确实找不到历史遗迹,那就需要远足了。

历史遗迹是校外教学资源,对它的开发和利用涉及经费问题,时间和地点的选择问题,这是实施的难点。教师须与学校教学管理部门以及历史遗迹管理部门进行沟通。在时间问题上,尽量避免占用正常的学校教学时间,譬如选择周日去考察,选择课余时间来整理材料,不影响日常的课堂教学。在地点选择上,受资金和时间的限制,最好是选择距离学校和居住地较近的地方(一天来回是最好的)。就经费而言,教师可以各显神通,包括与历史遗迹管理部门沟通,争取免费或打折。主要的问题还应该是,历史遗迹的开发和利用要充分重视学生的地位,可以先行通过学生调查列出历史遗迹的菜单,再由学生选择感兴趣的地方,然后结合新课程的教学目标,制订活动方案,在整理形成教学资源以后,要在历史课堂教学中积极使用而不是束之高阁。

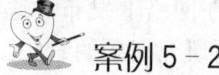 **案例 5-2**

学生参观历史遗迹后的考察日记

在江苏镇江的大港镇,有不少历史遗迹和历史传说,例如宋代韩世忠、梁红玉击鼓抗金的传说和遗迹,辛亥革命名人赵声故居等。大港中学的老师组织学生用半天时间,考察了两处历史遗迹,并且要求学生写考察日记。以下是片段节选:

学生1:我们驱车来到久负盛名的烟墩山,这里出土了西周的青铜器,立着两块石碑。听老师介绍,这里出土的文物中,最负盛名的是"宜侯矢簋",它的铭文记载了周康王的大封典,是镇江地区最早的历史文献,距今已有三千多年的历史,它现存于北京的国家历史博物馆。摸着石碑,想到镇江的仿制品,感受大港的骄傲。这块生我养我的古老土地,是宜侯的属地,是吴文化的发祥地。

学生2:我们又赶赴学校东北侧的五峰山,它耸峙于浩浩长江边,当年是守卫南京的长江门户。老师绘声绘色地讲述了1842年和1937年炮台官兵抗击英军和日军侵略的英勇事迹,特别是鸦片战争期间的抗击可谓英勇顽强。我们依稀想见到那种硝烟弥漫的场景和官兵的爱国赤诚。大炮已然消失,我们参观了山峰炮台区,它是用黄土和糯米汁夯成的,用手敲敲,厚实而坚固,不比钢筋水泥差,上面是坑坑洼洼的洞孔,我猜想可能是炮弹击中的。当时,赵炜同学就拍了照片。我们能够感受烟墩山古朴典雅的文化韵味,更能想象五峰山炮台雄浑激昂的战场情境。

历史遗迹资源开发和利用的基本步骤大体分为三段:一是准备阶段。在实地考察之前,教师先让学生搜集一些相关的所要考察的历史遗迹的资料,包括文字的、图片的、口述的等等,可以查阅相关的书籍,可以利用网络资源,还可以找一些年长者了解有关情况。这样,学生在利用历史遗迹这种资源进行学习之前,已经通过其他形式的教学资源,对要考察的内容有了初步的印象,并提出一些疑问,从而更加有目的、有准备地去参与考察活动。二是实地考察阶段。要求学生根据已经了解的一些信息,对照实际情况,进一步了解所考察的历史遗迹的面貌,结合历史背景想象和重构历史。在考察过程中,教师要指导学生有意识地用相机和纸笔收集、整理各种形式的资料,譬如布局简图、历史介绍、碑刻楹联、建筑景观等,从而为日后整理资料并形成调查结果打下基础;要让学生在参与的过程中掌握实地考察研究问题的基本方法。三是展示和评价阶段。学生将已经获得的各种形式的资料进行整理,将历史遗迹资源转化为文字、图片等形式予以展示,可以制作成图文混编的展览橱窗,也可以制作成电子幻灯片通过课堂讲解进行展示,可以编制历史小报进行评比,甚至可以制作成网页,在网络上发布。这样可以充分发挥学生的创造性,使学生能够充分表达他们对所研究问题的看法。评价的方式可以由学生群体进行评价,由专业人士(例如历史遗迹管理部门的人员)评价,由学生家长评价,也可以参与网络上的评价,这样,在评价中同样利用了多种教学资源。

其实同一历史遗迹可以多次开发和利用。譬如最初只是了解其基本情况,佐证教科书所学的历史事实或相关的历史背景和那时的时代特征之类。然后就可以从文化遗产的角度对其再度发掘,例如对碑刻楹联、亭台楼榭做专项探究,对相关传说做进一步考证,对修缮维护工作提出建议等,这样,既可以让资源得到多方位的利用,又能进一步激发学生的研究兴趣,培养学生不断进取、追求真理的科学态度。

最后需要强调的是,历史遗迹资源的开发必须是有针对性的,要在一定的教学目标引领下开展。一般说来,开发和利用历史遗迹资源的三维教学目标包括:结合所学知识,了解历史遗迹所反映的历史变迁,观察历史遗迹的构成,从而钩沉和运用历史知识;通过实地考察,在参与中学习如何运用多种形式的资源来研究和认识问题,掌握历史研究的基本方法;增强学生学习历史的兴趣,展开历史想象,形成必要的历史认识,同时培养合作精神,增强对本地区丰富文化的认同感和自豪感。此外,就历史遗迹的历史价值而言,重要的是学会事实判断,它是否真实?是否代表特定历史中的一个符号?

三、图书馆资源的开发与利用

无论是历史研究还是历史教学都与图书馆密切联系,没有图书馆作依托的历史教学将是空洞乏味的,而且不利于培养学生的探究和解决问题的能力,作为人文社会科学的历史学科,是伴随着图书资料(各种不同形式的史料)的占有和使用而发展的,所以,开发和利用图书馆资源应该是新课程背景下历史教学的当务之急。

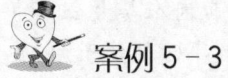

案例 5 - 3

英国的一份历史作业——了解中世纪的城堡①

英国某校历史教师要求学生完成一篇关于中世纪城堡的图文并茂的作业，老师发给学生的是一份供参考的长长的书单，也没有关照学生到哪里去找书，只是规定了完成的时间。由于教师没有讲述任何关于城堡的知识，一切资料都靠学生自己去寻找。为了得到最新、最全面的资料，学生只能到图书馆去借阅。英国各地的公共图书馆都对中小学生开放，学生不仅可以去那里阅读，还可以借回去。学生知道，要做好这些作业，不仅要知道对象本身，还要了解对象所处的历史时代及与其相关的问题。因此，他们除了要了解城堡的形式、建筑过程、城堡的作用之外，还要了解中世纪的历史。他们把有关书籍借回家认真查阅，并将有用的资料摘录下来，有些特别认真的学生还深入到牛津附近残存的城堡中看个究竟，最后他们交上了厚厚的调查报告。

图书馆中涉及的历史教学资源主要有：历史文献、历史读物、历史报刊、历史文学艺术作品等。首先要充分利用学校图书馆，其操作步骤是：与学校图书管理人员合作，了解历史方面的藏书和编目；在历史类藏书中列出菜单，并且做适当的二次分类，例如按时序分类、按专题分类、按文献性质（著述、史料、图片等）分类；适当地向学生介绍文献检索的知识，例如如何利用二次文献（目录、索引、文摘）和三次文献（包括年鉴、综述）等②；结合课堂教学的有关内容，布置学生查找图书馆的资料，发挥学生的主体作用，使其在课堂上援引、说明和论证教学内容所涉的史论，也可使其援引和描述丰富教学内容所涉的史实，当然也可以用作业和阶段性测试的手段引导学生去利用图书馆资源，写成小论文或制作历史专题小报。

案例 5 - 4

介绍广告史

江苏镇江三山中学的语文和历史老师联合布置了"广告史和公益广告小创作"的小课题研究。老师将班上的学生分成小组，给定了资料来源：图书馆中的文史类图书、广告公司的创作人员；规定了三个星期的研究周期。学生们在发现本校图书不足的情况下，还想办法到市区重点中学和市图书馆去查找。两周过去后，老师将他们召集起来，让他们交换文献资料，并且进行分类。最后，老师组织了一次利用图书资源进行广告研究的成果汇报活动。兹摘录部分汇报材料：

---

① 余伟民：《历史教育展望》，华东师范大学出版社 2002 年版，第 234 页。

② 朱煜：《历史课程与教学论》，东北师范大学出版社 2005 年版，第 54 页。

"师望在肆……鼓刀扬声"的描写（屈原:《天问》),讲的是卖肉人姜太公在市场上一边用刀子敲打,一边吆喝叫卖的广告推销。"矛盾"的故事(《韩非子》),展示了战国时期卖矛者和卖盾者在集贸市场上对阵展开叫卖的情境。这是叫卖广告。

唐代刘禹锡"城外春风吹酒旗"、宋代欧阳修"西风酒旗市,细雨菊花天"的诗句,以及《水浒传》中武松看到"三碗不过岗"的酒旗,我们可以看成是古人的招牌式广告。北宋张择端的《清明上河图》中,就有大酒楼"正店"字样的灯笼招牌,卖羊肉的"孙羊店"字号,挂有"刘家上色沉檀拣香"竖标的香店,挂上"王家罗锦匹帛铺"横幅的绸缎店等等,描绘了当时汴京从汴河到城内街市的繁华景象,是中国古代商业招牌广告的真实缩影。

在宋代济南刘家功夫针铺印记图中(图略),其上部文字为:"济南刘家功夫针铺";中部文字为"认门前白兔儿为记";下部文字为"收买上等钢条,造功夫细针,不误宅院使用,转卖兴贩,别有加饶,请记白"。从该"印记"中能够获取的准确历史信息是:A.宋代开始生产钢针;B.宋代出现中国最早的商标、广告;C.宋代已有集原料收购、生产加工和批发贩卖为一体的经营方式;D.宋代出现了资本主义生产关系萌芽。

在信息化时代,数字化图书馆将会陆续建立起来。数码图书馆是利用计算机编码和传输技术储存、处理图书馆文献信息的,它是文字、声音和图像的统一,它能够在原有图书馆的基础上,扩展其检索和阅览的功能,有利于学生更快地获取和使用信息,它是多媒体信息的呈现,更能引起读者的兴趣,更利于读者全面把握自己所需的信息,它没有围墙,也永远不会闭馆,无论什么时候,师生都可以进入这座无形的图书馆之中。① 因此,历史教师要努力推动学校在数字化图书馆建设方面的步伐,并且积极适应这种图书馆的发展趋势,在教学中让教室的电脑和教师个人的电脑与学校数码图书馆联网,这样就可以不去"物理形态"的图书馆而在历史教学的课堂上进入图书馆,在"书"上做"笔记"、画"重点",进行个性化的阅读和信息提取了。

最后,历史教学中也需要关注校外公共图书馆资源的开发和利用。

四、档案馆资源的开发与利用

档案馆保存的档案是人类社会实践的真实记录,也是人类文明进步足迹的真实记录,它承担着"保存人类历史记忆"的文化职责。具有"原始性、真实性和形象鲜明"等特点的档案资料,是史料的重要组成部分,史学研究也非常看重档

---

① 张文军等:《高中课程资源开发和利用的实践智慧》,高等教育出版社 2004 年版,第 40—41 页。

案材料。例如,开封市档案馆成立于 1991 年的"宋代档案资料征集委员会",经过十多年的工作,已成规模,建立了一万多条目录的数据库,建成了"宋代档案资料研究中心",从而成为宋史研究必不可少的资源。

 **案例 5-5**

北京档案馆举办的一些档案展览活动①

北京档案馆举办的档案展览从内容来看,有北京地区抗战史料展、北平和平解放 50 周年纪念展,也有李大钊就义 70 周年纪念展、中国留法勤工俭学运动展;从组织形式来看,有与街道办合作举办的"禄米仓胡同今昔图片展",也有与央视主持人白岩松合作策划和制作的《幸福的瞬间——回顾历年共和国庆典座谈会》等;从效果来看,对于开发地方历史文化资源,滋养参观者的人文素养和提高社区文化品质都具有积极的促进作用。"禄米仓胡同今昔图片展"开展以后,"在小胡同里做大文章"——新闻媒体闻风而来,包括外国记者也来参观和采访。中央电视台《世纪回眸》栏目在展览的基础上以"老胡同的述说——禄米仓的故事"为题,与档案馆、街道办合作拍摄了一部 45 分钟的三集电视专题片。一位现住伦敦的原禄米仓胡同居民写道:"虽然看过国内外无数展览,但这个展览是真真切切能让我联系到自己的展览。在国外生活多年,每每回到禄米仓总有一种说不出的亲切感。今天的展览使我知道了自己生活了二十多年的胡同的悠久历史,太自豪,太感动了!"

显然,档案展览具有较强的感染力。它以文化的积淀感、历史的厚重感见长,文化品位较高,能够使包括学生在内的观众获得充分的历史想象和深度的历史诠释。档案资源是历史的活化石,历史教学开发和利用档案馆的资源既有必要性,也有可能性。

档案并不只是一般性的文字记录,它包括自传、回忆录、国家行政档案、官方统计数据、报纸杂志、文章、影像资料、当事人信件、口述历史的采访录音和录音的文字记录等。这些档案资源运用于历史教学中,可以拓宽史料来源的渠道,丰富教学中的史料类别,加强学生认识历史的证据意识,使教科书叙述的呈现国家意志的"大历史"获得更完整的理解和诠释。地方档案则主要与地方历史文化资源相关,例如当地生活环境的历史变迁,曾经发生过的重大事件,曾经居住或出生的历史名人,政府政策的演变等。这些档案资源主要用于乡土史的教学和推动学校与社区的教育互动,有助于学生关心热爱家园,为地方政府寻找传统、规划未来,追求历史真实。这就不仅是历史学习了,它还是社会实践活动,是对新

① 刘苏:《档案馆与古都历史文化资源开发》,http://www.bjpopss.gov.cn/bjpssweb/n22367c52.aspx。

课程倡导的综合素质评价的回应。

历史教学中开发和利用档案资源可以划分为两大类别:基于档案史料讲历史和组织专题档案展。前者是将档案史料运用到课堂的历史教学中,它以教科书为母本,在教科书所涉及的历史知识之上,运用档案史料佐证历史或重新认识历史,类似于史料教学。其开发和利用的操作步骤则类似于校外图书馆或博物馆资源的利用:教师先行了解与教科书叙述的"大历史"(相对地方史而言)相关的档案史料,或者布置学生围绕某方面的历史知识去了解,然后加以抄录、复印、翻拍,再将它们作为新材料、新情境运用到课堂教学中。这在探究与合作性学习中加以运用是最具价值的。后者呈现了社会化功能,它是主动与档案馆联系合作,开发和利用档案史料的校外活动,它既是历史学习,也是志愿者的社区实践活动。其操作步骤是:结合馆藏档案,对展览主题思想进行创意性的策划;围绕主题选择相关的档案资料,并对已选档案的真伪进行鉴别;拟写档案展览大纲;在此基础上进行编排,对已选用的档案或其复制品逐件进行分析研究,揭示其内容,围绕主题写出精炼的文字说明;撰写展览方案;最后编写档案展览脚本;如果从展览工作全过程来说,还有展厅的美工设计、展览的制作、展览的布置,以及展览的宣传、开展以后的组织管理等项工作。当然,学生所做的主要是配合管理,而且我们能够获得的只是管理部门允许开放的那一部分档案。

为加深对档案史料的认识,培养开发和利用档案史料进行历史教学的能力,也可以围绕地方史组织一些课外探究活动,即未必一定要服务于教科书所涉的历史知识。无论是课堂教学、课外探究活动,还是举办展览式的社会活动,其主要目的都是感知档案史料的价值,拓展认识历史的空间,初步了解佐证或丰富历史认识的探究方法。

五、历史见证人资源的开发与利用

历史见证人是历史教学不可缺少的教学资源,尤其是现代史部分的教学。访谈历史见证人形成的历史往往被称为口述史。History 一词可追溯到希腊语词 Historia,该词的词义是调查、访问和询问一位目击者,也带有对上述活动的结果的记录之意。目前,包括电视、出版、平面媒体等,口述史都是热点,例如央视的口述史栏目《大家》和凤凰卫视的《口述历史》栏目。

访谈历史见证人(有时他们就是历史的亲历者)形成口述史,具有哪些价值与作用呢? 其一,口述史的原始性。其二,口述史生动、可读性强,具有"实用价值"。其三,尽管口述史(尤其是口述自传)通常易出现自我吹嘘与主观片面的问题,但其依然具有第一手史料的史料价值,只是在运用时需要进行甄别和取舍而已。历史教学中开发和使用历史见证人资源又具有哪些价值呢? 首先是口述史的史学价值;其次是教育层面上的社会实践价值,引导并且促使学生在访谈历史见证人(亲历者)的过程中,学会询问,懂得倾听;再次是探究和整理历史的过程与方法价值。

　　开发和利用历史见证人资源时,一般要在确定了具体的回忆人之后,做好以下五方面的工作:一是访谈前的资料准备。例如与要访谈的历史主题相关的历史知识、与访谈者个人相关的信息与文献资料等,这样才能做到心中有数。二是拟出大纲、确定访谈内容。这一步至关重要,它决定了访谈能否抓住重点并有序地开展,从而避免盲目性与无序性。三是分段进行访谈,每次限于一个主题。这样做的好处是每次访谈的内容集中而不凌乱,受访者也不至于劳累。当然这一步与访谈的话题长短有关,短则一两次,如果内容多,历史跨度大,那就一定要分段进行。四是录音和文字记录同步进行,特别注重从录音之外的闲谈中获取信息。不经意之谈,因为撤除了正式访谈可能有的掩饰和遮蔽,反而更具史料价值。当然这涉及访谈者的历史意识和敏锐性素养。五是将访谈内容整理成文字,完成口述史的文字撰写工作。一旦完成还得最终经受访人认可。如此看来,开发和使用历史见证人这一教学资源,一方面有章可循、能够操作,另一方面又不是一个简单的史料收集工作。作为采访者的教师和学生在历史素养、职业道德、亲和力及文字能力等方面都要讲究。当然,中学历史教学中开发和利用历史见证人资源,毕竟难以如此专业,做到初步感知即可,从教学层面看,历史学习的过程与方法以及社会交往的姿态和能力的价值,要超过形成口述史的史学价值。

　　访谈历史见证人获得的口述史,其实是一份史料,在历史教学中的使用当类似于史料情境教学。结合所学知识,援引口述史,丰富和佐证相关历史,复原和再现历史,使历史尽量完整周全起来,然后再解释历史。

案例 5-6

发生在我们村里的日军侵华罪行

　　江苏省镇江市丹徒区一所初级中学的历史老师布置了历史访谈,是为了配合学校的社会实践能力培养的课题研究而展开的。老师设置了一张表格,以下是从学生访谈记录表中摘录的内容。

主题名称		访谈方式与准备情况	
访谈时间		访谈地点	
访谈对象概况			
访谈的记录(对话式)			

2005 年 10 月 5 日

　　吴仪然:国庆假期即将结束,我的访谈历史的任务也该进行了。徐爷爷,我们徐庄村每年冬月初五都有一个祭祀活动,这是怎么一回事?

徐府才:那是1937年的冬月初五,一队日军窜进我们徐庄,杀了不少村民。我那时9岁,印象不深了,但听父辈告诉我,是因为一个鬼子失踪,一队日本兵肆意报复而进村搜查。一个鬼子看见腿上有病打了绑腿的人,以为是军人不由分说就是一枪;一户人家开门迟了,鬼子进了院子就开枪杀人;更有鬼子看到一户人家照片上的姑娘长得漂亮,就要求将人交出,主人说不在家,也就被打死了。

吴仪然:日本鬼子太可恨了,它们简直是屠杀。

徐府才:确实是屠杀,是对平民百姓的屠杀。不久后,日军进入南京,依旧兽性大发,疯狂屠杀南京军民。我们乡的朱家村就有不少人在南京遇难。

吴仪然:你当时的感受是什么?

徐府才:我是被父亲带着往外逃的,鬼子走后,回到村里,我第一次感到死亡的恐怖,哭喊和痛骂鬼子的声音至今还能够隐隐回忆起来,加之大人跟我们讲述的事情,我们就终身难忘了。印象中,我们村的幽栖寺就被鬼子焚毁了。后来,我们徐村就有了冬月初五的村祭活动。

吴仪然:这是带血的纪念日,这是日本侵略者的罪行。

2006年4月4日

访谈对象:乡敬老院的村民,也是关心下一代工作委员会的成员

朱梦雅:朱爷爷,清明节要到了,北村有一个烈士陵园,我们村过去被称为寡妇村。你能告诉我一些历史事实吗?

朱广荣:那是1937年,日军侵我中华,是冬月初吧,鬼子占下了丹阳、镇江,我们村也有百姓伤亡。村里有不少在南京做工的男人,他们有中年人,也有青年人,还有一些男村民逃难到南京,以为国民党的首都是安全的。结果,在那场震惊世界的南京大屠杀中,我们村里有二十多人遇难,他们被枪杀于下关。朱家村一时之间成了寡妇村。

朱梦雅:这是否就是我们村的西湖南京大屠杀遇难同胞纪念碑的来历?

朱广荣:正是。后来,村民集资修建了这个纪念碑,将遇难者的姓名都刻在碑上了。村外有一个大塘,习惯称西湖,这个纪念碑就被称为西湖南京大屠杀遇难同胞纪念碑了。我记得,你们学校还将它作为校外教育基地。

朱梦雅:是的,这个名称具有特别的历史含义。这样说来,南京1937年冬日的三十多万死难者中固然有南京人,也有包括我们朱家村在内的很多外地人。

需要再次强调的是,访谈历史见证人是一种收集史料的工作,傅斯年认为"史学就是史料学",陈寅恪认为应该"从史实出史识"。所以,年鉴学派大师马洛·布洛赫说一切史料都有价值,即使是伪造的史料,也可以从中推断当时的人们对于一个时代的看法。就中学历史教学而言,重要的是参与和经历,教师作为

学生的引路人,他自己也应该是访谈者。

六、网络资源的开发与利用

网络资源正成为历史教学资源开发的重要组成部分,它和历史教科书一样,同是教材的重要组成部分,但它具有超强交互、信息含量大、活动空间虚拟等特征,因而基于信息技术和网络技术的网络资源运用在历史教学上,就具有特别重要的价值,甚至具有革命性的价值。在认识到网络资源能够为历史教学提供实在的"物质"支撑和材料来源的同时,特别值得关注的是网络上上传的教师的教学设计、教学课件、教学案例以及在虚拟社区进行的疑难求解,能够大大提高备课和上课的教学质量,丰富教师的历史教学策略。

网络上的教学资源,一般分为(纯)文本、图像、音频、视频等,从教师经常使用的途径来看,往往有媒体素材、试题、课件、文献、案例等种类。也有人把它们划分为实用型资源、策略型资源和素养型资源三类。

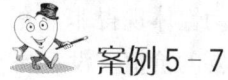

案例 5-7

网络环境下的问题解决

江苏省华罗庚中学历史组在教学《美国联邦政府的建立》[人教版高中历史必修(Ⅰ)]时,抓住了分权与制衡这一主题,同时试图扩展学生视野,说明美国从中央到地方的权力构成都体现着这一分权主题。学生可以在网络环境下获取诸如"水门事件"、"伊朗门事件"和"拉链门事件"等知识,从而有助于史论结合。备课组设计了这样一问,判断"2003年美国国会宣布对加利福尼亚州地区居民增加个人所得税"是否正确?答案应是不正确。在常态课上,几乎绝大多数学生判断"正确",他们引用教材中"国会有权向国民收税"加以证明,在师生的争论中下课铃响了。而同期开课的另一教师,用网络课堂开展教学,学生通过网络搜索"美国州的征税权",获知地方的州政府拥有独立的征税权。美国政府有权征收个人所得税,但不得直接干涉州的征税权。显然借用网络,就能轻松解决这一问题。

利用网络资源实际上是解决如何快捷有效地检索网络资源的问题。首先,要注重典型性。网络资源中往往重复资源过多,而且知识的密度、层次和涵盖面都不相同,可以在检索中,尽量积累一些有代表性的网站,从而使资源从筛选之初就建立在典型性的基础之上,优化自己的检索过程和提高检索的效率。其次,要注重累积性。一般情况下,在检索到一些重要的信息后,应当养成良好的归类和记录的习惯。IE中的"收藏夹"很方便,但功能仍然不齐全,可以将网站(网页)名称、地址记录下来,并摘要记录它们的特色内容。累积意味着经常性的上网,每天用一点时间检索一些信息,做到及时更新,因为网上资源更新速度很快。所以,定期浏览自己曾经浏览过的网站,查看其更新情况也是累积网络资源的重要措施。再次,要注重需求性。网络信息资源众多,要按需检索,可以采取关键字查询和搜索引擎查询的对策,可以使用 google、baidu 等搜索引擎。

开发网络资源是自助又助人的行为。优化组合和主动贡献是开发的基本策略。要明确网络资源与非网络资源以及其他课程资源的不同适用性,并且从教学的实际需要和学生可接受的程度出发,实行资源组合的优化。特别要积极参与资源建设,不能总想着从网络资源中取自己想要的东西,而不去建设。资源共享(在遵循国家法律的前提下)是网络资源的最大优点,每个人都可以在条件允许的情况下,把自己的教学资源发布到网络上,供网友交流使用。我们可以通过建立个人主页和多参与一些网上虚拟社区论坛的讨论来开发历史教学资源。目前,只要上网搜索,就可以发现大量教师自己上传的教学设计、案例、论文和经验体会等资源,也可以在教师的博客里读到他们的教学一得。参与虚拟社区的交流更有即时和碰撞的思维和情感价值,其研讨性、活跃性和流动性体现得非常充分,它对于改善教学策略,实现同行间的交互共享具有十分重要的价值。没有高质量的群众性的网络资源的开发就没有高质量的筛选度高而且省时的利用,特别是对具体的微观的教学策略性的资源开发,显得特别重要。

历史教学中开发和利用网络资源要注意三点:一是正确性。无论是史实还是史论,都应当是真实的、科学的和符合国家主流价值意识的。二是恰当性(适度性)。再多的,即使是正确的网络资源,也要考虑历史教学目标、教学重点、教学难点,以及学生兴趣等具体的教学情境,并不是用得越多越好。三是针对性。网络资源的利用要服务于改善教师的授课方式与学生的学习方式、要把网络资源的利用与培养学生的人文素养和探究意识有机结合起来,不能将网络资源视同为网络读物。同理,教师在开发网络资源时,也要关注上述"三性",不要制造网络垃圾。于是,开发、上传和利用网络资源的优劣就取决于教师的素养了。

知识链接

其他资源的开发与利用

历史教学资源的开发和利用,当然也不仅仅局限于教科书以外的以校外资源为主的六大种类,日常教学过程中,我们也可以有些"小成本"、"小规模"、"小制作"的资源开发和利用,以求聚沙成塔,日积月累。略举一二如下。

师生共同设置主题鲜明、形式美观的历史展览,可以在老师专用教室内的展柜里,放置一些师生自己动手制作的历史仿制品。例如古钱币、历史上的服饰头饰、陶俑、唐三彩、文化遗产的模型、历史人物的造型或现代历史人物图片。展品的主要来源是通过每周的历史课外活动来制作。每个学期有计划地选择一个专题开展活动，通过老师举办讲座、组织外出参观访问、动手写文章、做模型、复制文物等系列活动，搞深搞透。其次是对新生要求每人交一件历史小制作，使老师从中发现动手能力强的同学，并且将他们吸收到历史课外活动小组中来，而且还可以收到一批较好的小制作，经过多年积累，就有了一批很好的成果，成为历史室的展品，从而丰富教学资源。①

　　建设与教科书同步配套的系列电教软件，包括历史题材的影视片辑录（故事片、记录片、政论片、动画片、电视专题片——如央视的“探索发现”栏目的历史专题片）、多媒体教学软件（形势图、人物图、情景图、古迹遗址照片图）、课例、专题知识要点归纳的图表，甚至有些历史音乐、传统挂图也还是值得开发和利用的。

　　可以组织配音课外小组，由学生编写历史解说词，经老师修正定稿之后，学生配音、录音而成教学资源。

　　设立小小图书角，包括直接与课本配套使用的参考书、填图册和补充插图，扩大知识面的各类课外图书和杂志，指导高考的各类专题知识归纳、题库和各地高考信息报道。

　　关注学生家庭蕴含的历史教学资源，如家谱、老照片、学生家长的历史记忆与历史资料等。

　　最后，需要说明的是，本章在此讨论的历史教学资源的开发和利用，主要的开发主体是教师和学生。教师、学生参与开发，在目前是一种最为有效的教学资源开发的方法。开发和利用过程中要注意必要的反思和再开发。反思的话题包括：资源开发过程中，学生的经济承受能力如何，学生的兴趣是否被充分地调动起来，学生有没有在过程中获得学习的方法，历史教学资源的利用有没有实现其教育功能，实现的程度怎样等等。

实践练习

　　在中学历史教科书中选一段历史内容，以此为线索，收集各个渠道的资料，然后根据这些资料设计一个历史教学片段的教案。要求内容具体生动，有感染力。

---

① 聂幼犁主编：《历史课程与教学论》，浙江教育出版社 2003 年版，第 144 页。